プリント形式のリアル過去問で本番の臨場感！

兵庫県

須磨学園中学校

第2回入試

2025年春 受験用

解答集

本書は，実物をなるべくそのままに，プリント形式で年度ごとに収録しています。
問題用紙を教科別に分けて使うことができるので，本番さながらの演習ができます。

■ 収録内容

・解答集(この冊子です)

書籍ＩＤ番号，この問題集の使い方，最新年度実物データ，リアル過去問の活用，
解答例と解説，ご使用にあたってのお願い・ご注意，お問い合わせ

・2024(令和６)年度 ～ 2022(令和４)年度　学力検査問題

JN132411

○は収録あり	年度	'24	'23	'22			
■ 問題(第2回)		○	○	○			
■ 解答用紙		○	○	○			
■ 配点							

全教科に解説
があります

◎第1回，第3回は別冊で販売中
注)国語問題文非掲載:2024年度の一

問題文の非掲載につきまして

著作権上の都合により，本書に収録している過去入試問題の本文の一部を掲載しておりません。ご不便をおかけし，誠に申し訳ございません。

本文の一部を掲載できなかったことによる国語の演習不足を補うため，論説文および小説文の演習問題のダウンロード付録があります。弊社ウェブサイトから書籍ＩＤ番号を入力してご利用ください。

なお，問題の量，形式，難易度などの傾向が，実際の入試問題と一致しない場合があります。

教英出版

■　書籍ＩＤ番号

入試に役立つダウンロード付録や学校情報などを随時更新して掲載しています。
教英出版ウェブサイトの「ご購入者様のページ」画面で，書籍ＩＤ番号を入力してご利用ください。

書籍ＩＤ番号　119130

（有効期限：2025年9月30日まで）

【入試に役立つダウンロード付録】
「要点のまとめ(国語／算数)」
「課題作文演習」ほか

■　この問題集の使い方

年度ごとにプリント形式で収録しています。針を外して教科ごとに分けて使用します。①片側，②中央のどちらかでとじてありますので，下図を参考に，問題用紙と解答用紙に分けて準備をしましょう（解答用紙がない場合もあります）。

針を外すときは，けがをしないように十分注意してください。また，針を外すと紛失しやすくなりますので気をつけましょう。

① 片側でとじてあるもの

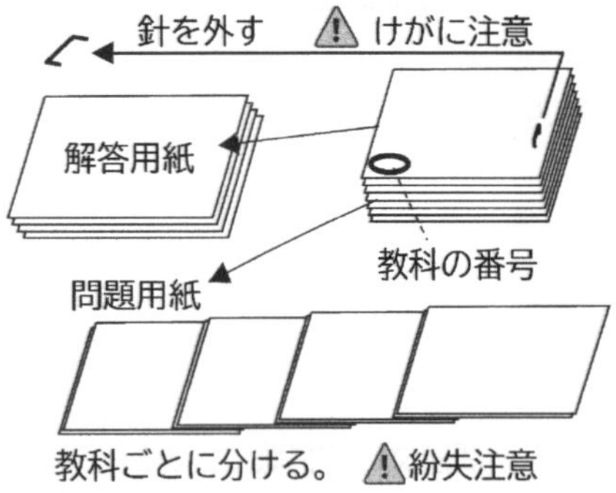

② 中央でとじてあるもの

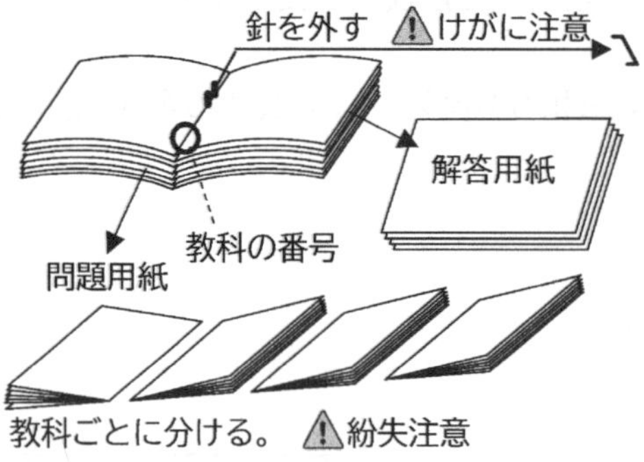

※教科数が上図と異なる場合があります。
解答用紙がない場合や，問題と一体になっている場合があります。
教科の番号は，教科ごとに分けるときの参考にしてください。

■　最新年度　実物データ

実物をなるべくそのままに編集していますが，収録の都合上，実際の試験問題とは異なる場合があります。実物のサイズ，様式は右表で確認してください。

問題用紙	Ｂ５冊子(二つ折り) 国：Ｂ４プリント
解答用紙	Ｂ４片面プリント

リアル過去問の活用

～リアル過去問なら入試本番で力を発揮することができる～

本番を体験しよう！

問題用紙の形式（縦向き／横向き），問題の配置や余白など，実物に近い紙面構成なので本番の臨場感が味わえます。まずはパラパラとめくって眺めてみてください。「これが志望校の入試問題なんだ！」と思えば入試に向けて気持ちが高まることでしょう。

入試を知ろう！

同じ教科の過去数年分の問題紙面を並べて，見比べてみましょう。

① 問題の量

毎年同じ大問数か，年によって違うのか，また全体の問題量はどのくらいか知っておきましょう。どのくらいのスピードで解けば時間内に終わるのか，大問ひとつにかけられる時間を計算してみましょう。

② 出題分野

よく出題されている分野とそうでない分野を見つけましょう。同じような問題が過去にも出題されていることに気がつくはずです。

③ 出題順序

得意な分野が毎年同じ大問番号で出題されていると分かれば，本番で取りこぼさないように先回りして解答することができるでしょう。

④ 解答方法

記述式か選択式か（マークシートか），見ておきましょう。記述式なら，単位まで書く必要があるかどうか，文字数はどのくらいかなど，細かいところまでチェックしておきましょう。計算過程を書く必要があるかどうかも重要です。

⑤ 問題の難易度

必ず正解したい基本問題，条件や指示の読み間違いといったケアレスミスに気をつけたい問題，後回しにしたほうがいい問題などをチェックしておきましょう。

問題を解こう！

志望校の入試傾向をつかんだら，問題を何度も解いていきましょう。ほかにも問題文の独特な言いまわしや，その学校独自の答え方を発見できることもあるでしょう。オリンピックや環境問題など，話題になった出来事を毎年出題する学校だと分かれば，日頃のニュースの見かたも変わってきます。

こうして志望校の入試傾向を知り対策を立てることこそが，過去問を解く最大の理由なのです。

実力を知ろう！

過去問を解くにあたって，得点はそれほど重要ではありません。大切なのは，志望校の過去問演習を通して，苦手な教科，苦手な分野を知ることです。苦手な教科，分野が分かったら，教科書や参考書に戻って重点的に学習する時間をつくりましょう。今の自分の実力を知れば，入試本番までの勉強の道すじが見えてきます。

試験に慣れよう！

入試では時間配分も重要です。本番で時間が足りなくなってあわてないように，リアル過去問で実戦演習をして，時間配分や出題パターンに慣れておきましょう。教科ごとに気持ちを切り替える練習もしておきましょう。

心を整えよう！

入試は誰でも緊張するものです。入試前日になったら，演習をやり尽くしたリアル過去問の表紙を眺めてみましょう。問題の内容を見る必要はもうありません。どんな形式だったかな？受験番号や氏名はどこに書くのかな？…ほんの少し見ておくだけでも，志望校の入試に向けて心の準備が整うことでしょう。

そして入試本番では，見慣れた問題紙面が緊張した心を落ち着かせてくれるはずです。

※まれに入試形式を変更する学校もありますが，条件はほかの受験生も同じです。心を整えてあせらずに問題に取りかかりましょう。

須磨学園中学校【第２回】

《国　語》

一　問一．ⅰ．２　ⅱ．１　問二．４　問三．１　問四．のか？　問五．２　問六．３　問七．１

問八．創造に命をかけて向かいあう作家の孤独な営為に共感し、評価し、力になって、作家の心や精神のすみかとしての居場所になることと、作家が客に作品を手渡すのを媒介し、大切にしてくれる人に渡るように作品の居場所を探すことに、心をつくしてきたというもの。　問九．３，４

問十．ａ．至　ｂ．姿勢　ｃ．海路　ｄ．根源的　ｅ．組織　ｆ．危険　ｇ．半　ｈ．物故

二　問一．ａ．３　ｂ．１　ｃ．２　問二．１　問三．３　問四．２　問五．（ⅰ）２　（ⅱ）２

問六．１，５　問七．４

《算　数》

1　(1)1　(2)1　(3)12　(4)135　(5)14

2　(1)20　(2)65　(3)15　(4)138　(5)150.72　(6)1　(7)9　(8)21.98

3　(1)9分36秒後　(2)50　(3)$685\frac{5}{7}$　※(4)5分36秒

4　(1)$5\frac{5}{8}$　(2)$18\frac{3}{8}$　(3)$92\frac{3}{4}$　(4)$418\frac{3}{4}$

5　(1)「２の一」　(2)6　(3)20　(4)46

※の考え方は解説を参照してください。

《理　科》

1　問１．(a)②，③　(b)②　問２．①，②，④

問３．(a)ア．葉緑体　イ．べん毛　(b)右図

問４．(a)無せきつい動物　(b)正／地球の中心に近づくように動くから。

問５．自然界における光源である太陽の光は上から当たるから。

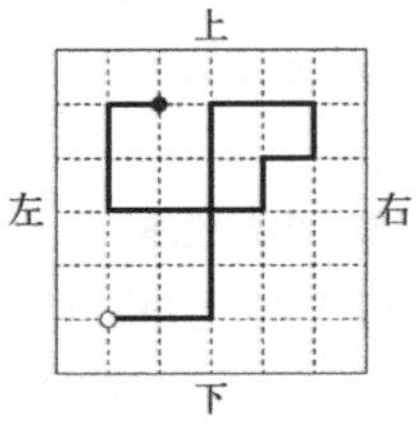

1問３(b)の図

2　問１．加熱して出た気体を冷やす。　問２．③，⑥　問３．①　問４．②，④

問５．Ｅ　問６．0.50　問７．②

3　問１．がんの治りょう／手荷物検査／食品の保存／品種改良 などから１つ　問２．ア．$\frac{1}{4}$　イ．$\frac{1}{16}$

問３．③　問４．(a)22920　(b)②　問５．80　問６．⑤

4　問１．24　問２．夏に冷たい飲み物を入れたコップの外側に水てきがつく。

／冬に暖房がきいた部屋の窓の内側に水てきがつく。／冬にはく息が白くなる。

／水が沸とうしているなべから湯気が出る。などから１つ　問３．120

問４．上空の温度と水蒸気量

問５．(a)スキー場Ａ…②，③，④，⑤　スキー場Ｂ…①，⑧，⑨　(b)右図

4問５(b)の図

《社　会》

1 問1．浦賀／イ　問2．憲法制定にあたり，絵の作者ビゴーの出身国フランスと敵対していた，君主権の強いドイツを手本としていたこと。　問3．ウ　問4．ア　問5．二十一か条の要求　問6．A→B→⑥
問7．エ

2 問1．人々が食べた貝の貝がらをはじめ，土器，石器，骨角器などの人口遺物のほか，人骨や獣・魚などの骨が出土することから，その時代の人々の生活や自然環境がわかる。　問2．ア　問3．ウ　問4．倭寇
問5．ア　問6．解体新書　問7．ア→エ→イ→ウ　問8．マッカーサー

3 問1．右図　問2．エ　問3．エ　問4．エ　問5．ウ　問6．ウ
問7．人々のくらしや酒づくりに必要な米や良質な湧き水が豊富に得られ，港もあって，酒の輸送や人の移動に便利であったから。

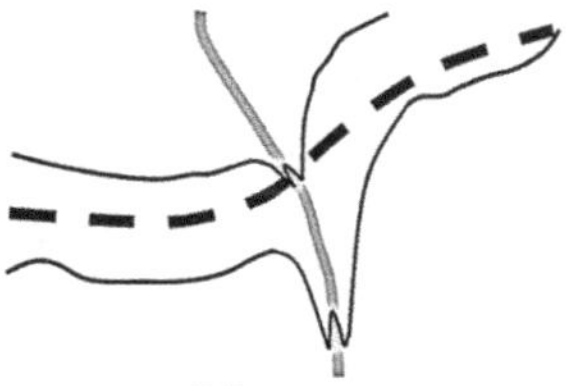

3問1の図

4 問1．ア　問2．2080年には高齢化が進んでいるのに加え，出生率が低下傾向にあるから。　問3．⑴イ　⑵イ　問4．ASEAN　問5．右図
問6．ウ　問7．クアッド

4問5の図

5 問1．知的財産権　問2．イ　問3．イ　問4．エ　問5．ウ
問6．ア　問7．イ，エ

《2024 第2回 国語 解説》

一 著作権上の都合により文章を掲載《けいさい》しておりませんので、解説も掲載しておりません。ご不便をおかけし、誠に申し訳ございません。

二 **問二** 健《たける》(タケちゃん)が「将来、あたし(朱里《あかり》)に自分の遺品整理を頼《たの》みたい」と言ったことは、「遠回しな求《きゅう》婚《こん》(プロポーズ)」と言える。「ちゃんと顔を見て言えばいいのに、タケちゃんときたら」という表現からは、そのような健を「愛おしく思う」気持ちがうかがえる。「にんまり」は、満足したときなどに声を出さないでほほえむ様子なので、「求婚を受けたことを思い返して幸せを感じている」に合う。よって、1が適する。2の「その場で～明確な返答が出来なかったことを恥《は》ずかしく感じている」、3の「家族に紹介《しょうかい》することを恥ずかしく思いながらも」、4の「あこがれを抱《いだ》いており～自分を誇《ほこ》らしく感じている」などは適さない。

問三 ――線部Bの直前の「煙草《たばこ》の匂《にお》いが染《し》みついたシャツも、七十年も隠《かく》し通した拳銃《けんじゅう》も、すべてひっくるめてうちの祖父が残したものなのだ」から、「シャツも拳銃も祖父の人生の一部だった」と言えるので、3が適する。1の「何事にも筋を通す祖父の生き方に反すると思ったから」、2の「遺族に対する祖父の配慮《はいりょ》を無視するように思われるから」、4の「シャツだけを祖父の遺品として扱《あつか》うのは祖父に失礼だから」などは適さない。

問四 ――線部Cの直前に「最後まで自分では捨てられなかったものを、捨ててくれる人がいる」とあることから考える。「捨ててくれる人」を信頼《しんらい》しているからこそ、「自分では捨てられなかったもの」を託《たく》せる、捨てないで残していけるということ。よって、2が適する。1の「安易に～捨てるのではなく、正しい処分をしなければならない」、3の「共有されるべきもの～遺族の判断を尊重するために死者は遺品を残す」、4の「長い時間を共有することによってのみつちかわれる～遺族は～遺品を残せる」などは適さない。

問五(i) 注2に「秋好～銃を～持ち出したが、朱里の説得により」とあることから、返さなければ警察に通報すると朱里から言われて、秋好は「本当に通報されるかもしれないと、不安でいっぱい」になり、返しに来たのだと想像できる。つまり、秋好の言った「早まるなよ!」は、通報するなよ、という意味。このようにあわてる秋好の様子を見て、朱里の母はぷっと笑いたくなり、それをおさえているのだと考えられる。その母の顔が「澄《す》ました表情」に見えるのは、母がひどく動揺《どうよう》していたのを知っている朱里が、自分もあんなに動揺していたのに涼《すず》しい顔をして、と思っているからだと考えられる。【話し合いの様子】には、母が「動揺」していたこと、「かなり感情の動きが大き」かったことが書かれている。つまり、「自分のことを棚《たな》に上げて」秋好のことを笑っている、ということになる。よって、2が適する。1の「朱里たちに合わせて微笑《ほほえ》もうとしている」、3の「秋好を見て平静さを取り戻《もど》し、取り繕《つくろ》って」、4の「自分を恥ずかしく思い、照れ隠しをしている」などは適さない。

(ii) 「口を割る」は、白状すること。「小鼻をふくらます」は、不満そうにする様子。「眉根《まゆね》を寄せる」は、「眉をひそめる」と同じで、心配や不快で顔をしかめる(眉のあたりにしわを寄せる)こと。

問六 本文は朱里の視点で書かれていて、朱里の心情が地の文で直接示され、朱里から見た状況《じょうきょう》が語られている。よって、1が適する。25～27行目では、「世の中に～『上手なものの捨て方』～の方法論があふれている」理由がわかったということが語られている。よって、5が適する。2の「『男らしさ』の象徴《しょうちょう》として」、3の「『祖父』～とは心の距離《きょり》がある」、4の「淳樹《あつき》の素直ではない性格を表している」、6の「迷惑《めいわく》に感じていた～きれいに処理できた喜び」などは適さない。

問七 本文では、「最後まで自分では捨てられなかったものを、捨ててくれる人がいる。捨てないことも、信頼の証」だということが語られている。信じて任せられる人がいるということ、つまり、「近しい人を信じられること」の幸せを描《えが》いていると言えるので、4が適する。1の「現代社会の問題を、ありありと描いている」、2の「死者の思いを尊重することの大切さを～重厚に描いている」、3の「家族との絆《きずな》が深まる様を、それぞれの心情に沿って」などは適さない。

《2024　第2回　算数　解説》

1 (1)　与式＝(13－6)×(15－10)－7－6－3×7＝7×5－7－6－21＝35－7－6－21＝**1**

(2)　与式＝$1\frac{7}{8}\times\frac{16}{7}\div\frac{13}{3}\times\frac{7}{12}\times\frac{11}{5}\times\frac{13}{3}\times\frac{2}{11}=\frac{15}{8}\times\frac{16}{7}\times\frac{3}{13}\times\frac{7}{12}\times\frac{11}{5}\times\frac{13}{3}\times\frac{2}{11}=\mathbf{1}$

(3)　与式＝130円×6＋18円×22＋504円＝1680円＝$\frac{1680}{140}$ユーロ＝**12**ユーロ

(4)　与式＝33×12＋33×8＋33×7－27×10－27×18＝33×(12＋8＋7)－27×(10＋18)＝33×27－27×28＝27×(33－28)＝27×5＝**135**

(5)　「＝」の左側を整理すると，(□÷2＋3)×$\frac{1}{4}\times\frac{6}{5}\times 7\times\frac{8}{9}$＝(□÷2＋3)×$\frac{28}{15}$

よって，与式より，(□÷2＋3)×$\frac{28}{15}=\frac{56}{3}$　　□÷2＋3＝$\frac{56}{3}\times\frac{15}{28}$　　□÷2＝10－3　　□＝7×2＝**14**

2 (1)　**【解き方】てんびん図を利用する。**

図Ⅰ

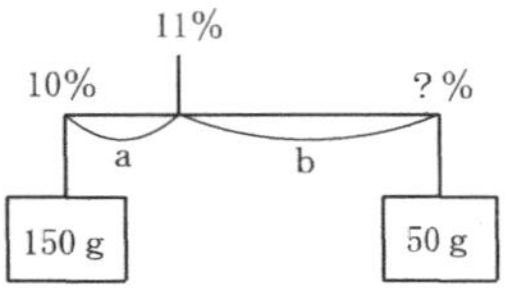

図Ⅱ

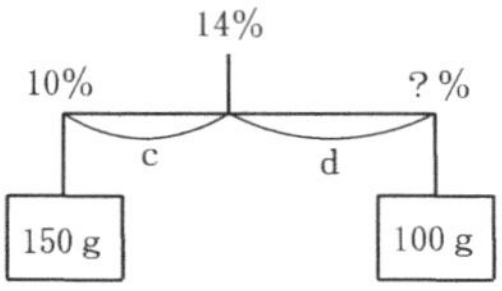

最後にAの中で混ぜた操作について，図Ⅰのてんびん図がかける。a：bは150：50＝3：1の逆比の1：3になるから，

b＝a×$\frac{3}{1}$＝(11－10)×3＝3(%)

したがって，Bの中の食塩水の濃度は11＋3＝14(%)だった。

最初にBの中で混ぜた操作について，図Ⅱのてんびん図がかける。c：dは150：100＝3：2の逆比の2：3になるから，d＝c×$\frac{3}{2}$＝(14－10)×$\frac{3}{2}$＝6(%)　　よって，求める濃度は，14＋6＝**20**(%)

(2)　**【解き方】右のように作図すると四角形CGFHは平行四辺形になる。**

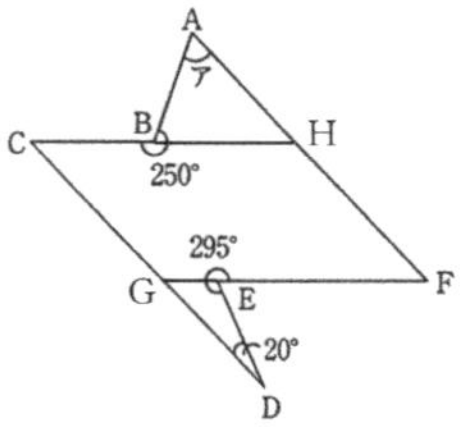

角GED＝295°－180°＝115°

三角形の外角の性質より，角CGF＝115°＋20°＝135°

平行四辺形の向かい合う内角は等しいから，角CHF＝角CGF＝135°

角ABH＝250°－180°＝70°

三角形の外角の性質より，角ア＝角CHF－角ABH＝135°－70°＝**65°**

(3)　3個買うごとに，30×3－10＝80(円)必要である。したがって，3×5＝15(個)で80×5＝400(円)である。さらに1個または2個または3個増やしても買えるがお釣りが必要になるので，求める個数は**15**個である。

(4)　△が30の約数のとき，(30☆△)＝0になる。また，△が16以上のとき，(30☆△)＝30－△になる。

したがって，(30☆16)＋(30☆17)＋(30☆18)＋……＋(30☆29)＝14＋13＋12＋……＋1＝$\frac{(1+14)\times 14}{2}$＝105

よって，求める値《あたい》は，(30☆4)＋(30☆7)＋(30☆8)＋(30☆9)＋(30☆11)＋(30☆12)＋(30☆13)＋(30☆14)＋105＝2＋2＋6＋3＋8＋6＋4＋2＋105＝**138**

(5)　**【解き方】右図のように，底面の半径がAGで高さがGCの円柱から，底面の半径がAGで高さがGFの円すいを取り除いた立体ができる。**

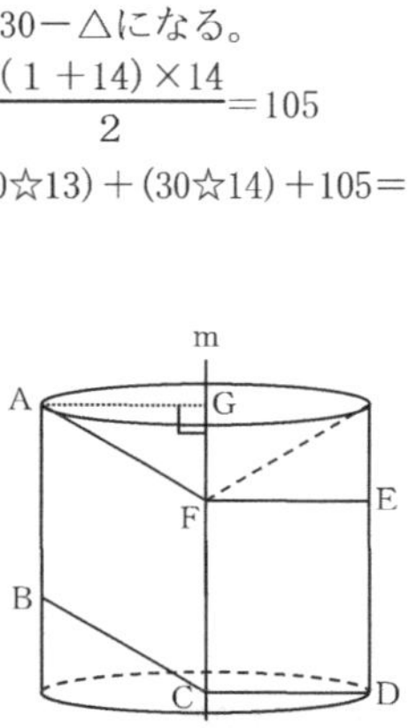

平行四辺形ABCFの面積より，AG＝12÷4＝3(cm)

GC＝2＋4＝6(cm)だから，求める体積は，

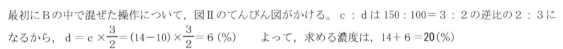

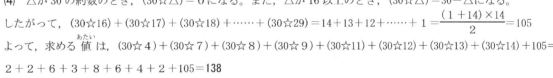

$(3\times3\times3.14)\times6-(3\times3\times3.14)\times2\times\frac{1}{3}=48\times3.14=$**150.72**(㎤)

⑹　図２の正六角形を，右図のように12個の合同な直角三角形に分ける。

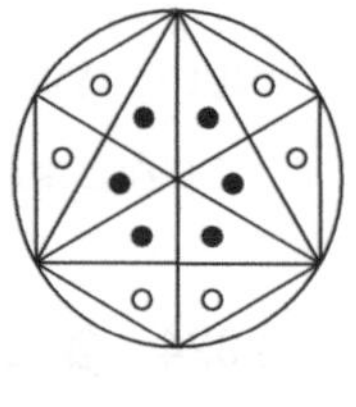

図１と図２の斜線部分の面積の差は，○の面積にあたる。図１の正三角形ＡＢＣの面積は●の面積にあたる。○と●の面積は等しいから，求める割合は**１**倍である。

⑺　①と⑥から，Ａは５か６となる。したがって，Ａは真ん中の数か最大の数である。

Ａが真ん中の数の場合，３が最小であり，最大は３＋６＝９となるが，⑦に合わない。

よって，Ａは最大の数だから②より６以上なので，Ａ＝６，Ｂが最小だからＢ＝６－６＝０，Ｃ＝３である。

３枚のカードの数の和は，６＋０＋３＝**9**

⑻　**【解き方】Ｐの通ったあとは，右図の曲線のようになる。すべての曲線の半径は３㎝である。**

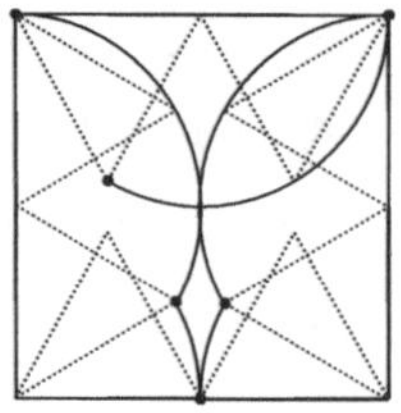

曲線の中心角の和は，(180°－60°)×３＋(90°－60°)×２＝420°

よって，求める長さは，$3\times2\times3.14\times\frac{420°}{360°}=7\times3.14=$**21.98**(㎝)

3　⑴　**【解き方】片道にかかった時間から，２人の速さの比を求める。**

太郎君と須磨子さんで，最初に2.4㎞進むのにかかった時間の比は24：16＝３：２だから，このときの速さの比はこの逆比の２：３である。したがって，出発してから１回目に出会うまでに進んだ道のりの比も２：３である。

須磨子さんは，16分で進む道のりの$\frac{3}{2+3}=\frac{3}{5}$進んだときに１回目に太郎君と出会ったから，求める時間は，

$16\times\frac{3}{5}=\frac{48}{5}=9\frac{3}{5}$(分後)→**９分36秒後**

⑵　**【解き方】２人が２回目に出会ったのが，出発してから$9\frac{3}{5}+18\frac{24}{60}=28$(分後)であることから，太郎君の２回目の速さが求められる。**

１回目の太郎君の速さは，$\frac{2400}{24}=100$より分速100ｍである。

須磨子さんが１回目にＡ町に着いてから２回目に太郎君に出会うまでに，28－16＝12(分)進んだから，Ｂ町までの道のりの$\frac{12}{16}=\frac{3}{4}$進んだところで太郎君に出会った。したがって，このとき太郎君はＢ町から，$2.4\times(1-\frac{3}{4})=$ 0.6(㎞)の地点にいた。２回目の太郎君の速さは，$\frac{600}{28-24}=150$より分速150ｍである。

よって，太郎君は折り返すたびに，150－100＝50より分速**50**ｍずつ加速する。

⑶　**【解き方】２人が３回目に出会ったのは，右図のＧのところである。グラフの形から図形問題として解く。**

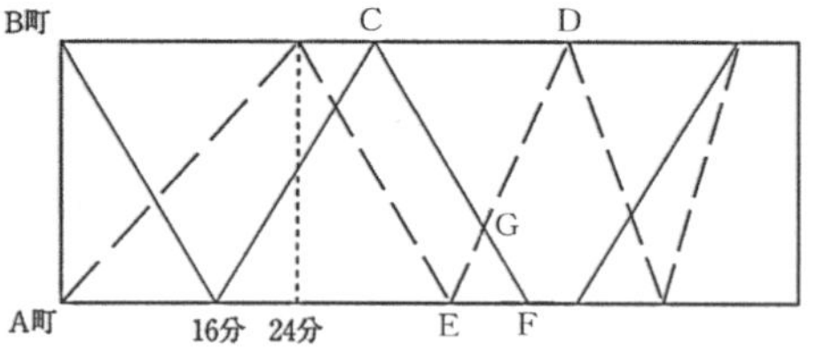

出発してから，Ｃは16＋16＝32(分後)，Ｆは32＋16＝48(分後)である。

３回目の太郎君の速さは，150＋50＝200より分速200ｍである。出発してから，Ｅは$24+\frac{2400}{150}=40$(分後)，Ｄは$40+\frac{2400}{200}=52$(分後)である。

三角形ＥＦＧと三角形ＤＣＧは同じ形だから，ＥＧ：ＤＧ＝ＥＦ：ＤＣ＝(48－40)：(52－32)＝２：５

よって，ＥＧ間の道のりはＥＤ間の$\frac{2}{2+5}=\frac{2}{7}$だから，求める道のりは，$2400\times\frac{2}{7}=\frac{4800}{7}=$**$685\frac{5}{7}$**(ｍ)

⑷　**【解き方】まず，太郎君が最後にＢ町に着いた時間を求める。**

太郎君の４回目の速さは分速250ｍ，５回目の速さは分速300ｍだから，太郎君が最後にＢ町に着いたのは，出発してから，$52+\frac{2400}{250}+\frac{2400}{300}=69\frac{3}{5}$(分後)

須磨子さんの移動時間の合計は，16×４＝64(分)だから，休憩した時間は，$69\frac{3}{5}-64=5\frac{3}{5}$(分)→**５分36秒**

4 ⑴　**【解き方】三角形ＡＤＣは３辺の比が３：４：５の直角三角形であり，これと同じ形である三角形ＥＢ′Ｃも同様である。**

Ｂ′Ｃ＝ＡＣ－ＡＢ′＝５－４＝１(cm)だから，Ｂ′Ｅ＝Ｂ′Ｃ×$\frac{3}{4}$＝$\frac{3}{4}$(cm)

三角形ＥＢ′Ｃの面積が１×$\frac{3}{4}$÷２＝$\frac{3}{8}$(cm²)だから，

斜線部分の面積は，３×４÷２－$\frac{3}{8}$＝**$5\frac{5}{8}$**(cm²)

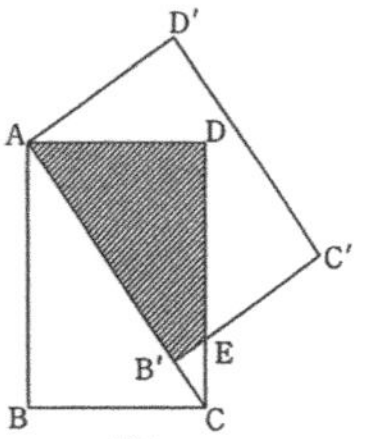

図１

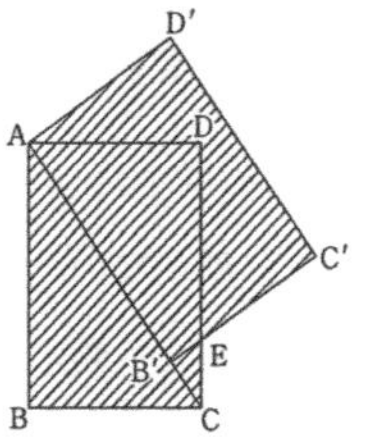

図２

⑵　(２つの長方形の面積の和)－(重なった部分の面積)＝

(４×３)×２－$5\frac{5}{8}$＝**$18\frac{3}{8}$**(cm²)

⑶　**【解き方】２個の直方体の表面積の和から，重なったことで見えなくなった面積を引けばよい。**

柱体の側面積は(底面の周の長さ)×(高さ)で求められるから，１個の直方体の表面積は，

{(３＋４)×２}×２＋(４×３)×２＝52(cm²)

重なったことで見えなくなった面積は，図１の斜線部分の面積の２倍だから，$5\frac{5}{8}$×２＝$\frac{45}{4}$＝$11\frac{1}{4}$(cm²)

よって，求める表面積は，52×２－$11\frac{1}{4}$＝**$92\frac{3}{4}$**(cm²)

⑷　**【解き方】⑶と同様に，10個の直方体の表面積の和から，重なったことで見えなくなった面積を引けばよい。**

10個の直方体の表面積の和は，52×10＝520(cm²)

10個の直方体を重ねると重なりは９か所になるから，重なったことで見えなくなった面積は，$\frac{45}{4}$×９＝$\frac{405}{4}$＝$101\frac{1}{4}$(cm²)

よって，求める表面積は，520－$101\frac{1}{4}$＝**$418\frac{3}{4}$**(cm²)

なお，「らせん状に重ねた」とは，３個目の直方体を重ねるときに１個目の真上に重ねるのではなく，Ａを中心に反時計回りに角ＢＡＣと同じ角度だけ回転させて２個目の上に重ね，４個目以降も同じように反時計回りに少しずつ回転させながら重ねた，という意味である。しかし，問題を解く上では考える必要がない。

5 ⑴　３つ目と５つ目のコマンドでは動かないから，「→，↑，↑，←」と動くので，**「２の一」**に着く。

⑵　**【解き方】「→，↑」と２回移動すれば「３の二」に着くので，３つのコマンドのうち１つで動かなかったことになる。**

動かなかったのが１つ目の場合，１つ目のコマンドは↑か↓の２通りで，２つ目と３つ目のコマンドは「→，↑」の１通りだから，入力の仕方は２×１＝２(通り)ある。このように，動くときのコマンドは常に１通りだから，動かなかったときのコマンドが何通りあるかを数える。

動かなかったのが２つ目の場合，２つ目のコマンドは→か↓の２通りだから，入力の仕方は２通りある。

動かなかったのが３つ目の場合，３つ目のコマンドは→か←の２通りだから，入力の仕方は２通りある。

以上より，全部で，２＋２＋２＝**６**(通り)

⑶　**【解き方】「２の一」まで最短経路で行くと，時計回りに行っても反時計回りに行っても，４回の移動で着く。したがって，５つのコマンドのうち１つのコマンドで動かなかったことになる。**

まず時計回りに行った場合，つまり「←，↑，↑，→」と移動した場合を考える。

図アのいずれのマスにいても，動かないコマンドは２通りずつある。動かなかったのは，１つ目のコマンドから５つ目のコマンドの５通りが考えられ，いずれにおいてもコマンドの入力の仕方は２通りだから，この場合の全部の入力の仕方は，５×２＝10(通り)ある。

反時計回りに行く場合も同様に10通りあるから，合わせて，10＋10＝**20**(通り)

⑷　**【解き方】時計回りに行く場合と反時計回りに行く場合に分けて考える。反時計回りに行く場合，戻ることもありうることに注意する。**

「３の一」まで時計回りに最短経路で行く場合，「←，↑，↑，→，→」と５回の移動で着くから，５つのコマンドの入力の仕方は１通りある。

「３の一」まで反時計回りに最短経路で行く場合，「→，↑，↑」と３回の移動で着く。この場合はさらに「１回も動かないということがなく動き続けたパターン」と，「２回動かなかったパターン」に分けて考える。

「１回も動かないということがなく動き続けたパターン」だと，１つ目～４つ目のいずれかのコマンドで戻ったのだから，入力の仕方は，「←，→，→，↑，↑」「→，←，→，↑，↑」「→，↑，↓，↑，↑」「→，↑，↑，↓，↑」「→，↑，↑，←，→」の５通りある（４つ目に戻るのは↓と←の２通りあることに注意する）。

「２回動かなかったパターン」について，例えば１つ目と２つ目に動かなかった場合，１つ目と２つ目のコマンドはそれぞれ２通りあるから，５つのコマンドの入力の仕方は２×２＝４（通り）ある。このように，動かなかった２つが決まれば入力の仕方はすべて４通りになる。右の「組み合わせの数の求め方」より，動かなかった２つの決め方は，$\frac{5\times4}{2\times1}$＝10（通り）だから，このパターンの５つのコマンドの入力の仕方は，10×４＝40（通り）

以上より，求める入力の仕方の数は，１＋５＋40＝**46**（通り）

組み合わせの数の求め方

異なる10個のものから順番をつけずに３個選ぶときの組み合わせの数は，

全体の個数　選ぶ個数

$$\frac{⑩\times9\times8}{③\times2\times1}=120（通り）$$

選ぶ個数　選ぶ個数

つまり，異なるｎ個からｋ個選ぶときの組み合わせの数の求め方は，$\frac{（ｎ個からｋ個選ぶ並べ方の数）}{（ｋ個からｋ個選ぶ並べ方の数）}$

《2024　第２回　理科　解説》

1　**問１**(a)　②のような鳥類と，③のようなほ乳類が，気温が変化しても体温を一定に保つことができる生物（恒温《こうおん》動物）である。　(b)　食べ物を得るためにみずからボタンを押《お》すようになるのだから，ボタンを押すまでの時間の間かくはしだいに短くなると考えられる。

問２　①④○…経験を積み重ねることによって行動が変化する。　②○…最初に見たものによって追いかけるものが変化するので，生まれつき備わった，決まった行動とはいえない。

問３(a)　ミドリムシは植物と同じように葉緑体があることで光合成を行い自ら養分をつくることができる。また，べん毛があることで動物と同じように自ら動き回ることができる。　(b)　ミドリムシは最終的に，右へ16－８＝８（㎜），上へ48－８－８＝32（㎜）動いたことになる。左右方向の移動に着目すると，毎秒２㎜の速さで動くから，右へ動いた時間が左へ動いた時間より８÷２＝４（秒）大きくなればよい。表１の記録より，右の照射時間（移動時間）の合計は８＋８＋４＝20（秒），左の照射時間は４秒で，その差は20－４＝16（秒）だから，左の照射時間があと16－４＝12（秒）必要である。上下方向の移動についても同様に考えると，上へ動いた時間が下へ動いた時間より32÷２＝16（秒）大きくなればよいので，下の照射時間があと４秒必要である。連続して同じ方向から光を当てたことはないので，表１の上から４つ目の記録は（下，４秒），下から３つ目の記録は（左，12秒）である。解答らんの図の１マスが８÷２＝４（秒）に相当すると考えて，ミドリムシが移動した道すじを作図すればよい。

問４(a)　ハマグリは無せきつい動物の中で，タコやイカなどと同じ軟体《なんたい》動物に分類される。　(b)　重力を地球が物体を引く力とすると，その発生源は地球の中心であり，地中にもぐることは発生源に近づくことになる。

問５　図４のように，こん虫が電球にそって飛ぶのは電球の光があらゆる方向に進むためである。太陽の光は平行に進んでくる。

2　**問１**　食塩水をろ過しても，溶《と》けている食塩はろ紙を通過し，食塩と水を分けることはできない。食塩水を加熱すると，水だけが気体(水蒸気)になって出ていくので，これを冷やすことで純すいな水を取り出すことができる。

問２　鉄やアルミニウムは塩酸に溶け，氷砂糖は水に溶ける。また，ガラス板は溶けないが，電流が流れない。

問３　電流が流れているから電解質の水よう液である。また，加えた水の量が多くなると濃度《のうど》は低くなるので，図２より，濃度が高いときほど大きな電流が流れていると考えられる。なお，塩酸は気体の塩化水素を水に溶かした水よう液である。

問４　酸性の塩酸とアルカリ性の水酸化ナトリウム水よう液を混ぜ合わせると，たがいの性質を打ち消し合う反応(中和)が起こる。この反応では，食塩と水ができるから，２つの水よう液が過不足なく反応したときには中性の食塩水になる。図３で，電流が最も小さくなったＸは，２つの水よう液が過不足なく反応したときである。
①×…ＢＴＢ液は酸性で黄色，中性で緑色，アルカリ性で青色になる。　②○…赤色リトマス紙にアルカリ性の水よう液をつけると青色に変化し，青色リトマス紙に酸性の水よう液をつけると赤色に変化する。それ以外ではリトマス紙の色は変化しない。　③×…加えた水酸化ナトリウム水よう液の量が55mL(Ｘ)になるまでは中和によってできる食塩の量が増えていくので，水を蒸発させたときに得られる食塩の重さが大きくなっていき，Ｘのときに最大になる。その後，加えた水酸化ナトリウム水よう液の量を増やしても(塩酸が不足しているため)中和が起こらないので，得られる食塩の重さはそれ以上大きくならない。ただし，反応せずに残った水酸化ナトリウム水よう液には固体の水酸化ナトリウムが溶けているので，水を蒸発させることで食塩の他に水酸化ナトリウムも固体として得られる。よって，図３では，加えた水酸化ナトリウム水よう液の量が多いときほど得られる固体の重さが大きくなる。
④○…塩化コバルト紙は水に反応して青色から赤色に変化する。　⑤×…食塩水に石灰水を加えても反応は起こらない。

問５　問４より，実験２で用いた塩酸100mLと水酸化ナトリウム水よう液55mLが過不足なく反応するから，水酸化ナトリウム水よう液110mLと過不足なく反応する塩酸は$100\times\frac{110}{55}=200$(mL)である。よって，Ｅのときが中性である。

問６　実験２で水酸化ナトリウム水よう液を100mL加えると，塩酸100mLと水酸化ナトリウム水よう液55mLが反応し，表１のＥのときの半分の0.32ｇの食塩が得られる。さらに，反応せずに残った水酸化ナトリウム水よう液100－55＝45(mL)に溶けている水酸化ナトリウムも固体として得られる。水よう液の密度は１ｇ/mLだから，45mLは45ｇであり，水酸化ナトリウム水よう液の濃さは0.4％だから，溶けている水酸化ナトリウムは45×0.004＝0.18(ｇ)である。よって，得られる固体の重さは合計で0.32＋0.18＝0.50(ｇ)である。

問７　硫酸《りゅうさん》と石灰水が図３のＸのときのように過不足なく反応したときには，水に溶けない白い固体ができる。水に溶けなければ電気をおびた粒《つぶ》にならないので，電流が流れにくくなる。

3　**問２**　放射性物質からの距離《きょり》が３倍や５倍になると，放射線の量はそれぞれ$\frac{1}{3}\times\frac{1}{3}=\frac{1}{9}$(倍)や$\frac{1}{5}\times\frac{1}{5}=\frac{1}{25}$(倍)になっているから，アは$\frac{1}{2}\times\frac{1}{2}=\frac{1}{4}$，イは$\frac{1}{4}\times\frac{1}{4}=\frac{1}{16}$があてはまる。

問３　図１のＡ～Ｄに着目する。120個の●は100年後に60個になり，200年後に30個になる。放射性物質の減り方が一定の場合には④のようなグラフになるが，ここでは最初の100年で60個減り，次の100年では30個しか減らないので，減り方が小さくなっていく③のようなグラフになる。

問４(a)　$1\times\frac{1}{2}\times\frac{1}{2}\times\frac{1}{2}\times\frac{1}{2}=\frac{1}{16}$より，半減期は４回必要である。よって，表２より，放射線を出す炭素の半減期は5730年だから，5730×４＝22920(年)必要である。　**(b)**　5730×３＝17190(年)より，20000年間における半減期は３回より多く，４回より少ない。よって，放射線を出す炭素の数は，半減期４回では$\frac{1}{16}\times100=6.25$(％)，半減期３回では４回のときの２倍の6.25×２＝12.5(％)になるから，6.25～12.5％をふくむ②が正答となる。

問５　9600年間に放射線を出すラジウムの半減期(1600年)は9600÷1600＝６(回)あるから，$5120\times\frac{1}{2}\times\frac{1}{2}\times\frac{1}{2}\times\frac{1}{2}$

$\times\frac{1}{2}\times\frac{1}{2}=80$(個)になる。

問6　$1\times\frac{1}{2}\times\frac{1}{2}\times\frac{1}{2}\times\frac{1}{2}\times\frac{1}{2}\times\frac{1}{2}=\frac{1}{64}$，$\frac{1}{64}\times\frac{1}{2}=\frac{1}{128}$より，現在は，放射線を出すウランの半減期が6回終わった7×6＝42(億年後)から7回終わる7×7＝49(億年後)の間だと考えられる。

4　**問1**　図1より，気温35℃のときの飽和《ほうわ》水蒸気量は40 g/m^{3}だから，湿度《しつど》60%のときに空気1 m^{3}にふくまれる水蒸気量は40×0.6＝24(g)である。

問2　温度が下がると飽和水蒸気量が小さくなり，空気中にふくみきれなくなった水蒸気が水になる。

問3　図1より，気温22.5℃のときの飽和水蒸気量は20 g/m^{3}である。空気10 m^{3}にふくまれる水蒸気量が240 gのとき，空気1 m^{3}にふくまれる水蒸気量は24 gだから，湿度は24÷20×100＝120(%)である。なお，この空気は過飽和であり，過飽和量は24－20＝4(g/m^3)である。

問5(a)　スキー場A…図2で，温度が－5～－8℃の範囲《はんい》，過飽和量が0～0.2 g/m^{3}の範囲にある結晶《けっしょう》ができた可能性がある。よって，角柱(②)，骸晶《がいしょう》角柱(③)，針(④)，さや(⑤)の4つである。　スキー場B…スキー場Aと同様に考えて，温度が－14～－16℃の範囲，過飽和量が0.1～0.3 g/m^{3}の範囲にある結晶を選べばよい。

(b)　図2より，気温－20℃，過飽和量0.12 g/m^{3}のときは角板(①)，気温－15℃，過飽和量0.25 g/m^{3}のときは樹枝状(⑨)ができる。

《2024　第2回　社会　解説》

1　**問1**　浦賀／イ　　蒸気船を含む4隻が神奈川県の浦賀沖に停泊した。

問2　19世紀後半のヨーロッパでは，イギリス，フランス，ドイツがそれぞれの方式で立憲制を確立していた。フランス人のビゴーは，伊藤博文がイギリスやフランスでなく，祖国フランスが普仏戦争で大敗を喫したドイツを手本としたことに不満を持ち，風刺画を描いた。

問3　ウ　　承久の乱を起こした後鳥羽上皇が編さんを命じた和歌集は『新古今和歌集』である。

問4　ア　　廃藩置県は第2回パリ万博より後の1871年に行われた。

問5　二十一か条の要求　　山東省のドイツの権益を日本にゆずること，日本の旅順・大連の租借期間を延長することなど，日本の大陸での権益を拡大しようとする要求であった。

問6　A→B→⑥　　A(サンフランシスコ平和条約の調印・1951年)→B(東海道新幹線の開通・1964年)→⑥(大阪万博・1970年)

問7　エ　　X．正しい。Y．誤り。豊臣秀吉は，バテレン追放令を出したが，ポルトガル・スペインとの南蛮貿易は継続したために，禁教は徹底されなかった。Z．誤り。徳川家康は，貿易の利益のために始めはキリスト教を黙認していたが，キリシタンが幕府の支配に抵抗することを恐れて禁教令を出し，宣教師を国外に追放した。

2　**問1**　貝塚には，食べ物の残りだけでなく，貝がらにふくまれるカルシウムによって保護された人骨や獣・魚などの骨が出土している。これによって，縄文時代には屈葬が行われていたことがわかっている。

問2　ア　　イ．誤り。100戸ではなく50戸を1里とする行政区画が定められた。ウ．誤り。絹や糸や特産品などを納める税は租ではなく調である。エ．誤り。この資料が出された時に政権を担当していたのは，中大兄皇子と中臣鎌足らであった。

問3　ウ　　奈良時代の聖武天皇の記述である。ア．飛鳥時代の天武天皇の記述。イ．飛鳥時代の天智天皇(中大兄皇子)の記述。エ．平安時代の記述。

問4　倭寇　　足利義満は，明の皇帝から倭寇の取り締まりを条件に，明との朝貢形式での貿易を許された。

問5　ア　　山崎の戦い…1582年，本能寺の変で織田信長を討った明智光秀と，知らせを聞いて中国地方から戻ってきた豊臣秀吉が山崎(現在の京都府乙訓郡)で争った戦い。天王山の戦いとも呼ばれる。桶狭間の戦い…1560年，尾張国(現在の愛知県)の織田信長が，三河国・遠江国・駿河国を支配する今川義元を破った戦い。
関ヶ原の戦い…1600年，徳川家康率いる東軍と石田三成率いる西軍が，関ヶ原(現在の岐阜県)で争った戦い。
長篠の戦い…1575年，織田信長・徳川家康の連合軍が鉄砲隊と馬防柵を活用して，武田勝頼軍を長篠(現在の愛知県)で破った戦い。

問6　解体新書　　翻訳の苦労や解体新書をつくったときの出来事が，杉田玄白による『蘭学事始』に記録されている。

問7　ア→エ→イ→ウ　　ア(明治時代)→エ(大正時代末期)→イ(昭和時代・太平洋戦争中)→ウ(昭和時代・戦後)

問8　マッカーサー　　マッカーサーは，ＧＨＱ(連合国軍最高司令官総司令部)の最高司令官であった。

3　問1　線路が川の下を通っていることから，天井川になっていることがわかる。
天井川は，まわりよりも高くなっているため，尾根と同じ等高線の形になる。

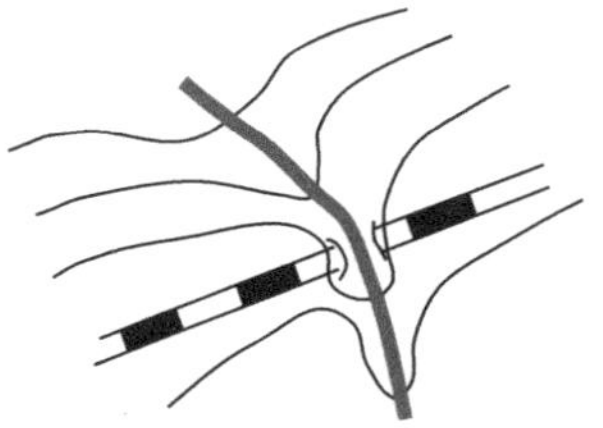

問2　エ　　大阪府は，大阪市(約274万人)＞堺市(約82万人)＞東大阪市(約48万人)，京都府は，京都市(約139万人)＞宇治市(約18万人)＞亀岡市(約9万人)，東京都は，東京23区(約957万人)＞八王子市(約56万人)＞町田市(約43万人)の順に人口が多い。東京都庁は新宿区にある。

問3　エ　　緯度の低い順に福岡市，仙台市，札幌市となるから，気温も福岡市，仙台市，札幌市の順に高くなる。福岡市と仙台市は夏に雨が多い太平洋側の気候に属するが，低緯度に位置する福岡市の方が夏の降水量は多くなる。また，北海道の気候(冷帯気候)に属する札幌市は，はっきりとした梅雨がなく，6月頃の降水量が少なくなる。

問4　エ　　海に近い低地にある阪神甲子園球場の周辺には，土砂災害が発生するような山や丘陵はない。

問5　ウ　　内陸県が上位にないＣはかに類である。愛知県は園芸農業が盛んなこと，長野県と群馬県は冷涼な気候を生かして夏にレタス栽培をしていることなどから，Ａをカーネーション，Ｂをレタスと判断する。

問6　ウ　　首都である東京都には情報が集まるため，印刷および印刷関連業が盛んである。アは繊維工業，イは輸送用機械器具，エは鉄鋼業。

問7　Ｘは酒(清酒)である。酒の原料は水と米であり，生活に水と米が必要不可欠であったことから考える。

4　問1　ア　　アメリカの人口は約3.4億人，インドネシアの人口は約2.8億人，ブラジルの人口は約2.2億人。

問2　2023年の人口ピラミッドは富士山型であるが，2080年の人口ピラミッドはつりがね型に移行している。

問3(1)　イ　　自給率はりんごが約53%，鶏卵が約97%，しいたけ(きのこ類)が約88%，マグロが約46%。

(2)　イ　　資料4より，パーム油は，1ヘクタールあたりの生産量は多い。

問5　経度0度の本初子午線は，アフリカ大陸西部のギニア湾を通る。緯度0度の赤道は，ビクトリア湖を通る。

問6　ウ　　西アジアの国が上位のＸは石油である。オーストラリアが1位のＹとＺについては，2位で判断する。インドネシアが2位のＹは石炭，マレーシアが2位のＺは天然ガスである。

問7　クアッド　　ＱＵＡＤは，日本，アメリカ，オーストラリア，インドによる枠組みだが，インドがロシア寄りの外交を展開しているため，自由で開かれたインド太平洋の形成には問題点が残っている。

5　問1　知的財産権　　著作権・特許権・実用新案権・育成者権・意匠権・商標権などを知的財産権という。

問2　イ　　裁判員制度は2009年から始まった制度であり，1946年に公布された日本国憲法には書かれていない。

問3　イ　　ア．誤り。委員会も国会議員だけが議決に参加する。ウ．誤り。委員会で審査された議案は必ず衆議院・参議院での議決が必要である。エ．誤り。委員会は委員長の許可を得れば傍聴できる。また，委員会では，出席議員の過半数の賛成を得れば可決となる。

問4　エ　　金融庁，こども家庭庁，消費者庁はいずれも内閣府に属する。

問5　ウ　　火災保険は，政府ではなく民間が実施している保険である。

問6　ア　　イ．誤り。条例の制定には，有権者の 50 分の１以上の署名を必要とする。ウ．誤り。首長の判断だけで条例をつくることはできない。エ．誤り。住民投票を実施しなくても条例は制定できる。

問7　イ，エ　　イ．誤り。アメリカはＥＵに加盟していない。エ．誤り。核拡散防止条約（ＮＰＴ）は，核兵器の不拡散，核軍縮の促進，原子力の平和利用の促進が目的であり，核兵器の廃絶義務はない。

2023 解答例 令和5年度　須磨学園中学校【第2回】

《国　語》

一　問一．a．**前提**　b．**非難**〔別解〕**批難**　c．**快**　問二．1．2　2．4　問三．ロ　問四．2　問五．2　問六．4　問七．2，6　問八．1，4，5　問九．相手が困っていることに気づかなかった後ろめたさをふりはらおうと、善意でありながら相手を責める意味をもふくむ発言をする前に、冷静になり、相手が善意を受け取ってくれると信じて、気づかなかったことを素直にわび、手助けしたい気持ちを伝えるのがよい。

二　問一．a．4　b．1　c．3　d．2　問二．2　問三．4　問四．3　問五．2，6　問六．妹　問七．3　問八．4，6

《算　数》

1　(1)8　(2)$\frac{1}{3}$　(3)86　(4)$\frac{5}{11}$　(5)17

2　(1)33　(2)$\frac{1}{3}$　(3)10　(4)21　(5)日　(6)24　(7)11，25　(8)45216

3　(1)8　(2)1，14，48　※(3)350

4　(1)46　(2)14　(3)100.75　(4)474

5　(1)21　(2)25　(3)45　(4)250

※の考え方は解説を参照してください。

《理　科》

1　問1．①　問2．④　問3．0　問4．(a)②　(b)記号…②　理由…ミミズによって，クモやこん虫がすみかを失うから。　問5．(a)南側／4.2　(b)北／19

2　問1．③，⑤　問2．発生した気体を石灰水に通すと，白くにごる。

問3．②，④　問4．ア．119.56　発生した気体の重さ…0.44

問5．(a)イ．0.66　ウ．0.88　エ．0.99　オ．0.99　カ．0.99

(b)右グラフ　問6．0.22　問7．0.99　問8．130.96

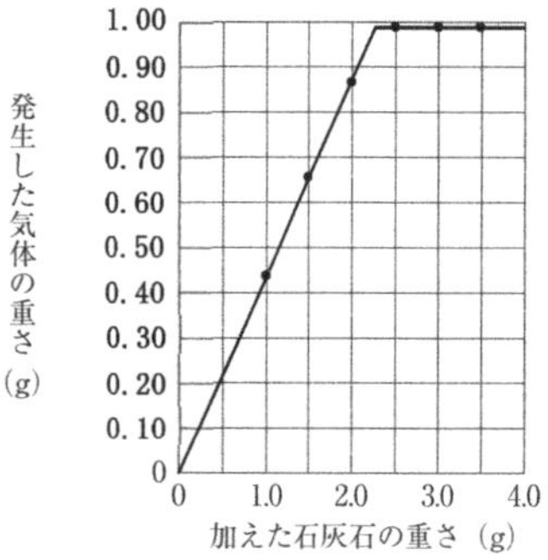

3　問1．15　問2．時計回り／20　問3．①→③→②→④

問4．(a)175　(b)30　(c)150

4　問1．たき火をしていると，少しはなれていても温かいと感じる。　問2．(a)1400　(b)350　問3．①

問4．ア．31　イ．20　ウ．49　問5．③　問6．カーボンニュートラル

《社　会》

1 問1．ア　問2．欧米の進んだ技術や知識を取り入れ，近代的な産業を育てるため。　問3．ウ
問4．木戸孝允　問5．ソ連〔別解〕ソビエト社会主義共和国連邦　問6．イ

2 問1．ウ　問2．大化　問3．ウ　問4．エ　問5．ア　問6．山梨　問7．貿易　問8．エ
問9．借金　問10．イ

3 問1．ウ　問2．エ　問3．エ　問4．(1)ア　(2)イ　問5．イ

4 問1．ウ　問2．イ　問3．東京都　問4．エ　問5．ウ　問6．自動車の組み立てに必要な部品をそれぞれ別の関連工場で生産し，ジャストインタイム方式をとっているため，一部の関連工場の生産が止まると，自動車の組み立てに支障が出るから。

5 問1．ウ　問2．ク　問3．国土交通　問4．ウ　問5．ア，ウ　問6．ウ　問7．ウ

《2023　第２回　国語　解説》

一　**問三**　「口をついて出る」は、次から次へと自然に言葉が出てくること。

問四　――線部Ａの直前で「『もっと早くに言えない』苦労を見過ごしてしまう意味で」、22～26 行目で「『困っていると言えないから困っている』ことを見過ごし、『困っているなら困っていると言えるはずだ』という前提を相手に押しつけることで～『早く言わなかったあなたが悪い』というメッセージを相手に伝えてしまうからです」と述べていることから、２が適する。

問五　――線部Ｂのある段落で「『もっと早く言ってくれればよかったのに』は善意からの発言です」「非難した相手が～だと知れば、自分の心ないひと言に後ろめたさを感じる～その後ろめたさをふりはらいたくて、うっかり相手を責めたくなると『もっと早く言ってくれればよかったのに』という言葉が口をついて出てしまいます」と述べていることから、２が適する。

問六　ふつうは、「良心を持っている」ならば「困っている人をさらに追いつめてしまう」というようなことはしないと考えられるが、ここでは「良心を持っているがために困っている人をさらに追いつめてしまう」ことになると述べているので、４の「逆説的」。

問七　15～17 行目で「『もっと早く言ってくれればよかったのに』という言葉は～やや配慮《はいりょ》に欠ける」と述べているのと同様に、「あなたのため」も、善意からの発言でありながら娘《むすめ》の希望を考慮していないので、２のようなことが言える。また、娘から「昔は言ってたのに、ずるい。」と言われて、変わった理由を説明するべきなのに、それをしない後ろめたさをふりはらい、自分の意見を正当化するかのように、「とにかくダメなものはダメ。あなたのためを思って言っているんだよ」と自分の考えを押しつけているので、６が適する。

問八　１の「計画的な悪意」、４の「対比的な内容を多く取り上げ」、５の「筆者の主張を強調しようとしている」が適当でない。

問九　善意から「もっと早く言ってくれればよかったのに」と言っても、そこには「後ろめたさをふりはらいたくて、うっかり相手を責めたくなる」気持ちがふくまれてしまい、困っている相手に「早く言わなかったあなたが悪い」というメッセージを伝えてしまう。筆者は、それを避《さ》けるのに必要なのが「一瞬《いっしゅん》の冷静さ」であり、「『気づかなくてごめん、なにか手助けできることある？』と言うようにしましょう」と述べている。

二　**問二**　――線部Ａの前後に、母は突然《とつぜん》「ここは狭《せま》いから～家を探しましょう」と言い、「瞬《また》く間《ま》に～契約《けいやく》し、引《ひ》っ越《こ》しの手配をした」とあるので、２が適する。

問三　「ふつうの家庭のようなあまじょっぱい匂《にお》い」がすることを心に深く感じ、しみじみとした気持ちになっているということは、これまでの泰恵《やすえ》が、そのような家庭環境《かんきょう》になかったということをうかがわせる。23～27 行目の「『お母さんがお母さんみたいだ……』そんなあたりまえにも思えることに、泰恵は～嬉《うれ》しかった。夢のようだと、かつての孤独《こどく》を忘れられるかもしれないと思ったほどだった」からも、同様の事情がうかがえる。本文前で「幼い頃《ころ》は家族関係にひどく苦しんだ時期もありましたが」と説明されていたことが関係しているのである。よって、４が適する。

問四　――線部Ｃの前に「母は～料理が得意な方ではなかった。そのため、小さい頃は、家でまともな食事が出てくることはなく、ごはんにふりかけをかけただけのものを、夕食としてかっこんだ。牡蠣缶《かきかん》だけは～それで飢《う》えをしのいでいた」とあることから、３が適する。

問五　35～36 行目に「『夫』は『つま』と読めるのだと、得意げに教えてくれた」とあることから、２が適する。６の「句切れ」とは、意味や調子のうえで大きく切れるところ。俳句では、切れ字(や・かな・けり など)のあるところが句切れで、そこに作者の感動がこめられている。――線部Ｄに句切れは見られないので、６が適する。

問七　３の「大好きな母親を～泰恵の身体的強さが表れている」が適当でない。

問八　４の「間接的に」、６の「暗《あん》喩《ゆ》」が適当でない。「～ように」などを用いないのが「暗喩」。

《2023　第２回　算数　解説》

1

(1)　与式＝(１＋６－４＋５)＋(３×３－４)－10÷２＝８＋(９－４)－５＝８＋５－５＝**8**

(2)　与式＝$\frac{7}{8}\times\frac{12}{5}\div\frac{21}{8}\times\frac{5}{4}-\frac{13}{3}\times\frac{11}{6}\div\frac{22}{9}\div4\frac{7}{8}=\frac{7}{8}\times\frac{12}{5}\times\frac{8}{21}\times\frac{5}{4}-\frac{13}{3}\times\frac{11}{6}\times\frac{9}{22}\times\frac{8}{39}=1-\frac{2}{3}=\mathbf{\frac{1}{3}}$

(3)　１ｍ＝100 cm＝(100×10)mm＝1000 mmだから，与式＝73.593＋12＋1.117－0.71＝**86**(ｍ)

(4)　与式＝$\frac{1}{1}\times\frac{1}{3}+\frac{1}{3}\times\frac{1}{5}+\frac{1}{2}\times(\frac{1}{5}-\frac{1}{7})+\frac{1}{7}\times\frac{1}{9}+\frac{1}{9}\times\frac{1}{11}=$

$\frac{1}{2}\times\{(\frac{1}{1}-\frac{1}{3})+(\frac{1}{3}-\frac{1}{5})+(\frac{1}{5}-\frac{1}{7})+(\frac{1}{7}-\frac{1}{9})+(\frac{1}{9}-\frac{1}{11})\}=\frac{1}{2}\times(1-\frac{1}{11})=\frac{1}{2}\times\frac{10}{11}=\mathbf{\frac{5}{11}}$

(5)　与式より，$\frac{(\square-5)\div3\times2}{2\times14\div4}\times\frac{7}{8}=1$　　$\frac{(\square-5)\div3\times2}{7}=1\times\frac{8}{7}$　　$(\square-5)\div3\times2=\frac{8}{7}\times7$

(□－５)÷３＝８÷２　　□－５＝４×３　　□＝12＋５＝**17**

2

(1)　右のように記号をおく。三角形の外角の性質より，角ａ＝26°＋22°＝48°，角ｂ＝48°＋23°＝71°，角ｃ＝71°＋27°＝98°，角ｄ＝98°＋25°＝123°

三角形の内角の和より，角x＝180°－123°－24°＝**33°**

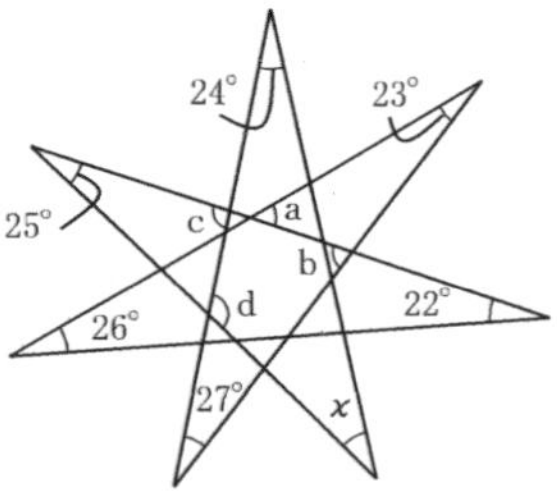

(2)　右のように正六角形を６つの合同な正三角形にわけるように作図し，矢印の

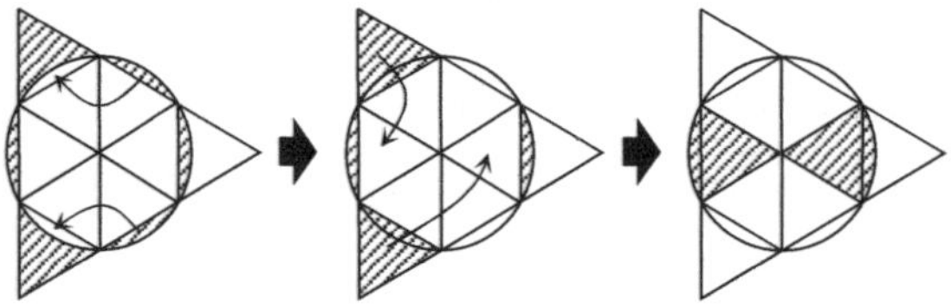

向きに順に斜線部分を移動させると，斜線部分の面積は円の面積の$\frac{2}{6}=\mathbf{\frac{1}{3}}$(倍)だとわかる。

(3)　**【解き方】食塩水の問題は，うでの長さを濃度《のうど》，おもりを食塩水の重さとしたてんびん図で考えて，うでの長さの比とおもりの重さの比がたがいに逆比になることを利用する。**

水を０％の食塩水，食塩を100％の食塩水とし，Ａ，Ｂ，Ｃの濃度をそれぞれＸ％，Ｙ％，Ｚ％とする。

Ｂと水を混ぜたときは図ⅰのようなてんびん図がかける。

食塩水の量の比が210：140＝３：２だから，ａ：ｂ＝２：３である。

Ｂと食塩を混ぜたときは図ⅱのようなてんびん図がかける。

食塩水の量の比が140：10＝14：１だから，ｃ：ｄ＝１：14である。

ＡとＣを同量混ぜるとＢと同じ濃度になり，図ⅰ，ⅱではＢをともに140ｇ混ぜているので，図ⅰのｂと図ⅱのｃは同じ値になる。

図ⅰ

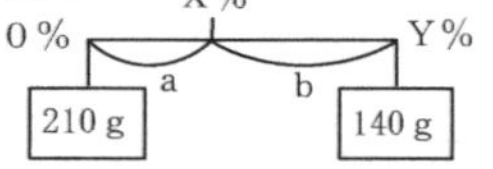

図ⅱ

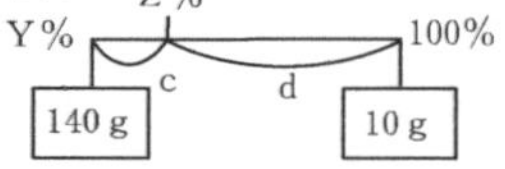

よって，ｃの比の数をｂの比の数である３で表すと，ｃ：ｄ＝３：42だから，ａ：ｂ：ｃ：ｄ＝２：３：３：42

この比の数の和の２＋３＋３＋42＝50が100％にあたるので，Ｂの濃度は，$100\times\frac{2+3}{50}=\mathbf{10}$(％)

(4)　三角形ＡＢＣは右のようになる。四角形ＤＥＣＦの面積から，三角形ＡＢＤ，ＢＣＥ，ＣＡＦの面積をひけばよい。ＦＣ＝５＋４＝９(m)，ＦＡ＝６－３＝３(m)だから，求める面積は，９×６－３×５÷２－４×６÷２－９×３÷２＝**21**(㎡)

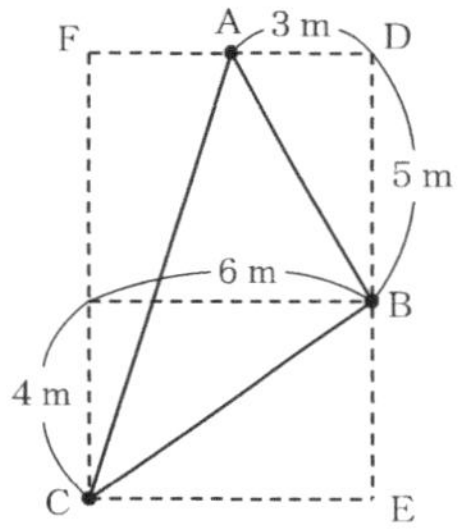

(5)　**【解き方】１年は 365 日であり，365÷７＝52 余り１より，１年後の同じ日の曜日は１つあとの曜日となる。ただし，うるう年の２月 29 日をまたぐ場合は，２つあとの曜日となる。**

2013 年から 2023 年までの 10 年のうち，うるう年は 2016 年，2020 年の２年ある。

よって，2023 年２月３日の曜日は，2013 年２月３日の曜日の，２×２＋１×(10－２)＝12 だけあとの曜日となる。12÷７＝１余り５より，求める曜日は，2023 年２月３日の曜日(金曜日)の５つ前の，**日曜日**である。

(6)　**【解き方】最短経路なので，斜《なな》めの線を必ず通る。**

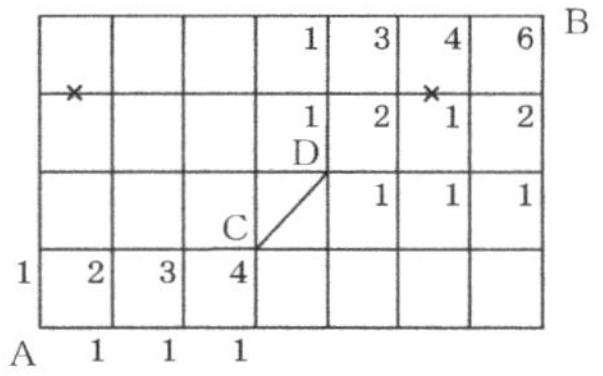

ある点への行き方の数は，その点の左側の点までの行き方の数と，その点の下側の点までの行き方の数の和に等しくなる。右図のようにＡからＣに行く最短経路が４通り，ＤからＢに行く最短経路が６通りあるから，ＡからＢに行く最短経路は４×６＝**24**(通り)ある。

(7)　**【解き方】12 と 15 の最小公倍数である 60 分＝１時間で，Ａは 60÷12＝５(分)遅れ，Ｂは 60÷15＝４(分)進むから，ＢはＡより５＋４＝９(分)進む。２つの時計が初めて同じ時刻を指してから，次に同じ時刻を指すのは，ＢがＡより 12 時間＝720 分進んだときである。**

求める時間は午前 10 時５分から 720÷９＝80(時間後)の時計の盤面《ばんめん》が指す時間である。

80 時間でＢは４×80＝320(分)，つまり，320÷60＝５余り 20 より，５時間 20 分進む。

Ｂは 10 時５分から 80 時間＋５時間 20 分＝85 時間 20 分後の時刻を指し，午前と午後の区別はつけないので，85÷12＝７余り１より，10 時５分から１時間 20 分後の **11** 時 **25** 分を指す。

(8)　**【解き方】できる立体について，右のように作図する。**

三角形ＢＣＨを回転させてできる円すいと三角形ＡＤＩを回転させてできる円すいは合同なので，この立体の体積は，四角形ＨＣＤＩを回転させてできる円柱の体積に等しい。

ひし形ＡＢＣＤの面積は，(三角形ＯＡＢの面積)×４＝(20×15÷２)×４＝600(㎠)

ＨＣ＝600÷25＝24(㎝)だから，求める体積は，24×24×3.14×25＝**45216**(㎤)

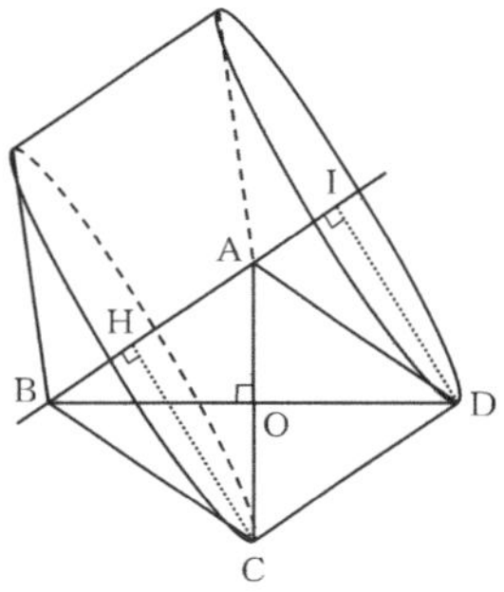

3　(1)　**【解き方】つるかめ算を用いて考える。**

自宅からＢ地点までは 20 分かかる。自宅からＢ地点までをすべて分速 200m で進むと，進んだ道のりの和が 200×20＝4000(m)となり，実際より 4800－4000＝800(m)短い。１分間を分速 200m から分速 300m に置きかえると，進んだ道のりの和が 300－200＝100(m)長くなるから，分速 300m で進んだ時間は 800÷100＝８(分間)である。

よって，求める時間は **8** 分である。

(2)　自宅からＡ地点，Ａ地点から自宅までの移動でかかった時間の比は，速さの比である 300：500＝３：５の逆比の５：３だから，Ａ地点から自宅までは $8\times\frac{3}{5}=\frac{24}{5}=4\frac{4}{5}$(分)，つまり，４分$(\frac{4}{5}\times60)$秒＝４分 48 秒かかる。

よって，求める時間は 70 分＋４分 48 秒＝74 分 48 秒＝**１時間 14 分 48 秒**である。

(3)　**【解き方】それぞれの移動でかかった時間に注目して考える。**

㋐自宅からスーパーまでの移動でかかった時間と㋑スーパーから自宅までの移動でかかった時間の合計は，

74分48秒－20分＝54分48秒である。

㋑より㋐の方が５分12秒多くかかったので，㋐は，(54分48秒＋５分12秒)÷２＝60分÷２＝30分

㋑は，30分－５分12秒＝24分48秒　㋒B地点からスーパーまでの移動でかかった時間は，30－20＝10(分)

Ａ地点からＢ地点，Ｂ地点からＡ地点までの移動の速さは同じなので，かかった時間は同じく20－８＝12(分)

よって，㋓スーパーからB地点までの移動でかかった時間は，24分48秒－12分－４分48秒＝８分

㋒と㋓の速さの比は，かかった時間の比である10：８＝５：４の逆比の４：５である。

㋒の速さは分速280ｍだから，㋓の速さは，分速$(280\times\frac{5}{4})$ｍ＝分速**350ｍ**

4 (1)　各段の一番右にある数は，１段目が１，２段目が１＋２＝３，３段目が１＋２＋３＝６，…となるので，

９段目は１＋２＋…＋９＝$\frac{9\times(1+9)}{2}$＝45となる。よって，10段目の一番左にある数は，45＋１＝**46**

(2)　(1)をふまえる。13段目の一番右にある数が$\frac{13\times(1+13)}{2}$＝91，14段目の一番右にある数が$\frac{14\times(1+14)}{2}$＝105

だから，100は**14**段目にある。

(3)　**【解き方】Ｘ段目にある数Ａの左下にある数は，ＡよりＸだけ大きくなることを利用して考える。**

右の数は101である。100と101は14段目にある数で，上の数は13段目にある数だから，上の数は100より13

小さい100－13＝87，下の数は101より14大きい101＋14＝115である。

よって，平均値は，(87＋100＋101＋115)÷４＝**100.75**

(4)　**【解き方】(3)をふまえる。ひし形で囲まれた４つの数を右のように記号でおく。**

また，ａはx段目，ｂとｃは$(x+1)$段目にあると考える。

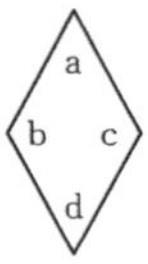

ｂはａよりx大きく，ｄはｃより$x+1$大きいのだから，ｂ＋ｃはａ＋ｄより$x+1-x=1$小さい。

よって，ｂ＋ｃ＝(2023－１)÷２＝1011で，ｂはｃより１小さいから，ｂ＝(1011－１)÷２＝505

31段目の一番右にある数が$\frac{31\times(1+31)}{2}$＝496，32段目の一番右にある数が$\frac{32\times(1+32)}{2}$＝528だから，505は

32段目にある。よって，ａは31段目にあるから，ａ＝ｂ－31＝505－31＝**474**

5 (1)　表より，角度が65°で１ｍ離《はな》れたときの高さが2.14ｍだから，求める高さは，2.14×10＝21.4より**21**ｍである。

(2)　角度が40°で１ｍ離れたときの高さは0.84ｍである。建物の高さは21.4ｍだから，求める距離《きょり》は，

$1\times\frac{21.4}{0.84}$＝25.4…より**25**ｍである。

(3)　**【解き方】右のような図で，ＤＥの長さに注目する（Ａは学くんの位置，**

太線は建物を表す）。

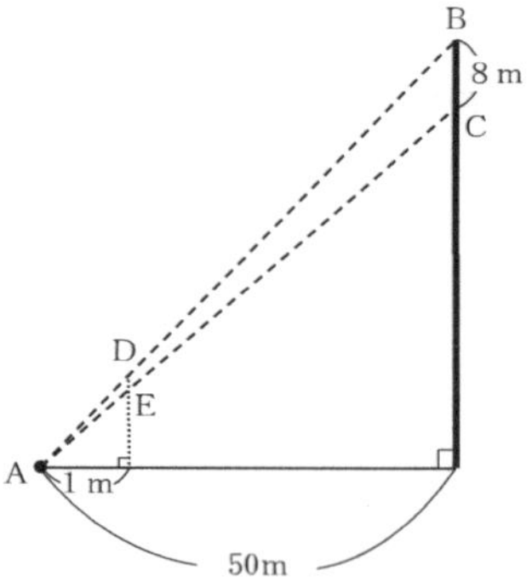

三角形ＡＢＣと三角形ＡＤＥは同じ形で，辺の長さの比は50：１だから，

ＤＥ＝８÷50＝0.16(ｍ)

角ＤＡＥ＝５°なので，表から，角度の差が５°で，高さの差が0.16ｍと

なるような２つの角度を探すと，1.00－0.84＝0.16より，40°と45°が

見つかる。よって，最初に見上げた角度は**45°**である。

(4)　**【解き方】右のような図で，ＲＴの長さに注目する（Ｐは学くんの**

位置，Ｑは園子さんの位置，Ｒは花火の中心を表す）。

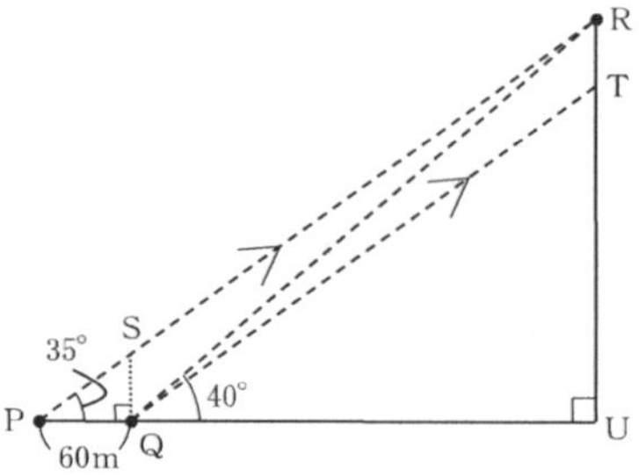

角度が35°で１ｍ離れたときの高さが0.70ｍだから，

ＳＱ＝0.70×60＝42(ｍ)　　よって，ＲＴ＝ＳＱ＝42ｍ

１ｍ離れたとき，35°と45°での高さの差は0.84－0.70＝0.14(ｍ)

だから，ＱＵ＝42÷0.14＝300(ｍ)

角度が 40° で 1 m離れたときの高さが 0.84mだから，求める高さは，

0.84×300＝252 より **250m** である。

《2023　第２回　理科　解説》

1　**問１**　①×…ニホントカゲはミミズなどの小動物を食べるが，ネズミは食べない。

問２　ダンゴムシは枯《か》れ葉や動物の死がいなどを食べる分解者である。

問４(a)　有機物の落ち葉はミミズによって食べられて，無機物になって土に戻《もど》るので，落ち葉の層が薄《うす》くなる。土の中の水分が蒸発しやすくなると，カビが減る。

問５(a)　ミミズの生息範囲《はんい》が南側のふもとに届くまでに最短で 380÷10＝38(年)，北側のふもとに届くまでに最短で 380÷９＝42.22…(年)かかる。よって，南側が 42.22－38＝4.22→4.2 年早い。　**(b)**　生息範囲が南北両方のふもとに届くまでの時間を最短にするとき，ミミズの生息範囲は南北両方のふもとに同時に届く。ミミズの生息範囲がＡから南側のふもとに届くまで 38 年で，北側の斜面では 38 年で９×38＝342(m)拡大する。北側の斜面の残りが 380－342＝38(m)だから，ミミズの生息範囲が南北両方のふもとに同時の届くようにするには，Ａから北に 38÷２＝19(m)の地点にすみつかせればよい。

2　**問１，２**　石灰石の主成分は炭酸カルシウムである。貝がら，大理石の主成分も炭酸カルシウムで，これらの炭酸カルシウムを主成分とする物質と塩酸が反応すると二酸化炭素が発生する。なお，重曹《じゅうそう》の主成分は炭酸水素ナトリウムである。

問３　密閉容器内で気体が発生すると，ふたを開けたときに発生した気体が容器の外に出て軽くなる。②では水素，④では酸素が発生するので，軽くなる。

問４　反応の前後で，反応にかかわる物質の重さの合計は変わらないので，発生した気体の重さは，減少した重さの 120.00－119.56＝0.44(ｇ)である。

問５(a)　(イ)石灰石 1.00ｇを入れたとき，容器全体の重さは 120.00ｇだったので，加えた石灰石の重さが 1.5ｇのとき，容器全体の重さは 120.50ｇである。よって，発生した気体の重さは 120.50－119.84＝0.66(ｇ)となる。(ウ)以下も同様にして求めると，(ウ)は 121.00－120.12＝0.88(ｇ)，(エ)は 121.50－120.51＝0.99(ｇ)，(オ)は 122.00－121.01＝0.99(ｇ)，(カ)は 122.50－121.51＝0.99(ｇ)となる。

問６　石灰石 1.00ｇにつき 0.44ｇの気体が発生し，問５(b)のグラフより，石灰石が 0.5ｇのとき，発生した気体の重さは石灰石の重さに比例するので，$0.44\times\frac{0.5}{1.00}=0.22$(ｇ)の気体が発生する。

問７　問５(a)で，(エ)から(カ)で発生する気体の重さが変化しないので，これらのとき塩酸がすべて反応し，石灰石が残ると考えられる。実験３では，塩酸の濃度《のうど》と体積は変えないので，石灰石を 5.0ｇにすると，石灰石が残って 0.99ｇの気体が発生する。

問８　塩酸 10 ㎤とちょうど反応する石灰石は $1.00\times\frac{0.99}{0.44}=2.25$(ｇ)だから，塩酸 20 ㎤とちょうど反応する石灰石は $2.25\times\frac{20}{10}=4.5$(ｇ)である。よって，3.5ｇの石灰石はすべて反応し，$0.44\times\frac{3.5}{1.00}=1.54$(ｇ)の気体が発生する。塩酸 10 ㎤の重さは 10×1.0＝10(ｇ)だから，塩酸 20 ㎤の重さは 20ｇであり，ふたを開ける前の容器全体の重さは 120.00＋(20－10)＋(3.5－1.00)＝132.5(ｇ)だから，132.5－1.54＝130.96(ｇ)となる。

3 **問1**　図ｉのように，点Oを通り線１，２に平行な線を引く。錯角《さっかく》が等しいので，A＋30＝45 が成り立ち，A＝15(度)とわかる。

図ｉ

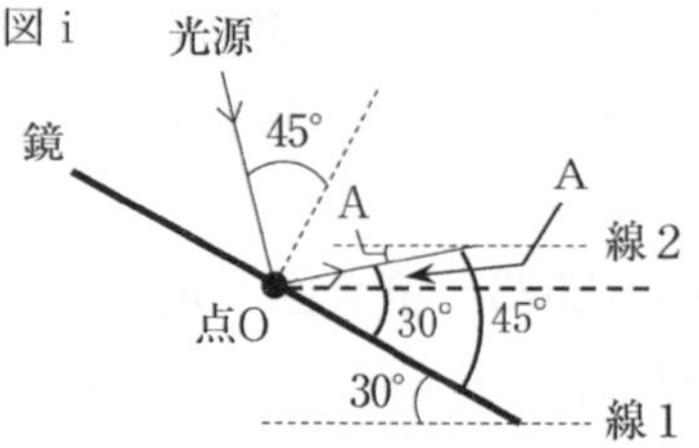

問2　図３のように鏡を 10 度回転させると，入射角と反射角がそれぞれ 10 度大きくなるので，反射光は 20 度，鏡が回転する向き(時計回り)にずれる。

問3　①では，４つの光源からの光が鏡で反射して，すべてBを通るので，光をもっとも多く集められる。②では１つ，③では２つの光源からの光が鏡で反射して，Bを通り，④では鏡で反射してBを通る光はない。

問4(a)　図６より，水 100 g が 20 分間日なたにある場合，水の温度が 60－20＝40(℃)上がり，水 200 g が 20 分間日なたにある場合，水の温度が 40－20＝20(℃)上がるので，水の温度上昇《じょうしょう》は水の重さに反比例すると考えられる。よって，水 500 g を 20 分間日なたに放置すると，温度が $40\times\frac{100}{500}=8$ (℃)上がるので，水 500 g の温度を 90－20＝70(℃)上げるには，$20\times\frac{70}{8}=175$ (分間)日なたに放置する必要がある。　(b)　水 500 g を 40 分間日なたに放置すると，温度が $8\times\frac{40}{20}=16$ (℃)上がるので，ずっと日なたに放置したソーラークッカーの水の温度は 20＋16＝36(℃)になる。500 g の２つの水を合わせて１kgにすると 30℃になったので，２つの水の温度の合計は 60℃である。よって，日かげに入っていた時間があったソーラークッカーの水の温度は 60－36＝24(℃)であり，温度が４℃上がったので，日なたにあった時間は $20\times\frac{4}{8}=10$ (分間)，日かげに入っていた時間は 40－10＝30(分間)である。

(c)　水１kg→1000 g の温度を 60－30＝30(℃)上げるには，日なたでさらに $20\times\frac{30}{8}\times\frac{1000}{500}=150$ (分間)放置する必要がある。

4 **問2**(a)　太陽光に垂直な面の面積は３×600 万×600 万＝108 兆(㎡)だから，太陽定数の値は $1512\text{兆}\times\frac{1}{0.01}\div108\text{兆}=1400$ (J)である。　(b)　地球全体の表面積は４×３×600 万×600 万＝４×108 兆(㎡)である。これは(a)で求めた太陽光に垂直な面の面積の４倍だから，求める値は(a)の太陽定数の $\frac{1}{4}$ の 350 J である。

問3　①○…太陽定数は，地球の上空で受け取るエネルギーをもとに計算される。図２より，地表に届くまでに雲や大気が太陽放射の一部を反射したと考えられる。

問4　(ア)宇宙のエネルギー収支のつりあいより，100－(57＋12)＝31 となる。　(イ)大気のエネルギー収支のつりあいより，152－(102＋30)＝20 となる。　(ウ)地表のエネルギー収支のつりあいより，(114＋30)－95＝49 となる。

問5　地表から宇宙へ出ていく熱の一部を大気が吸収し，再び地表に向かって放出することで気温が上昇する。これを温室効果という。

《2023　第２回　社会　解説》

1 **問1**　イ．律が刑法で，令が政治や制度のことをまとめた法である。ウ．６歳以上の男女に口分田をあたえた。エ．各地の特産物を納めるのは調である。律令制における税の種類については右表。

名称	内容	納める場所
租	収穫した稲の約３％	国府
調	布または特産物	都
庸	10 日間の労役にかわる布	都
雑徭	年間 60 日以内の労役	
兵役	衛士：１年間の都の警備	
	防人：３年間の九州北部の警備	

問2　クラーク(札幌農学校)・モース(大森貝塚)・ナウマン(ナウマンゾウ・フォッサマグナ)・フェノロサ(日本美術)・コンドル(鹿鳴館)・モレル(鉄道)など，数多くのお雇い外国人が知られている。

問3　ウは平安時代に藤原頼通によって建てられた平等院鳳凰堂である。アは東大寺南大門の金剛力士像，イは『一遍上人絵伝』(武士の館)，エは『蒙古襲来絵詞』(弘安の役)。

問4　「薩長同盟に出席」「伊藤博文ではない長州藩出身の人物」「廃藩置県」より，木戸孝允と判断する。長州藩士であった桂小五郎が改名して木戸孝允と名乗った。西郷隆盛(薩摩藩)，大久保利通(薩摩藩)とともに「維新の三傑《けつ》」とよばれる。

問5　太平洋戦争開戦前，日本は北方の安全を確保して東南アジアなどに軍を進めるため，1941年にソ連と日ソ中立条約を結んだが，1945年８月８日，ソ連はヤルタ協定をもとに日ソ中立条約を破って日本に宣戦布告し，翌８月９日に満州・南樺太へ侵攻した。

問6　大阪万国博覧会の開催は1970年の出来事である。アとエは1964年，ウは1967年の出来事。

2　**問1**　ア．聖武天皇ではなく，聖徳太子。イ．飛鳥時代ではなく，奈良時代。エ．戦国時代ではなく，江戸時代。

問3　「10世紀に最後の皇朝十二銭が鋳造された後，17世紀まで日本で貨幣が作られることはなくなり」とあることから，10世紀から13世紀まで続いた宋と判断する。隋は６世紀から７世紀，唐は７世紀から10世紀初頭，清は17世紀から20世紀の王朝。

問4　X．誤り。征夷大将軍は朝廷から任命される。足利義満は将軍を辞した後，明の皇帝から「日本国王源道義」として朝貢形式での日明貿易を許された。Y．誤り。倭寇と正式な貿易船を区別するために勘合という合い札が用いられたため，日明貿易は勘合貿易ともよばれる。朱印状は，朱印船貿易において，徳川家康が大名や豪商に与えた，海外への渡航を許す証書である。

問5　消去法で考える。イは佐渡金山，ウは生野銀山，エは石見銀山であり，豊臣秀吉はこれらの鉱山を直轄地とし，金銀の生産にともなう収益を独占した。

問7　豊臣秀吉は，バテレン追放令を出してキリスト教を禁止したが，南蛮貿易を優先したために，禁教は徹底されなかった。

問8　江戸幕府は15代将軍まで続いており，３代将軍であった徳川家光の頃は江戸時代の前期である。異国船打払令は，11代将軍徳川家斉の治世であった1825年に出された。

問9　「1428年」「徳政」より，正長の徳政一揆（または土一揆）について書かれた文書である。借金の帳消しなどを「徳政」とよんだ。

問10　「1890年代」「多額の賠償金」より，⑩は日清戦争である。甲午農民戦争（東学党の乱）で，反乱をしずめるために朝鮮政府が清に救援を求めると，日本も対抗して朝鮮に軍隊を派遣した。これがきっかけとなり，日清戦争が始まった。

3　**問1**　「北部と南部で入り組んだ複雑な海岸」「中部は平坦な砂丘地帯」とあることから，ア・イの宮城県ではなく，ウ・エの宮崎県についての説明である。X．直前に「イワシ」とあることから，同じく沿岸でとれる暖流魚のあじ・さばがあてはまる。Y．直前に「沖合」とあることから，まぐろ，かつおがあてはまる。

問2　1980年には東海道新幹線・山陽新幹線がすでに開通しており，1982年には東北新幹線（大宮－盛岡）が開通した。2022年現在，宮崎県には新幹線は通っていない。以上のことから，1980年に最も所要時間が短いAは福岡市，2022年に最も所要時間が長く，時間短縮の割合が低いCは宮崎市，残ったBは仙台市と判断する。

問3　●は東京都（江戸）などから城下町，▼は兵庫県神戸市（神戸港）などから港町，◆は長野県長野市（善光寺）などから門前町，✖はその他である。宮崎市は廃藩置県後に置かれた県庁を中心に発展していった。

問4⑴　2000mを超える山がない九州地方で，標高が高い山の上位は屋久島に集中していること，種子島をふくめ，九州各地に▲があることから，誤りと判断する。

⑵　表からもわかるように，情報通信業の上位は，政令指定都市や地方中枢都市のある都道府県であり，人口10万人あたりの病床数の上位は過疎地域をもつ道県であることから，Pは仙台市のある宮城県，Qは宮崎県である。宮城県は政令指定都市の仙台市に人口が集中していること，宮崎県は政令指定都市がなく，人口１位と２位の市の差が小さいと考えられることから，【Ⅰ】は宮崎県，【Ⅱ】は宮城県と判断する。

問5　Ｉターン…出身地と異なる別の地域に移り住むこと。　Ｏターン…ＪターンやＩターンで地方に住んでいた人が，再度都市部に出ること。　Ｕターン…進学や就職の際に都市部に移り住んだ地方出身者が地元へ戻ること。

4 問1　ひまりさん…誤り。【熱帯低気圧の発生場所と動き】より，熱帯低気圧の発生場所は赤道上とは読み取れない。

問2　まず，川と標高に注目する。川が流れるのは，周辺より標高が低い谷であるから，図の左から右に向かって標高が低くなっていると判断する。次に，★のついた駅が最も乗降客数が多いことから，付近に多くの人が住んでいる＝住みやすい土地という考えのもと，ア～エのうち，★のついた駅付近の土地の傾斜がゆるやかなイ・ウのどちらかと判断する。イ・ウのうち，等高線が線路のだ行に沿うようになっているイと判断する。傾斜がある土地の線路は，標高による高低差を少なくするため，等高線に沿わせて建設されることがある。

問4　一般に，気温が高くなると大気中の水蒸気量が増えるため，雨量が増す。

問5　A，Bのうち，すいか・X・Yをあわせた被害が大きい＝農業がさかんに行われていると考え，Aが山形県，Bが福岡県であると判断する。山形県では，さくらんぼをはじめとする果実の栽培がさかんであることから，山形県で最も被害が大きいYをももと判断する。

問6　図より，自動車の組み立てには多くの部品が必要であり，それらを別々の部品会社から納品していることがわかる。組み立て工場では，主にジャストインタイム方式(必要なときに必要なものを必要なだけ生産する方式)が取られているため，倉庫に余分な在庫が保管されることはほとんどない。この生産方式では，東日本大震災のような天災などにより部品工場が操業を停止すると，被害のない組み立て工場でも操業を停止せざるを得なくなる。

5 問1　国務大臣は内閣総理大臣によって任命され，その過半数は国会議員の中から選ばれる。

問4　アメリカ合衆国の首都はワシントンD. C. である。AとBはニューヨークにある。

問5　イ. 住民の署名を集めることで，条例の制定を請求することができるが，住民投票のみでは制定できない。エ. 地方裁判所を含む下級裁判所の裁判官は，最高裁判所が指名した名簿に基づいて内閣が任命する。

問6　C. 国から配分される依存財源を地方交付税交付金という。人口の多い兵庫県は，地方税収が多い分，地方交付税交付金は少なくなり，人口の少ない鳥取県は，地方税収が少ない分，地方交付税交付金は多くなる。

問7　日本国憲法の第25条には生存権が規定されている。生存権＝「健康で文化的な最低限度の生活を営む権利」は必ず覚えておきたい。ウは生存権を保障するための社会保障制度(公的扶助)についての記述。アは身体の自由，イは精神活動の自由(表現の自由)，エは精神活動の自由(信教の自由)。

2022 解答例 令和4年度 ★須磨学園中学校【第2回】

《国　語》

一　問一．Ⅰ．4　Ⅱ．5　Ⅲ．1　　問二．A．つじつま　B．やみくもに　　問三．1　　問四．2，4
問五．2　　問六．3　　問七．A．論理的ギャップ　B．言外のことば　　問八．愚直な人は、とにかく問題にとり組んでゆっくり攻めるため、秀才よりも大きな仕事ができる。「ゆっくり急げ」というのは、よい結果を出すためには、妙な急ぎ方をしていい加減な仕事をするのではなく、急ぎつつも腰を落ち着けて取り組むべきだということ。　　問九．a．大成　b．活路　c．周知　d．建前

二　問一．a．4　b．3　c．1　　問二．4　　問三．3　　問四．2　　問五．2　　問六．2　　問七．4

《算　数》

1　(1)3　　(2)$\frac{2}{11}$　　(3)123　　(4)$\frac{5}{6}$　　(5)7

2　(1)74　　(2)66　　(3)15　　(4)30.144　　(5)16　　(6)$20\frac{5}{6}$　　(7)4045　　(8)$1\frac{1}{6}$

3　(1)200　　(2)157　　(3)157

4　(1)60　　(2)32　　(3)311　　※(4)194

5　(1)20　　(2)18.75　　(3)37.5　　(4)11，36，40

※の考え方は解説を参照してください。

《理　科》

1　問1．(1)①　(2)②　(3)①　　問2．②，⑤，⑥　　問3．精巣　　問4．①　　問5．A．③　B．②　C．④
問6．ア．メスになった　イ．オスのままであった　条件…大きさの異なるメスだけを集めて飼育する。

2　問1．3.5　　問2．①，④　　問3．名前…沸とう石　理由…突然沸とうするのを防ぐため。
問4．0.78　　問5．1.092　　問6．③，④　　問7．集まった液体が逆流してフラスコが割れるおそれがあるから。
問8．バイオエタノール

3　問1．①，③　　問2．60　　問3．右図　　問4．下／2.92　　問5．0.67
問6．光がガラス中を進む速さと油中を進む速さが等しいから。

3問3の図

4　問1．北にある気団…④　特徴…⑥，⑦　南にある気団…①　特徴…⑤，⑦
問2．a．寒冷前線　b．温暖前線　　問3．④　　問4．右図
問5．②　　問6．②
問7．上空を吹くへん西風により，積乱雲が次々と東へ流されたから。

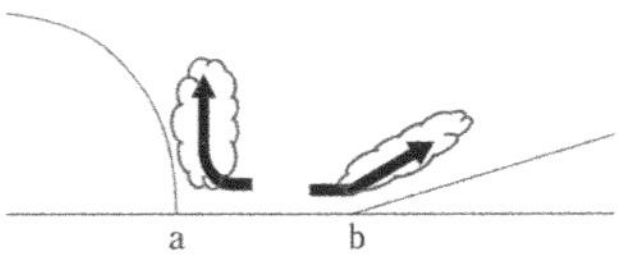

4問4の図

《社　会》

[1] 問１．ア　問２．ウ　問３．イ　問４．ア　問５．朝鮮戦争　問６．ウ　問７．日米修好通商条約に調印し，横浜港で貿易が始まった。　問８．ウ

[2] 問１．エ　問２．卑弥呼　問３．イ　問４．ウ　問５．エ　問６．ア　問７．A．満25　B．15　C．秘密

[3] 問１．ウ　問２．排他的経済水域　問３．ウ　問４．ウ　問５．エ　問６．ライフライン
問７．内容…エ　理由…(例文)ダムや電線といった設備が，災害時には役割を果たさない可能性があるから。

[4] 問１．(1)西部…３　中部…２　東部…１　(2)エ　問２．(1)台地上は水利が悪いため，稲作ができるほど水が得られず　(2)ア　問３．沖縄県　問４．ウ

[5] 問１．ウ　問２．ア，エ　問３．ウ　問４．ア　問５．幸福　問６．環境庁　問７．イ

須磨学園中学校【第２回】

←解答例は前のページにありますので，そちらをご覧ください。

《2022　第２回　国語　解説》

一 **問三**　直前に「妙《みょう》な急ぎ方をしていい加減な仕事にならないようにという自戒《じかい》がこめられていたのかもしれない」とある。――線部アはこの部分を受けているので、「妙な急ぎ方をしていい加減な仕事にならないように」気をつけるからといってということ。よって、１が適する。

問四　１の「パラドックス」は、逆説という意味であり、文中でもこの意味で使われている。――線部イの直後の段落で、科学者は「適当にぼんやりしている方がよいらしい」という「逆説」についてくわしく説明している。科学者は非常に頭がいいというイメージがあり、「適当にぼんやりしている方がよい」というのは、一見矛盾《むじゅん》する。しかし、この逆説は一面の真理を伝えている。こうした、「一見矛盾することばを結びつけて、一面の真理を伝えるのを」「オキシモロン」や「撞着《どうちゃく》語法」というと説明されているので、３と５も「逆説」と同じ意味である。よって、２と４が正解。

問五　少し前に「まけた時点ではそれがそのままかちになることはない」とある。「まけた時点では」とあるので、「まけた時点」でなければ「かちになること」があると考えられる。「まけるがかち」は、その場では勝ちをゆずることが、最終的には自分の勝利につながるという意味。よって、「長い目で見れば～自分の得になる」とある２が適する。

問六　文章中に「一見矛盾することばを結びつけて、一面の真理を伝えるのを～オキシモロンという」「オキシモロンには論理の飛躍《ひやく》がある」とある。「ありがためいわく」は、“ありがたい”と“迷惑《めいわく》”という「一見矛盾することばを結びつけて」いる。この辞書では、このような「一見矛盾することばを結びつけ」た「論理の飛躍」が説明されていないので、「オキシモロンにならないのではあるまいか」と述べているのである。よって、３が適する。

問七Ａ　――線部エの「そのすき間」とは、オキシモロンがもつ「論理の飛躍」のことである。「そのすき間を飛びこえられない」とは、この「論理の飛躍」を理解できないということ。少し後に「論理の飛躍」と同じような意味の「論理的ギャップ」ということばが出てくる。　**Ｂ**　少し後で、オキシモロンについて、「言外のことばを解すれば、何とも言えないおもしろ味がある」と述べている。

問八　「ゆっくり」と「急げ」という「一見矛盾することばを結びつけ」たこの言葉に、筆者は一面の真理を見出している。――線部オの直前には、この言葉について「迂遠《うえん》に見えそうなことが案外、実際的な近道であることがすくなくない」と述べている。設問にある、「寺田寅彦《とらひこ》氏の随筆《ずいひつ》に示された科学者の例」とは、科学者は「適当にぼんやりしている方がよいらしい」という「逆説」である。この「逆説」と「ゆっくり急げ」という言葉は、じっくりゆっくり取り組んだ方がよい結果をもたらすという点が似ている。「ゆっくり急げ」という言葉については、文章の最初の方でも説明されている。田中博士がこの言葉をよく書いていたことについて、「妙な急ぎ方をしていい加減な仕事にならないようにという自戒がこめられていたのかもしれない」「あわてず、しかし、のろのろしないで仕事をしましょう、という～意思表示だったのであろう」と述べている。

二 **問二**　直後に「これは、外の情報だ～いくら望んでも得られなかった、自分と、自分の会社にまつわる新しい情報」とある。この部分から、依千佳《いちか》が、自分と、自分の会社にまつわる情報をずっと知りたがっていたことが読み取れる。このことをふまえると、「心臓が弾《はず》み」「手を強く握《にぎ》った」のは、待ち望んだ情報をようやく知ることができることに緊張《きんちょう》しているからだとわかる。よって、４が適する。１は「海外の情報」、２は「聞くのをためらっていた」が誤り。３は「会社が依千佳だけを悪者にしているのではないかと考え」が誤り。乗蔵《のりくら》がかざした文章に書かれた文章の「全体の中ほどに綴《つづ》られた内容」には、実験データの書き換《か》えは依千佳が独断で行ったといったことが書かれている。これを見た依千佳は、「会社が私を捨てた。なにもかも私が勝手にやったことだと発表した」と感じた。この文章を見て「全身が凍《こお》りつくような恐怖《きょうふ》を感じた」ということは、この文章を読むまでは、会社が自分だけを悪者にしようとしているかもしれないとは考えていなかったということである。

問三　──線部イの前後の乗蔵の発言は、全体的に依千佳の感情にうったえ、ゆさぶるような内容である。「分かるよ、俺だって～よーっく分かる」といった部分は、会社が自分だけを悪者にしようとしていることを知って動揺《どうよう》する依千佳に対し、同情するような内容である。「このままだとトカゲの尻尾《しっぽ》と同じで～切り離《はな》されて終わりだよ」「本当のことを教えてくれ」というのは、“会社は依千佳を都合よく利用しておきながら、今は依千佳だけに責任を負わせて捨ててしまおうとしているので、そうならないように本当のことを教えてくれ”ということ。乗蔵は、会社の声明が書かれた文書を見せることで依千佳を動揺させ、同情するような行動をとり、依千佳の感情にうったえて、会社の関与や指示があったことを自白させようとしている。よって、３が適する。

問四　直後の６行に、会社に捨てられたことへのショックや、会社のために大変な思いをしたことが書かれている。また、直前には「弁舌《べんぜつ》をふるう乗蔵も～なにもかもが遠い」とあり、現実感がなくなっていることが表現されている。よって、２が適する。

問五　１～３行後に「あなたが今～本当はかけらもそう思っていないことを口にしたって、分かるよ～私も同じようなことを何度もしてきたから」とある。依千佳は、乗蔵が自分の自白を引き出すために、まったく思っていないことを口にしたことに気づいている。乗蔵は検事としての役割を果たすためにそのようなことをしていて、依千佳も同じようなことを何度もしてきたのである。つまり、依千佳は、かつての自分と同様に、仕事上の役割を果たそうとする乗蔵に理解を示し、共感を覚えたのである。よって、２が適する。

問六　独房《どくぼう》に戻《もど》った依千佳は、会社は自分を捨てたのだろうと考えた。しかし、自主退職を提案されたタイミングや、人事部長の言葉などを思い出しているうちに、だんだんと考えが変わっていく。［B］の直後では、会社の発表は「この騒動《そうどう》が早期収束へ向かう最短ルートを」とるために選ばれた「回答」であり、それが「なにもかも私が勝手にやったことだ」という内容になっただけだと考えている。また、「すべてがつつがなく終わったとき、私は再び会社に声をかけられるだろう。口を開かれては困るからだ」とあり、会社は、自分が本当のことを言うと困るので、自分を捨てるわけにはいかないだろうと考えている。よって、２が適する。

問七　問六の解説にあるように、依千佳は、自分は会社に捨てられてはいないだろうと結論づけた。また、「裁判のあとも人生は続くのだ。真実だの告発だの社会正義だの、そんなふわふわした霞《かすみ》のようなものは、ひと月たりとも自分を食べさせてはくれない～自分は～ＮＮ製薬から離《はな》れることはできないのだ」という部分からは、検事に本当のことを話し、すべてを明らかにして罪を償《つぐな》ったとしても、この先自分をやとってくれる会社があるとは思えず、それでは生活ができないので、ここは自分だけが罪をかぶることで会社（ＮＮ製薬）に頼ろうという考えが読み取れる。よって、４が適する。

《2022　第２回　算数　解説》

［1］　(1)　与式＝$2022-\{(25-24)+(52-38)\div 7\}\times(539+134)=2022-(1+14\div 7)\times 673=3\times 674-(1+2)\times 673=3\times(674-673)=3\times 1=3$

(2)　与式＝$\frac{11}{8}\times\frac{7}{3}\times\frac{9-5}{11}\div\frac{11}{4}\div\frac{5}{3}\times\frac{2+3}{1+6}=\frac{11}{8}\times\frac{7}{3}\times\frac{4}{11}\times\frac{4}{11}\times\frac{3}{5}\times\frac{5}{7}=\frac{2}{11}$

(3)　与式＝(1週間2日15時間27分10秒＋13時間48分20秒)－(5日18時間55分＋4日10時間18分27秒)＝1週間2日28時間75分30秒－9日28時間73分27秒＝2分3秒＝(2×60＋3)秒＝123秒

(4)　与式＝$(1-\frac{1}{2})+(\frac{1}{2}-\frac{1}{3})+(\frac{1}{3}-\frac{1}{4})+\frac{1}{4\times 5}+\frac{1}{30}=(1-\frac{1}{2})+(\frac{1}{2}-\frac{1}{3})+(\frac{1}{3}-\frac{1}{4})+(\frac{1}{4}-\frac{1}{5})+(\frac{1}{5}-\frac{1}{6})=1-\frac{1}{6}=\frac{5}{6}$

(5)　与式より，$\frac{20\div 13}{4\div(4+9)}\times\frac{□\times 4-2}{1+4}=26$　　$\frac{20\div 13}{4\div 13}\times\frac{□\times 4-2}{5}=26$　　$5\times\frac{□\times 4-2}{5}=26$

□×4－2＝26　　□×4＝26＋2　　□＝28÷4＝7

2　(1)　**【解き方】㋐6人に8個ずつ，残りの子どもに5個ずつ配ると4個不足し，そのりんごの個数のまま，㋑5人に6個ずつ，残りの子どもに7個ずつ配ると10－5＝5(個)不足する。よって，㋑の方が㋐よりも必要な個数が5－4＝1(個)多い。**

㋐(個数)→8　8　8　8　8　8　5　5　……
○　○　○　○　○　○　△　△　……　(△が残りの子ども)
㋑(個数)→6　6　6　6　6　7　7　7　……

㋑について，「5人に6個ずつ，1人に7個，残りの子どもに7個ずつ配る」と考えると，㋐と㋑の残りの子どもの人数が同じになる。

残りの子どもに配るのに必要な個数は，㋑の方が㋐よりも6×8－(5×6＋7)＋1＝12(個)多い。

㋑の方が㋐よりも，残りの子ども1人に配るりんごの個数が7－5＝2(個)多いので，残りの子どもの人数は，12÷2＝6(人)　　よって，求めるりんごの個数は，6×8＋6×5－4＝74(個)

(2)　**【解き方】右のように記号をおく。三角形の外角の性質を利用する。**

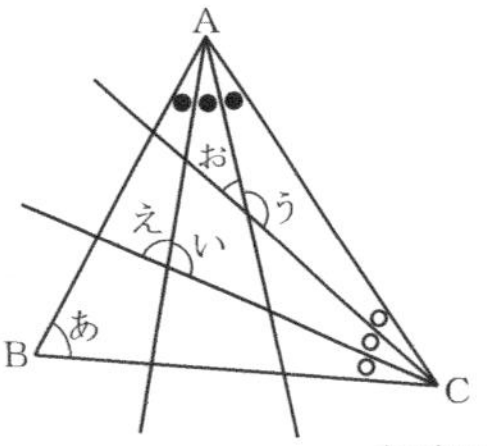

角「う」が角「い」より38°大きいのだから，角「え」は角「お」より38°大きい。

角「え」＝○○＋●●，角「お」＝○＋●だから，角「え」－角「お」＝38°より，

○○＋●●－(○＋●)＝38°　　○＋●＝38°

よって，(○＋●)×3＝38°×3＝114°だから，角「あ」＝180°－114°＝66°

(3)　**【解き方】弟が5才になるまでは，太郎君だけがお年玉をもらう。弟が6才になってからは，2人の年齢《ねんれい》の差は常に3才なので，もらえるお年玉は太郎さんの方が500×3＝1500(円)多い。**

弟が6才のとき，太郎さんは6＋3＝9(才)である。

太郎さんが6才，7才，8才のときにもらったお年玉の合計は，6×500＋7×500＋8×500＝10500(円)

ここから，もらうお年玉の合計があと21000－10500＝10500(円)多くなるのは，10500÷1500＝7(年後)だから，求める太郎君の年齢は，8＋7＝15(才)

(4)　**【解き方】できる立体は，右図のような円すいを2つ合わせた立体である。**

直角三角形ABCの面積から，CHの長さを求める。

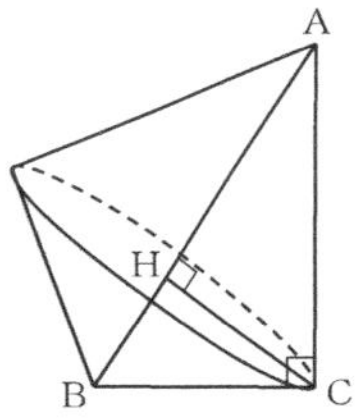

三角形ABCの面積は3×4÷2＝6(㎠)だから，AB×CH÷2＝6より，

5×CH÷2＝6　　CH＝6×2÷5＝$\frac{12}{5}$(㎝)

求める体積は，CH×CH×3.14×AH÷3＋CH×CH×3.14×BH÷3＝$\frac{12}{5}\times\frac{12}{5}\times 3.14\div 3\times(AH+BH)=\frac{48}{25}\times 3.14\times AB=\frac{48}{25}\times 3.14\times 5=\frac{48}{5}\times 3.14=30.144$(㎤)

(5)　0，1，2，3を使って，和が3の倍数となる3つの数の組み合わせを探すと，(0，0，3)(0，1，2)(0，3，3)(1，1，1)(1，2，3)(2，2，2)(3，3，3)が見つかる。

下線の組み合わせでできる3桁《けた》の整数は1個ずつあり，(0，1，2)の場合は102，120，201，210の4個，(0，3，3)のときは303，330の2個，(1，2，3)のときは123，132，213，231，312，321の6個ある。

よって，3の倍数になるのは4＋4＋2＋6＝16(個)ある。

⑹　**【解き方】立体ＡＣＦＩＪを，三角すいＡ－ＣＩＪと三角すいＡ－ＣＩＦにわけて考える。**

ＣＩ＝$5\div2=\frac{5}{2}$(㎝)だから，三角形ＣＩＪ，三角形ＣＩＦの面積はともに，$\frac{5}{2}\times5\div2=\frac{25}{4}$(㎠)

２つの三角すいの高さはともに，ＡＢ＝ＡＤ＝５㎝

よって，２つの三角すいの体積は等しいので，求める体積は，$(\frac{25}{4}\times5\div3)\times2=\frac{125}{6}=20\frac{5}{6}$(㎤)

⑺　**【解き方】〈ｎ〉の値は，ｎを５で割ったときの余りの数によって変化する。**

１×１＝１，１÷５＝０余り１より，〈１〉＝１　　２×２＝４，４÷５＝０余り４より，〈２〉＝４

３×３＝９，９÷５＝１余り４より，〈３〉＝４　　４×４＝16，16÷５＝３余り１より，〈４〉＝１

５×５＝25，25÷５＝５より，〈５〉＝０

よって，ｎを５で割ったときの余りが，１，２，３，４，０(わり切れる)となるときの〈ｎ〉の値はそれぞれ，１，４，４，１，０となるので，〈１〉，〈２〉，〈３〉，…の値は，「１，４，４，１，０」をくり返す。

2022÷５＝404余り２より，〈１〉から〈2022〉までの値は，「１，４，４，１，０」を404回くり返し，その後１，４となるので，求める値は，(１＋４＋４＋１＋０)×404＋１＋４＝4045

⑻　**【解き方】右のように作図し，三角形ＡＦＧと三角形ＡＣＧの面積をそれぞれ求める。**

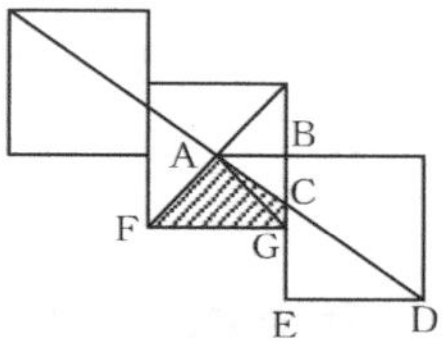

図形の対称性から，Ａは対角線の真ん中の点であるとわかる。よって，三角形ＡＦＧの面積は，２×２÷４＝１(㎠)

三角形ＡＢＣと三角形ＤＥＣは同じ形なので，ＢＣ：ＥＣ＝ＡＢ：ＤＥ＝１：２

よって，ＢＣ：ＢＥ＝１：(１＋２)＝１：３だから，ＢＣ＝ＢＥ$\times\frac{1}{3}=2\times\frac{1}{3}=\frac{2}{3}$(㎝)

ＣＧ＝$1-\frac{2}{3}=\frac{1}{3}$(㎝)だから，三角形ＡＣＧの面積は，$\frac{1}{3}\times1\div2=\frac{1}{6}$(㎠)　　求める面積は，$1+\frac{1}{6}=1\frac{1}{6}$(㎠)

3　⑴　斜線《しゃせん》部分は，底辺が20㎝，高さがＯＢ＝10㎝の平行四辺形なので，面積は，20×10＝200(㎠)

⑵　**【解き方】通過した部分は，右図の色付き部分である。半径がＯＡの円の面積から，半径がＯＤの円の面積をひけばよい。**

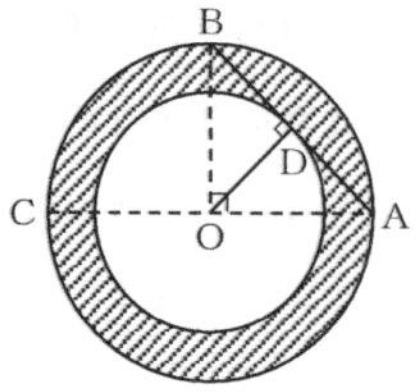

ＯＡ＝10㎝である。

三角形ＯＡＢの面積は，10×10÷２＝50(㎠)

三角形ＯＤＡと三角形ＯＤＢは合同な直角二等辺三角形だから，面積はともに50÷２＝25(㎠)であり，ＯＤ＝ＤＢ＝ＤＡだから，三角形ＯＤＡの面積について，ＯＤ×ＯＤ÷２＝25より，ＯＤ×ＯＤ＝25×２＝50

求める面積は，ＯＡ×ＯＡ×3.14－ＯＤ×ＯＤ×3.14＝10×10×3.14－50×3.14＝(100－50)×3.14＝157(㎠)

⑶　**【解き方】通過した部分は，右図の色付き部分である。太線で囲まれた部分を矢印の向きに移動させてから面積を考えるとよい。**

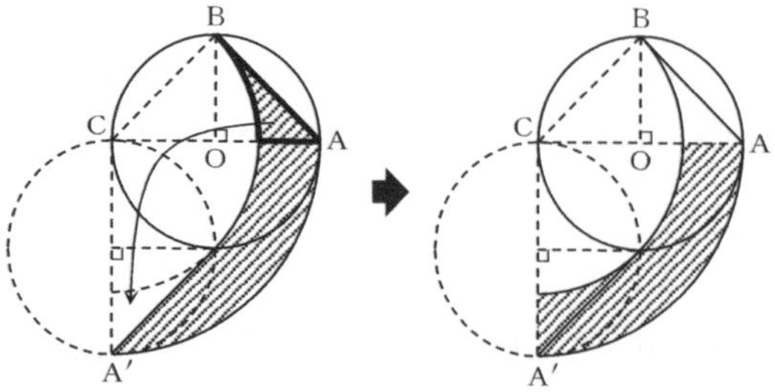

半径がＣＡ＝10×２＝20(㎝)，中心角が90°のおうぎ形の面積から，半径がＣＢ，中心角が90°のおうぎ形の面積をひいて求める。

三角形ＡＢＣはＣＢ＝ＡＢの直角二等辺三角形であり，面積はＣＡ×ＯＢ÷２＝20×10÷２＝100(㎠)だから，ＣＢ×ＣＢ÷２＝100より，ＣＢ×ＣＢ＝100×２＝200

求める面積は，$20\times20\times3.14\times\frac{90°}{360°}-200\times3.14\times\frac{90°}{360°}=(400-200)\times3.14\times\frac{1}{4}=157$(㎠)

4 ⑴ 先生以外の４人全員が折り紙を折るのは，２と３と４と５の最小公倍数である 60 の倍数番目の日だから，求める日数は，60 日目である。

⑵ **【解き方】60 日を１周期と考える。先生は，２，３，４，５の倍数番目ではない日に折り紙を折るので，１周期のうち先生が折る日数は 60－(２または３または４または５の倍数の数の日数)で求められる。４の倍数は２の倍数に含《ふく》まれるので，60－(２または３または５の倍数の数の日数)で求める。**

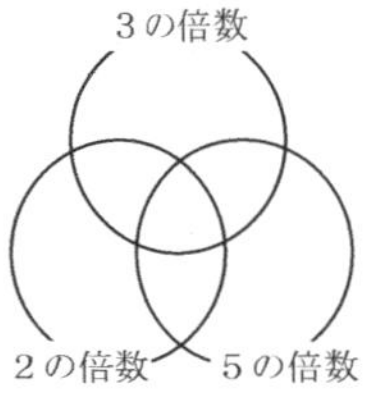

２と３，２と５，３と５，２と３と５の最小公倍数はそれぞれ，６，10，15，30 である。
１から 60 までの整数について考える。
２の倍数は，60÷２＝30(個)　３の倍数は，60÷３＝20(個)
５の倍数は，60÷５＝12(個)　６の倍数は，60÷６＝10(個)
10 の倍数は，60÷10＝６(個)　15 の倍数は，60÷15＝４(個)　30 の倍数は，60÷30＝２(個)
したがって，２または３または５の倍数の日数は，30＋20＋12－10－６－４＋２＝44(日)なので，
60 日のうち先生は，60－44＝16(日)折る。よって，求める日数は，16×２＝32(日)

⑶ ⑵より，先生は 60 日目までに 16 日折る。
60 日目までに，Ａさんは 60÷２＝30(日)，Ｂさんは 60÷３＝20(日)，Ｃさんは 60÷４＝15(日)，Ｄさんは 60÷５＝12(日)折るから，折った鶴《つる》は全部で５×16＋３×(30＋20＋15＋12)＝311(羽)

⑷ **【解き方】１周期(60 日)で 311 羽折るので，1000÷311＝３余り 67 より，３周期終わったとき，1000 羽まであと 67 羽になっている。１周期のなかで合計が 67 羽を超えるのが何日目かを考える。**
１日目～５日目の合計が 20 羽だから，合計が 67 羽を超えるのは，およそ 15 日目ではないかとあたりをつける。
１日目～15 日目までで，Ａさんは 15÷２＝７余り１より７日，Ｂさんは 15÷３＝５(日)，Ｃさんは 15÷４＝３余り３より３日，Ｄさんは 15÷５＝３(日)折る。先生は，１，７，11，13 日目に折るから４日折る。
したがって，１日目～15 日目までで折る鶴は全部で，３×(７＋５＋３＋３)＋５×４＝74(羽)
15 日目はＢさんとＤさんが折るから，14 日目までに 74－３×２＝68(羽)折る。
14 日目はＡさんが折るから，13 日目までに 68－３＝65(羽)折る。
よって，67 羽を超えるのは 14 日目だから，求める日数は，60×３＋14＝194(日目)

5 **【解き方】流水算で必要になる計算をまとめると，次の表のようになる。**

(上りの速さ)＝(静水での速さ)－(川の流れの速さ) (下りの速さ)＝(静水での速さ)＋(川の流れの速さ)	(静水での速さ)＝{(下りの速さ)＋(上りの速さ)}÷２ (川の流れの速さ)＝{(下りの速さ)－(上りの速さ)}÷２

⑴ **【解き方】川の流れの影響《えいきょう》を受ける定期便の速さに注目する。**
グラフより，定期便は上り(下流から上流まで)で 50 分，下り(上流から下流まで)で 90－60＝30(分)かかるから，上りの速さは分速(3000÷50)ｍ＝分速 60m，下りの速さは分速(3000÷30)ｍ＝分速 100m である。
よって，川の流れの速さは，分速{(100－60)÷２}ｍ＝分速 20m

⑵ 高速船は上り下りともに 30 分かかるから，速さは分速(3000÷30)ｍ＝分速 100m である。
最初に出会うとき，２つの船は合わせて 3000m 進むので，求める時間は，3000÷(60＋100)＝$\frac{75}{4}$＝18.75(分後)

⑶ **【解き方】グラフに右図のように記号をおく。三角形ＥＦＩとＢＡＩ，三角形ＧＨＪとＤＣＪはそれぞれ同じ形であり，ＩとＪが同じ位置であることから，対応する辺の比がどちらも等しくなる。**

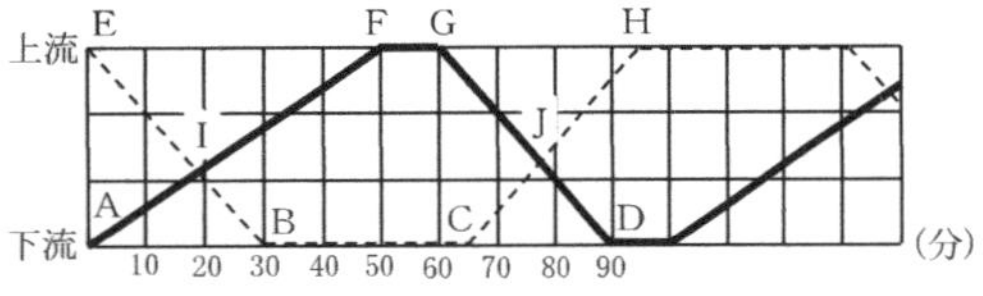

ＥＩ：ＢＩ＝ＥＦ：ＢＡ＝50：30＝５：３だから，ＧＪ：ＤＪ＝５：３

ＧからＤまで30分なので，ＧからＪまでは，$30\times\frac{5}{5+3}=\frac{75}{4}$(分)，ＪからＤまでは，$\frac{75}{4}\times\frac{3}{5}=\frac{45}{4}$(分)

ＧＤ＝ＣＨだから，三角形ＤＣＪはＤＪ＝ＣＪの二等辺三角形なので，ＣからＪまでも$\frac{45}{4}$分である。

よって，Ｃは同時に出発してから，$60+\frac{75}{4}-\frac{45}{4}=67\frac{1}{2}$(分後)だから，求める時間は，$67\frac{1}{2}-30=37.5$(分間)

(4)　**【解き方】２つの船の動きをグラフに表して考える。**

定期便について，静水での速さは分速{(100＋60)÷２}ｍ＝分速80ｍで，川の流れの速さは分速(20×２)ｍ＝分速40ｍになったから，上りの速さは分速(80－40)ｍ＝分速40ｍ，下りの速さは分速(80＋40)ｍ＝分速120ｍである。よって，上りは3000÷40＝75(分)，下りは3000÷120＝25(分)かかる。

２つの船の動きをグラフで表すと，右のようになる。初めて追い越すのは，グラフのＰの位置である。下流の村からＰの位置まで，定期便と高速船が進むのにかかる時間の比は，速さの比である40：100＝２：５の逆比の５：２である。よって，比の数の差の５－２＝３が150－140＝10(分)にあたるので，

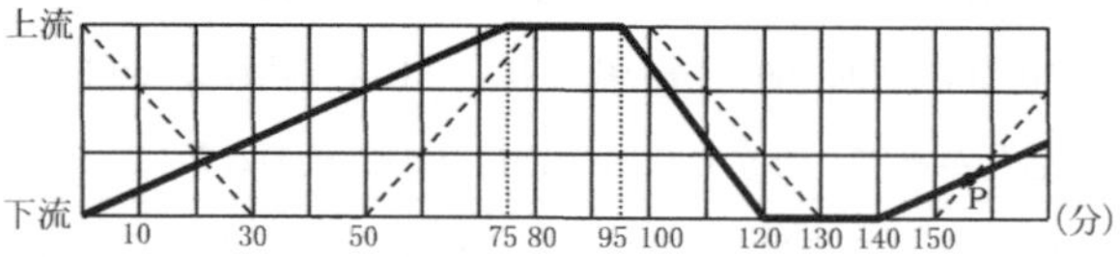

高速船は，下流の村からＰの位置まで，$10\times\frac{2}{3}=\frac{20}{3}=6\frac{2}{3}$(分)，つまり，６分40秒かかる。

したがって，求める時刻は，９時＋150分＋６分40秒＝９時＋２時間30分＋６分40秒＝11時36分40秒

《2022　第２回　理科　解説》

1　**問２**　親と似た姿で生まれてくる動物はセキツイ動物のほ乳類である。ただし，⑦は例外で，ほ乳類だが卵を産む。なお，①は無セキツイ動物の昆虫類，③はセキツイ動物の鳥類，④はセキツイ動物の魚類である。

問４　①○…オスがメスを選ぶので，メスはオスに選ばれやすい見た目をしていると考えられる。

問５　メスが子を残せる可能性は，つがいの作り方には関係しないから，オスが子を残せる可能性に着目する。Ａのオスは，子を残せる可能性がからだのサイズに関係なく一定だから，メスのからだのサイズに関係なくつがいをつくる。Ｂのオスは，からだのサイズがある大きさ以上になると子を残せる可能性が急に大きくなるから，ある大きさ以上のオスが優先的につがいをつくる。Ｃのオスは，からだのサイズと子を残せる可能性の関係がメスと同じだから，同じくらいの大きさのメスとつがいをつくる。

問６　まわりに自分より大きな個体がなければメスになり，大きな個体があればオスのままである。また，まわりより大きな個体がオスからメスに変化したのだから，メスを自分より大きな個体がいる環境で飼育すれば，メスがオスに戻《もど》る可能性があると考えられる。

2　**問１**　50×0.07＝3.5(㎤)

問２　②と③は，混合物を一度も沸《ふっ》とう(蒸発)させていないので，蒸留ではない。

問４　試験管③に集まった液体は，アルコール度数が100％のエタノール(純粋なエタノール)である。このときの体積が６㎤，重さが4.68ｇだから，密度(１㎤あたりの重さ)は4.68÷６＝0.78(ｇ/㎤)である。

問５　試験管⑤に集まった４㎤がすべて水だとすると，水の密度は１ｇ/㎤だから，その重さは４ｇになるが，ここでは４ｇよりも４－3.692＝0.308(ｇ)軽い。問４より，水１㎤をエタノール１㎤に変えると，１－0.78＝0.22(ｇ)軽くなるから，0.308ｇ軽くなるのは水$1\times\frac{0.308}{0.22}=1.4$(㎤)をエタノールに変えたときである。よって，エタノール1.4㎤の重さは0.78×1.4＝1.092(ｇ)である。

問６　試験管③に集まった液体のアルコール度数は100％だから，火がつく。問５解説より，試験管⑤に集まった

液体には水が４－1.4＝2.6(㎤)含《ふく》まれている(水の方が多く含まれている)から，アルコール度数は50％より小さく，それ以降に集めた試験管⑥と⑦の液体はさらにエタノールが含まれる割合が小さくなるので，火がつかない。また，エタノール１㎤と水１㎤が混ざったアルコール度数50％の液体２㎤の重さが0.78＋１＝1.78(g)であることから，その密度は1.78÷２＝0.89(g/㎤)となり，密度が小さいエタノールが多く含まれるほど密度は0.89g/㎤より小さくなる。よって，試験管④に集まった液体の密度が4.3÷５＝0.86(g/㎤)であることから，この液体は水よりエタノールを多く含む，つまり，アルコール度数が50％より大きいことがわかる。

3 **問１**　①○…虫めがねのレンズの軸《じく》に対して平行に進んできた光は，レンズで屈折《くっせつ》して焦点《しょうてん》に集まる。
③○…海水のすぐ上の空気とそれより少し上の空気に温度差が生じ，その境目で屈折が起こる。この現象を蜃気《しんき》楼《ろう》という。

問２　表１より，ガラス中で光が進む速さは，空気中で光が進む速さの$\frac{2}{3}$倍だから，光が空気中を90㎝進むあいだに，ガラス中を$90\times\frac{2}{3}=60$(㎝)進むことができる。

問３　図１のレーザー光源の進み方に着目する。図１は，光が空気中から水中に進むときの道すじだが，Ｅに光源があってＡの位置で観察するときの光の道すじはこれと同じになる(矢印の向きを逆にすればよい)。よって，Ａからは，ＡＯの延長線上にあるように見えるので，Ｅよりも上にあるように見える。図３のシールについても，実物よりも上にあるように見えると考えればよい。また，上にある点の方が上方向のずれが小さくなるので，上下方向に少しつぶれた形に見える。

図ｉ

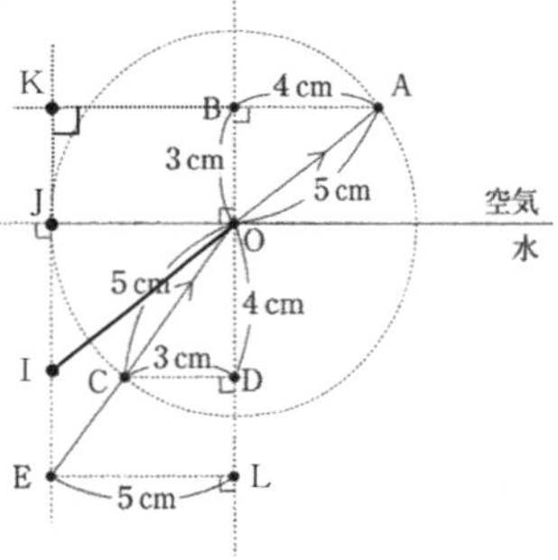

問４　図ｉのように記号を置く。問３解説より，水があるときにＥに置いた物体はＩにあるように見える。三角形ＡＢＯと三角形ＡＫＩは同じ形の三角形で，辺の比は３：４：５である。ＢＫ＝ＬＥ＝５㎝だから，ＡＫ＝４＋５＝９(㎝)であり，ＫＩ＝$9\times\frac{3}{4}=\frac{27}{4}$(㎝)となる。三角形ＯＣＤと三角形ＯＥＬについても同様の関係が成り立つので，ＯＬ＝$5\times\frac{4}{3}=\frac{20}{3}$(㎝)となり，ＫＥ＝ＢＬ＝$3+\frac{20}{3}=\frac{29}{3}$(㎝)となる。よって，ＩＥ＝ＫＥ－ＫＩ＝$\frac{29}{3}-\frac{27}{4}=\frac{35}{12}$＝2.916…→2.92㎝より，下向きに2.92㎝動いたように見える。

問５　表１で，物質１が油，物質２が水のとき，$\frac{\text{CDの長さ}}{\text{ABの長さ}}=\frac{9}{8}$だから，図５では$\frac{\text{GHの長さ}}{\text{EFの長さ}}=\frac{9}{8}$である。これより，ＧＨ：ＥＦ＝９：８だから，ＧＨ＝３㎝より，ＥＦ＝$3\times\frac{8}{9}=\frac{8}{3}$(㎝)となる。ここでは，図５における$\frac{\text{CDの長さ}}{\text{ABの長さ}}$を求めればよいので，ＣＤ＝ＥＦ＝$\frac{8}{3}$㎝，ＡＢ＝４㎝より，$\frac{8}{3}\div 4=\frac{2}{3}$＝0.666…→0.67となる。

問６　表１より，物質１が空気で物質２がガラスのとき$\frac{\text{CDの長さ}}{\text{ABの長さ}}=\frac{2}{3}$であり，問５解説より，物質１が空気で物質２が油のとき$\frac{\text{CDの長さ}}{\text{ABの長さ}}=\frac{2}{3}$だから，光がガラス中を進む速さと油中を進む速さは等しいと考えられる。透明《とうめい》なものが見えるのは，光が進む速さが異なることで屈折が起こるためである。よって，光が進む速さが同じであれば，屈折が起こらず，油の中にあるビーカーは見えなくなる。

4 **問２**　日本付近で発生する温帯低気圧では，低気圧の中心から南西にのびるのが寒冷前線，南東にのびるのが温暖前線である。

問３，４　図３で，ａとｂの間には暖気があり，ａの左側とｂの右側には寒気がある。ｂの温暖前線付近では，暖気が寒気の上にはい上がっていくため，図１－２のような乱層雲ができ，ａの寒冷前線付近では，暖気が寒気によって激しく持ち上げられるため，図１－１のような積乱雲ができる。温暖前線が近づいてくると乱層雲によるおだやかな雨が長時間降り，温暖前線が通過すると雨がやみ，暖気におおわれて気温が上がる。その後，寒冷前線の通

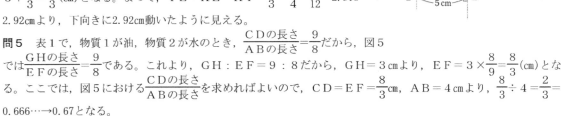

過にともない，積乱雲による激しい雨が短時間降り，気温が急に下がる。

問5　①×…津波《つなみ》は地震《じしん》による二次災害である。　③×…液状化現象は地震による二次災害で，地震のゆれにより地盤《じばん》が液体状になる現象である。　④×…集中豪雨は積乱雲の発生によって起こる。積乱雲は雷《かみなり》雲とも呼ばれる。

問6，7　日本付近の上空には，西から東へ向かって偏西風《へんせいふう》が吹《ふ》いている。発生した積乱雲が偏西風によって東に流され，新たに発生した積乱雲がまた東に流され，ということが繰《く》り返されると，偏西風の向きにそって積乱雲が線状に並び，その一帯に激しい雨が降る。

《2022　第2回　社会　解説》

1　**問1**　アが誤り。奈良時代の『古事記』は中国の漢字で書かれた。「女手」と呼ばれた文字は仮名文字で，平安時代に国風文化が栄える中で発明された。

問2　ウの京都が正しい。六波羅探題は，鎌倉時代の承久の乱後に朝廷と西国の御家人を監視するために設置された。

問3　イが誤り。近松門左衛門は 17 世紀後半～18 世紀初頭の元禄文化で活躍した人形浄瑠璃の脚本家である。ア・ウ・エは 16 世紀。

問4　アは徳川家光の政策だから誤り。イは徳川家康，ウは豊臣秀吉，エは織田信長。

問5　朝鮮戦争の開始・警察予備隊の発足は 1950 年で，アメリカによる物資の買いつけ，在日アメリカ軍人やその家族の日本国内での支出によって好景気(特需景気)となった。

問6　ウが誤り。教育委員会の設置は教育の民主化を図って行われた改革である。

問7　1858 年の日米修好通商条約では，横浜(神奈川)・函館(箱館)・長崎・新潟・神戸(兵庫)の５港が開かれた。

問8　Xのみ誤りだからウを選ぶ。写真Xは 1923 年の関東大震災で，米騒動はシベリア出兵を見こした大商人らが米を買い占めたことから，米不足による米価高騰が起こり，富山県の漁村での暴動から全国に発展した騒動である。

2　**問1**　エの弥生時代を選ぶ。稲作が盛んになると，人口が増加し水田も拡大したため，ムラとムラの間で土地や水の利用をめぐる争いが生じた。その後，争いに勝ったムラは周辺のムラを従えて，有力なクニとして誕生した。アは旧石器時代，イは縄文時代，ウは古墳時代。

問2　『魏志』倭人伝に，弥生時代に邪馬台国の女王卑弥呼が魏に使いを送り，「親魏倭王」の称号や金印，銅鏡を授かったこと，卑弥呼が占いやまじないで邪馬台国をおさめていたことなどが記されている。

問3　イが誤り。Ⅳは宋王朝の時代で，平清盛は平安時代末期に大輪田泊を整備して日宋貿易を進めた。

問4　ウを選ぶ。鑑真は奈良時代に来日し，戒律を授けるための戒壇を東大寺に設け，唐招提寺を建てた。アとイは飛鳥時代，エは平安時代。

問5　どちらも誤りだからエを選ぶ。日明貿易(勘合貿易)を始めたのは室町幕府３代将軍足利義満，後継者をめぐって応仁の乱が発生したのは８代将軍足利義政のときである。琉球王国が年貢を納めたのは日本(江戸幕府)ではなく，薩摩藩である。

問6　アは日清戦争(1894～1895 年)の記述だから誤り。イ・ウ・エは日露戦争(1904～1905 年)。

問7C　誰が誰に投票したかを明らかにしないのが秘密選挙である。他に，年齢・性別以外の制限がない普通選挙，一人一票とする平等選挙，有権者が候補者に対して直接投票する直接選挙がある。

3　**問1**　ウが誤り。フォッサマグナの西縁は新潟県糸魚川市と静岡県静岡市を結んでおり，長良川は岐阜県を流れる。

問2　島国である日本は広い範囲に分布している離島が多く，排他的経済水域の面積が領土の 10 倍以上大きい。

問３　ウが誤り。夏の南東季節風が寒流の千島海流(親潮)上を渡るときに冷やされて太平洋側で濃霧を発生させるため，夏でも日照時間が少なく冷涼になる。

問４　Ａは稲作が盛んな新潟県，Ｂは有明海でのり類の養殖が盛んな熊本県，Ｃはかきの養殖が盛んな三重県と判断し，ウを選ぶ。

問５　千葉県は京葉工業地域で鉄鋼業が盛んなので，エと判断する。アは群馬県，イは茨城県，ウは栃木県。

問７　エが誤り。直前に都市部ではライフラインがストップすると生活が困難になることが書かれている。ダムや電線はそのライフラインの供給に直接関わるものであり，災害時の「弾力」「回復する力」にはあたらない。

4　問１⑴　埼玉県の人口は県庁所在地がある東部が１位である。残ったうち，都心に近い中部の方が多いので２位，西部が３位となる。　⑵　エが正しい。製造品出荷額が高いⅠを埼玉県と判断できるので，香川県はⅡとなる。Ⅰより，西部は秩父山地があるため，製造品出荷額が少ない【Ｑ】と判断する。

問２⑴　小麦栽培が10月下旬の種まきに始まり，６月中旬の収穫まで続くことに着目すれば，その時期の高松と所沢の降水量が少ないことがわかる。稲作は５月の田植えに始まり，９月の収穫まで続くが，その時期の高松や所沢の降水量は最高月でも 200 ㎜ほどと少ない。台地は，水を引くことが難しいため，十分な水が得られないことが多い。

⑵　小麦と大豆はアメリカからの輸入量が多いアとイで，オーストラリアからの輸入量が多いアを小麦と判断する。イは大豆，ウは野菜，エはえび。

問３　Ａは大阪府，Ｂは東京都，Ｃは沖縄県，Ｄは神奈川県，Ｅは奈良県で，神奈川県と奈良県に民間空港はない。Ⅰは成田国際空港・東京国際空港(羽田空港)がある東京都。残ったうち，利用者数において，国内線＞国際線となるのが那覇空港，国際線＞国内線となるのが関西空港なので，Ⅱは沖縄県と判断する。

問４　ウが誤り。榎井小学校への洪水予測到達時間は15～20分なので，20分未満である。

5　問１　ウが正しい。第四次中東戦争をきっかけとして，1973年にアラブの産油国が石油価格の大幅な引き上げなどを実施したために，世界経済が大きく混乱して石油危機が起こった。アは1980年代，イは2001年，エは1989年。

問２　アとエが正しい。二酸化炭素などの温室効果ガスの大量発生が地球温暖化の原因となる。イはオゾン層の破壊，ウは酸性雨により起こる。

問３　ウ．トランプ前大統領が離脱させたパリ協定に，2021年１月に就任したバイデン大統領が復帰させた。

問４　アが誤り。条約の承認は国会の持つ権限である。

問５　環境権は日本国憲法に規定されていないものの近年になって主張されるようになった「新しい人権」に含まれる。新しい人権は，第13条の幸福追求権や第25条の生存権を根拠としている。

問６　1971年に環境庁が発足し，2001年に環境省に格上げした。

問７　イが誤り。炭素税は，二酸化炭素を排出する化石燃料や電気の使用量に応じて企業などに課せられるので，「二酸化炭素を排出する商品を生産している企業に支払われる」が不適切である。

■ ご使用にあたってのお願い・ご注意

（１）問題文等の非掲載

著作権上の都合により，問題文や図表などの一部を掲載できない場合があります。

誠に申し訳ございませんが，ご了承くださいますようお願いいたします。

（２）過去問における時事性

過去問題集は，学習指導要領の改訂や社会状況の変化，新たな発見などにより，現在とは異なる表記や解説になっている場合があります。過去問の特性上，出題当時のままで出版していますので，あらかじめご了承ください。

（３）配点

学校等から配点が公表されている場合は，記載しています。公表されていない場合は，記載していません。

独自の予想配点は，出題者の意図と異なる場合があり，お客様が学習するうえで誤った判断をしてしまう恐れがあるため記載していません。

（４）無断複製等の禁止

購入された個人のお客様が，ご家庭でご自身またはご家族の学習のためにコピーをすることは可能ですが，それ以外の目的でコピー，スキャン，転載（ブログ，ＳＮＳなどでの公開を含みます）などをすることは法律により禁止されています。学校や学習塾などで，児童生徒のためにコピーをして使用することも法律により禁止されています。

ご不明な点や，違法な疑いのある行為を確認された場合は，弊社までご連絡ください。

（５）けがに注意

この問題集は針を外して使用します。針を外すときは，けがをしないように注意してください。また，表紙カバーや問題用紙の端で手指を傷つけないように十分注意してください。

（６）正誤

制作には万全を期しておりますが，万が一誤りなどがございましたら，弊社までご連絡ください。

なお，誤りが判明した場合は，弊社ウェブサイトの「ご購入者様のページ」に掲載しておりますので，そちらもご確認ください。

■ お問い合わせ

解答例，解説，印刷，製本など，問題集発行におけるすべての責任は弊社にあります。

ご不明な点がございましたら，弊社ウェブサイトの「お問い合わせ」フォームよりご連絡ください。迅速に対応いたしますが，営業日の都合で回答に数日を要する場合があります。

ご入力いただいたメールアドレス宛に自動返信メールをお送りしています。自動返信メールが届かない場合は，「よくある質問」の「メールの問い合わせに対し返信がありません。」の項目をご確認ください。

また弊社営業日（平日）は，午前９時から午後５時まで，電話でのお問い合わせも受け付けています。

2025 春

株式会社教英出版

〒422-8054　静岡県静岡市駿河区南安倍３丁目 12-28

TEL　054-288-2131　　FAX　054-288-2133

URL　https://kyoei-syuppan.net/

MAIL siteform@kyoei-syuppan.net

神奈川県

①[県立] 相模原中等教育学校
　　　　平塚中等教育学校
②[市立]南高等学校附属中学校
③[市立]横浜サイエンスフロンティア高等学校附属中学校
④[市立]川崎高等学校附属中学校
✿⑤聖光学院中学校
✿⑥浅野中学校
⑦洗足学園中学校
⑧法政大学第二中学校
⑨逗子開成中学校(1次)
⑩逗子開成中学校(2·3次)
⑪神奈川大学附属中学校(第1回)
⑫神奈川大学附属中学校(第2·3回)
⑬栄光学園中学校
⑭フェリス女学院中学校

新潟県

①[県立] 村上中等教育学校
　　　　柏崎翔洋中等教育学校
　　　　燕中等教育学校
　　　　津南中等教育学校
　　　　直江津中等教育学校
　　　　佐渡中等教育学校
②[市立]高志中等教育学校
③新潟第一中学校
④新潟明訓中学校

石川県

①[県立]金沢錦丘中学校
②星稜中学校

福井県

①[県立]高志中学校

山梨県

①山梨英和中学校
②山梨学院中学校
③駿台甲府中学校

長野県

①[県立] 屋代高等学校附属中学校
　　　　諏訪清陵高等学校附属中学校
②[市立]長野中学校

岐阜県

①岐阜東中学校
②鶯谷中学校
③岐阜聖徳学園大学附属中学校

静岡県

①[国立] 静岡大学教育学部附属中学校
　　　　(静岡·島田·浜松)
② [県立]清水南高等学校中等部
　 [県立]浜松西高等学校中等部
　 [市立]沼津高等学校中等部
③不二聖心女子学院中学校
④日本大学三島中学校
⑤加藤学園暁秀中学校
⑥星陵中学校
⑦東海大学付属静岡翔洋高等学校中等部
⑧静岡サレジオ中学校
⑨静岡英和女学院中学校
⑩静岡雙葉中学校
⑪静岡聖光学院中学校
⑫静岡学園中学校
⑬静岡大成中学校
⑭城南静岡中学校
⑮静岡北中学校
⑯ 常葉大学附属常葉中学校
　 常葉大学附属橘中学校
　 常葉大学附属菊川中学校
⑰藤枝明誠中学校
⑱浜松開誠館中学校
⑲静岡県西遠女子学園中学校
⑳浜松日体中学校
㉑浜松学芸中学校

愛知県

①[国立]愛知教育大学附属名古屋中学校
②愛知淑徳中学校
③ 名古屋経済大学市邨中学校
　 名古屋経済大学高蔵中学校
④金城学院中学校
⑤椙山女学園中学校
⑥東海中学校
⑦南山中学校男子部
⑧南山中学校女子部
⑨聖霊中学校
⑩滝中学校
⑪名古屋中学校
⑫大成中学校
⑬愛知中学校
⑭星城中学校
⑮名古屋葵大学中学校
　(名古屋女子大学中学校)
⑯愛知工業大学名電中学校
⑰海陽中等教育学校(特別給費生)
⑱海陽中等教育学校(I·II)
⑲中部大学春日丘中学校
新刊⑳名古屋国際中学校

三重県

①[国立]三重大学教育学部附属中学校
②暁中学校
③海星中学校
④四日市メリノール学院中学校
⑤高田中学校
⑥セントヨゼフ女子学園中学校
⑦三重中学校
⑧皇學館中学校
⑨鈴鹿中等教育学校
⑩津田学園中学校

滋賀県

①[国立]滋賀大学教育学部附属中学校
②[県立] 河瀬中学校
　　　　守山中学校
　　　　水口東中学校

京都府

①[国立]京都教育大学附属桃山中学校
②[府立]洛北高等学校附属中学校
③[府立]園部高等学校附属中学校
④[府立]福知山高等学校附属中学校
⑤[府立]南陽高等学校附属中学校
⑥[市立]西京高等学校附属中学校
⑦同志社中学校
⑧洛星中学校
⑨洛南高等学校附属中学校
⑩立命館中学校
⑪同志社国際中学校
⑫同志社女子中学校(前期日程)
⑬同志社女子中学校(後期日程)

大阪府

①[国立]大阪教育大学附属天王寺中学校
②[国立]大阪教育大学附属平野中学校
③[国立]大阪教育大学附属池田中学校

④[府立]富田林中学校
⑤[府立]咲くやこの花中学校
⑥[府立]水都国際中学校
⑦清風中学校
⑧高槻中学校(A日程)
⑨高槻中学校(B日程)
⑩明星中学校
⑪大阪女学院中学校
⑫大谷中学校
⑬四天王寺中学校
⑭帝塚山学院中学校
⑮大阪国際中学校
⑯大阪桐蔭中学校
⑰開明中学校
⑱関西大学第一中学校
⑲近畿大学附属中学校
⑳金蘭千里中学校
㉑金光八尾中学校
㉒清風南海中学校
㉓帝塚山学院泉ヶ丘中学校
㉔同志社香里中学校
㉕初芝立命館中学校
㉖関西大学中等部
㉗大阪星光学院中学校

兵庫県

①[国立]神戸大学附属中等教育学校
②[県立]兵庫県立大学附属中学校
③雲雀丘学園中学校
④関西学院中学部
⑤神戸女学院中学部
⑥甲陽学院中学校
⑦甲南中学校
⑧甲南女子中学校
⑨灘中学校
⑩親和中学校
⑪神戸海星女子学院中学校
⑫滝川中学校
⑬啓明学院中学校
⑭三田学園中学校
⑮淳心学院中学校
⑯仁川学院中学校
⑰六甲学院中学校
⑱須磨学園中学校(第1回入試)
⑲須磨学園中学校(第2回入試)
⑳須磨学園中学校(第3回入試)
㉑白陵中学校
㉒夙川中学校

奈良県

①[国立]奈良女子大学附属中等教育学校
②[国立]奈良教育大学附属中学校
③[県立]
国際中学校
青翔中学校
④[市立]一条高等学校附属中学校
⑤帝塚山中学校
⑥東大寺学園中学校
⑦奈良学園中学校
⑧西大和学園中学校

和歌山県

①[県立]
古佐田丘中学校
向陽中学校
桐蔭中学校
日高高等学校附属中学校
田辺中学校
②智辯学園和歌山中学校
③近畿大学附属和歌山中学校
④開智中学校

岡山県

①[県立]岡山操山中学校
②[県立]倉敷天城中学校
③[県立]岡山大安寺中等教育学校
④[県立]津山中学校
⑤岡山中学校
⑥清心中学校
⑦岡山白陵中学校
⑧金光学園中学校
⑨就実中学校
⑩岡山理科大学附属中学校
⑪山陽学園中学校

広島県

①[国立]広島大学附属中学校
②[国立]広島大学附属福山中学校
③[県立]広島中学校
④[県立]三次中学校
⑤[県立]広島叡智学園中学校
⑥[市立]広島中等教育学校
⑦[市立]福山中学校
⑧広島学院中学校
⑨広島女学院中学校
⑩修道中学校
⑪崇徳中学校
⑫比治山女子中学校
⑬福山暁の星女子中学校
⑭安田女子中学校
⑮広島なぎさ中学校
⑯広島城北中学校
⑰近畿大学附属広島中学校福山校
⑱盈進中学校
⑲如水館中学校
⑳ノートルダム清心中学校
㉑銀河学院中学校
㉒近畿大学附属広島中学校東広島校
㉓AICJ中学校
㉔広島国際学院中学校
㉕広島修道大学ひろしま協創中学校

山口県

①[県立]
下関中等教育学校
高森みどり中学校
②野田学園中学校

徳島県

①[県立]
富岡東中学校
川島中学校
城ノ内中等教育学校
②徳島文理中学校

香川県

①大手前丸亀中学校
②香川誠陵中学校

愛媛県

①[県立]
今治東中等教育学校
松山西中等教育学校
②愛光中学校
③済美平成中等教育学校
④新田青雲中等教育学校

高知県

①[県立]
安芸中学校
高知国際中学校
中村中学校

福岡県

- ①[国立]福岡教育大学附属中学校（福岡·小倉·久留米）
- ②[県立]育徳館中学校／門司学園中学校／宗像中学校／嘉穂高等学校附属中学校／輝翔館中等教育学校
- ③西南学院中学校
- ④上智福岡中学校
- ⑤福岡女学院中学校
- ⑥福岡雙葉中学校
- ⑦照曜館中学校
- ⑧筑紫女学園中学校
- ⑨敬愛中学校
- ⑩久留米大学附設中学校
- ⑪飯塚日新館中学校
- ⑫明治学園中学校
- ⑬小倉日新館中学校
- ⑭久留米信愛中学校
- ⑮中村学園女子中学校
- ⑯福岡大学附属大濠中学校
- ⑰筑陽学園中学校
- ⑱九州国際大学付属中学校
- ⑲博多女子中学校
- ⑳東福岡自彊館中学校
- ㉑八女学院中学校

佐賀県

- ①[県立]香楠中学校／致遠館中学校／唐津東中学校／武雄青陵中学校
- ②弘学館中学校
- ③東明館中学校
- ④佐賀清和中学校
- ⑤成穎中学校
- ⑥早稲田佐賀中学校

長崎県

- ①[県立]長崎東中学校／佐世保北中学校／諫早高等学校附属中学校
- ②青雲中学校
- ③長崎南山中学校
- ④長崎日本大学中学校
- ⑤海星中学校

熊本県

- ①[県立]玉名高等学校附属中学校／宇土中学校／八代中学校
- ②真和中学校
- ③九州学院中学校
- ④ルーテル学院中学校
- ⑤熊本信愛女学院中学校
- ⑥熊本マリスト学園中学校
- ⑦熊本学園大学付属中学校

大分県

- ①[県立]大分豊府中学校
- ②岩田中学校

宮崎県

- ①[県立]五ヶ瀬中等教育学校
- ②[県立]宮崎西高等学校附属中学校／都城泉ヶ丘高等学校附属中学校
- ③宮崎日本大学中学校
- ④日向学院中学校
- ⑤宮崎第一中学校

鹿児島県

- ①[県立]楠隼中学校
- ②[市立]鹿児島玉龍中学校
- ③鹿児島修学館中学校
- ④ラ・サール中学校
- ⑤志學館中等部

沖縄県

- ①[県立]与勝緑が丘中学校／開邦中学校／球陽中学校／名護高等学校附属桜中学校

もっと過去問シリーズ

北海道

北嶺中学校
7年分（算数・理科・社会）

静岡県

静岡大学教育学部附属中学校
（静岡·島田·浜松）
10年分（算数）

愛知県

愛知淑徳中学校
7年分（算数・理科・社会）

東海中学校
7年分（算数・理科・社会）

南山中学校男子部
7年分（算数・理科・社会）

南山中学校女子部
7年分（算数・理科・社会）

滝中学校
7年分（算数・理科・社会）

名古屋中学校
7年分（算数・理科・社会）

岡山県

岡山白陵中学校
7年分（算数・理科）

広島県

広島大学附属中学校
7年分（算数・理科・社会）

広島大学附属福山中学校
7年分（算数・理科・社会）

広島学院中学校
7年分（算数・理科・社会）

広島女学院中学校
7年分（算数・理科・社会）

修道中学校
7年分（算数・理科・社会）

ノートルダム清心中学校
7年分（算数・理科・社会）

愛媛県

愛光中学校
7年分（算数・理科・社会）

福岡県

福岡教育大学附属中学校
（福岡·小倉·久留米）
7年分（算数・理科・社会）

西南学院中学校
7年分（算数・理科・社会）

久留米大学附設中学校
7年分（算数・理科・社会）

福岡大学附属大濠中学校
7年分（算数・理科・社会）

佐賀県

早稲田佐賀中学校
7年分（算数・理科・社会）

長崎県

青雲中学校
7年分（算数・理科・社会）

鹿児島県

ラ·サール中学校
7年分（算数・理科・社会）

※もっと過去問シリーズは国語の収録はありません。

教英出版

〒422-8054
静岡県静岡市駿河区南安倍3丁目12−28
TEL 054-288-2131
FAX 054-288-2133

詳しくは教英出版で検索
教英出版 検索
URL https://kyoei-syuppan.net/

2024年度　須磨学園中学校入学試験

国　　語

第２回

（60分）

（注　意）

解答用紙は、この問題冊子の中央にはさんであります。まず、解答用紙を取り出して、受験番号シールを貼《は》り、受験番号と名前を記入しなさい。

1．すべての問題を解答しなさい。

2．解答は、すべて解答用紙に記入しなさい。

3．解答は、１行の枠内に２行以上書いてはいけません。また、字数制限のある問題については、記号や句読点も１字と数えることとします。

4．試験終了《しゅうりょう》後、解答用紙のみ提出し、問題冊子は持ち帰りなさい。

須磨学園中学校

に手を当てている」時、「母」は、（　X　）のだと推測できるね。

(i)　（　X　）に当てはまる内容として最も適当なものを次の中から一つ選び、番号で答えなさい。

1　秋好が戻ってきたことに安心して、笑顔の朱里たちに合わせて微笑《ほほえ》もうとしている
2　動揺していた自分のことを棚《たな》に上げて、秋好が焦る様を可笑《おか》しく思っている
3　自分より焦る秋好を見て平静さを取り戻し、取り繕《つくろ》って笑っている
4　秋好の姿を見て動揺していた自分を恥ずかしく思い、照れ隠しをしている

気づきを表している。
6　最後の「笑顔で駆けだした」は、朱里が迷惑《めいわく》に感じていた祖父の拳銃をきれいに処理できた喜びを表している。

問七　本文の内容の説明として最も適当なものを次の中から一つ選び、番号で答えなさい。

1　処理に困る遺品を家族がどうするべきなのかという現代社会の問題を、ありありと描いている。
2　遺品に込められた死者の思いを尊重することの大切さを、拳銃の処分を題材として重厚に描いている。
3　遺品の処分を巡《めぐ》って、家族との絆《きずな》が深まる様を、それぞれの心情に沿って感動的に描いている。
4　近しい人を信じられることの幸せを、祖父の遺品である拳銃を通じてユーモラスに描いている。

二の設問

問一 〰〰線部a～cの本文中の意味として最も適当なものを、次の各群の中から、それぞれ一つずつ選び、番号で答えなさい。

a リスペクト

1 親愛
2 懐古《かいこ》
3 尊敬
4 感謝

b イチャモンつけた

1 無理矢理、理由をつけて文句を言った
2 理路整然と、他人の発言を論破した
3 難癖《なんくせ》をつけて、気分を害した
4 嫌悪《けんお》感を表し、批判を繰《く》り返した

c 手持ち無沙汰に

1 することがわからずに

問三 朱里が「拳銃だけを、なかったことにはできないし、したくない」（――線部B）と考えたのはなぜですか。その理由の説明として最も適当なものを次の中から一つ選び、番号で答えなさい。

1 違法行為《いほうこうい》にあたる拳銃の所持を警察に届けないでいることは、何事にも筋を通す祖父の生き方に反すると思ったから。
2 処分に困る拳銃だけを見つけなかったことにするのは、遺族に対する祖父の配慮《はいりょ》を無視するように思われるから。
3 シャツも拳銃も祖父の人生の一部だったので、拳銃だけを無視するのは祖父の人生を否定しているように思われたから。
4 拳銃もシャツも、祖父が残したのには意図があるはずなので、シャツだけを祖父の遺品として扱うのは祖父に失礼だから。

問四 「信頼の証」（――線部C）とありますが、それはどういうことをいっているのですか。その説明として最も適当なものを次の中から一つ選び、番号で答えなさい。

1 遺品には死者の大切な気持ちが込《こ》められているのだから、

2024(R6) 須磨学園中　第２回
教英出版

□二 次の文章は、複数の作家による『捨てる』という題の作品集に収録されている福田和代《ふくだかずよ》「捨ててもらっていいですか？」の一節です。朱里《あかり》たちの家族が、戦争に行ったことがある亡《な》き祖父の遺品整理をしていた際《さい》、容器の中から軍の拳銃《けんじゅう》が見つかった後に続く場面です。これを読んで、後の設問に答えなさい。

「ちぇっ、警察に持っていっちゃうのかあ」

注1淳樹《あつき》がスマホを受け取りながら、ひどく惜《お》しそうに呟《つぶや》いた。

「当たり前でしょ」

「だって、かっこいいじゃん。うちのじいちゃんが、あんなものを持ってたなんてさ」

朱里は苦笑いした。淳樹は淳樹なりに、祖父への愛情表現あるいはaリスペクトの証《あかし》として、あの銃を欲《ほ》しがっていたのかもしれない。

「いいから、もう帰ろうよ。注2秋好が戻《もど》る前に帰りたいし、ママが待ってるし。それに、友達が遺品整理を手伝いたいって言ってるんだ。なんか、すぐ近くにいるんだって」

「げ、俺《おれ》の友達にはbイチャモンつけたくせに、このうえ友達を呼ぶの？」

ろう。秋好の背後では、母がD澄《す》ました表情で口に手を当てている。

マンションのエントランスでは、健《たける》がc手持ち無沙汰《ぶさた》にうろうろしていた。こちらに気づくとぱっと明るい顔になり、「こっち！」と叫《さけ》んで手を振り始めた。

朱里は淳樹の肩《かた》をつつき、笑顔で駆《か》けだした。

（福田和代「捨ててもらっていいですか？」『アンソロジー――捨てる』所収 文春文庫刊）

注1 淳樹 … 朱里の弟。

注2 秋好 … 淳樹の友達。銃を共通の趣味《しゅみ》を持つ友人のもとへと持ち出したが、朱里の説得により朱里の祖父のマンションへと戻ろうとしている。

注3 タケちゃん … 朱里の恋人《こいびと》。後に出てくる、「健」も同一人物。

人付き合いの苦手な私が、ようやくどこかに居場所を得ているのは、

島田さんのように（　X　）。

1　作品と人とをつなげてくださる人がいるおかげである

2　大好きな神戸を拠点《きょてん》としてくださる人がいるからである

3　作家の孤独を和《やわ》らげてくださる人がいるおかげである

4　優《すぐ》れた作品を美術館に寄贈される人がいるからである

次の中から**二つ**選び、番号で答えなさい。

1　文末の「です」「ます」は、筆者からギャラリー島田とつきあいのある作家への敬意を示している。

2　文末が「です」「ます」以外で書かれている箇所《かしょ》は、客観的な事実を示している。

3　10行目では体言止めを用いることで文末の語句を強調し、後文への注意を引きつけている。

4　35行目の「居住地」や、44行目の「放浪」のカギ括弧《かっこ》は、括弧内の言葉が「居場所」と対比的な関係にあることを強調するためのものである。

5　筆者は自分の考えが正しいことを強く訴《うった》えるために、他者の文章を引用している。

問十　〰〰線部a〜hのカタカナに相当する漢字を楷書《かいしょ》で書きなさい。

a　イタ（った）　　b　シセイ　　c　カイロ

d　コンゲンテキ　　e　ソシキ　　f　キケン

g　ナカ（ば）　　h　ブッコ

一 の設問

問一 ＝＝線部i「れ」、ii「の」と最も近い意味・用法で用いられている文を次の各群の中からそれぞれ一つずつ選び、番号で答えなさい。

i 書かれています

1 道の上にいた虫は鳥に食われてしまった。
2 校長先生は「あいさつが大事」と話された。
3 昔のことがありありと思い出される。
4 仕事がおわったので、ようやく眠《ねむ》れる。

ii 見ているのは

1 「甘《あま》いのがいい」と妹は言った。
2 それはあなたの感想ですよね。
3 母のつくったカレーを食べたい。
4 彼が部長の田中です。

問二 「信頼」（――線部A）とありますが、それはどういうも

問三 「作家は孤独なものです」（――線部B）とありますが、なぜそう言えるのですか。その理由の説明として最も適当なものを次の中から一つ選び、番号で答えなさい。

1 作家とは、作品が売れるか否《いな》かにかかわらず、自身の描きたいものを追い求めて制作を行い、他者から良い評価を得ようとは思わないものだから。
2 作家とは、自分の描きたい絵を描くことを追い求めるあまり、自分の理性や生命をも犠牲《ぎせい》にするため、一般的《いっぱんてき》な社会から理解されないものだから。
3 作家とは、自分の作品をいいお客に売ってくれる画商を求め、意見のあわない画廊とは仕事をしないため、交際の幅《はば》が狭《せま》くなるものだから。
4 作家とは、画廊の主人との真剣なやりとりの中で受けた厳しい指摘《してき》を乗り越えるため、人生のほとんどを創作に費やし、他者との交流を拒《こば》むものだから。

問四 「手紙の一節」（――線部C）とは、「死んだ芸術家」からどこまでを指しますか。該当《がいとう》する箇所《かしょ》の、終わりの三字を本文から抜《ぬ》き出しなさい。ただし、句読点や記号は一字とし

一　次の文章は、島田誠《しまだまこと》「『居場所』ということ」の一節です。筆者は、神戸北野で画廊《がろう》「ギャラリー島田」を営んでいます。これを読んで、後の設問に答えなさい。なお、本文の改行・空白に関しては、原文のままとしました。

お詫び
著作権上の都合により、文章は掲載しておりません。
ご不便をおかけし、誠に申し訳ございません。
教英出版

お詫び
著作権上の都合により、文章は掲載しておりません。
ご不便をおかけし、誠に申し訳ございません。
教英出版

注1　重松あゆみ　…　陶芸《とうげい》作家（一九五八〜　）。

注2　三〇年目の透視図　…　ギャラリー島田の開業三〇周年記念誌。

注3　ゴッホ　…　フィンセント・ファン・ゴッホ（一八五三〜一八九〇）。オランダの画家。

注4　テオ　…　テオドルス・ファン・ゴッホ（一八五七〜一八九一）。画商。フィンセント・ファン・ゴッホの実の弟。

お詫び

著作権上の都合により、文章は掲載しておりません。
ご不便をおかけし、誠に申し訳ございません。

教英出版

1　画廊に販売力がないことも、自分が陥《おちい》っているスランプも気にしない大胆《だいたん》な作家を信じる気持ち。

2　画商が出す無理難題を乗り越え、自身の成長へとつなげる力のある作家を信じる気持ち。

3　孤独な創作活動を苦にせず、寡黙《かもく》に取り組む、まだ世に出ていない作家の才能を信じる気持ち。

4　創作の目的を自問しながら懸命《けんめい》に活動をし、厳しい指摘《してき》にも創作の軸《じく》がぶれない作家を信じる気持ち。

問五　「フィンセントにはテオしか『居場所』がなかった」（――線部D）についての説明として最も適当なものを次の中から一つ選び、番号で答えなさい。

1　フィンセントは、テオは生存中の芸術家と死んだ芸術家を区別しない人物であり、自分のことを格別に思いやってくれる人物だと考えていること。

2　フィンセントは、テオは自分にとって唯一《ゆいいつ》無二《むに》の存在であり、いつでも家族の中で一番身近にいてくれる人物だと考えていること。

3　フィンセントは、テオは一般的な画商よりも頑固《がんこ》な一面を持っているが、画商として理不尽な差別をしない尊敬できる人物だと考えていること。

4　フィンセントは、テオは強固な意志をもち、思いやりに満ちており、自分と同じような価値観を持っている人物だと考えていること。

設問は、裏面に続きます。

問六　「大切なこと」（――線部E）とはどのようなことですか。その説明として最も適当なものを次の中から一つ選び、番号で答えなさい。

1　お金は誠実な商売で得られるものであり、急激に稼《かせ》ぐものではないということ。

2　全ての作家は、自問自答の末にたどり着いた答えを作品に表出しているということ。

3　作品は、その作品を丁寧《ていねい》に扱う人のところにありつづけるべきだということ。

4　作品の価値は作家の生死にはよらず、作家がその作品にかけた時間によるということ。

問七　次の文章は、本文に引用されている、「三〇年目の透視図」への重松あゆみさんの寄稿《きこう》文です。本文を踏《ふ》まえつつ、（　X　）に当てはまる文として最も適当なものを後の中から一つ選び、番号で答えなさい。

人の居場所とは何だろう。心や精神のすみかはどこだろう。

問八　筆者にとって、「画廊を三〇年続けてきた意味」（――線部）とは、どのようなものですか。本文全体の内容を踏まえて、一〇〇字以上一二〇字以内で答えなさい。

下書き用　**（※これは解答用紙ではありません）**

にんまりと笑う。電話でいきなりあんなことを言い出すから、こちらの反応も鈍《にぶ》くなったのだ。ちゃんと顔を見て言えばいいのに、注3タケちゃんときたら。

淳樹が何かを察したらしく、ゲッと小さく呟いて、駐車場《ちゅうしゃじょう》から車を出した。

秋好は「なかったことにすればいい」と言ったけれど、そんなわけにはいかない。煙草《たばこ》の匂《にお》いが染《し》みついたシャツも、七十年も隠《かく》し通した拳銃も、すべてひっくるめてうちの祖父が残したものなのだ。B拳銃だけを、なかったことにはできないし、したくない。

自分ではなかなか捨てられないものって、たくさんある。だから、世の中にこれほど「上手なものの捨て方」や「片づけ」の方法論があふれているのだ。

捨てられないものが増えていく。そして人生が終わる時、最後まで自分では捨てられなかったものを、捨ててくれる人がいる。

捨てないことも、C信頼の証。

駅前のコインパーキングにまた車を停《と》めて、マンションまでてくてく歩いて戻ってくると、祖父の部屋のベランダで、秋好が必死の形相《ぎょうそう》で手を振《ふ》っているのが見えた。

「おーい。ちゃんと持ってきたからな！　早まるなよ！」

本当に通報されるかもしれないと、不安でいっぱいだったのだ

4　緊張《きんちょう》で何も手につかずに

問二　「にんまりと笑う」（――線部A）とありますが、「朱里」はこの時、どのような気持ちだったと推測できますか。その内容として最も適当なものを次の中から一つ選び、番号で答えなさい。

1　自分の顔を見ずに遠回しな求婚《きゅうこん》をするタケちゃんを愛おしく思うとともに、求婚を受けたことを思い返して幸せを感じている。

2　電話で求婚したタケちゃんを心から愛する一方、その場で求婚に対する明確な返答が出来なかったことを恥《は》ずかしく感じている。

3　求婚をしてくれたタケちゃんを家族に紹介《しょうかい》することを恥ずかしく思いながらも、もうすぐタケちゃんと会えることを嬉《うれ》しく感じている。

4　秋好と違って頼《たよ》りになるタケちゃんにあこがれを抱《いだ》いており、そんなタケちゃんからお願い事をしてもらえる自分を誇《ほこ》らしく感じている。

2　遺族が適切に扱ってくれるだろうと期待するからこそ、死者は自身にとって思い出深かったり、処分に困ったりする品物を残せるのだということ。

3　死者にとっても遺族にとっても、大切な思い出は共有されるべきものなのだから、遺族の判断を尊重するために死者は遺品を残すのだということ。

4　生前に遺族と長い時間を共有することによってのみつちかわれる家族を信じる気持ちによって、遺族は厄介《やっかい》だったり大切だったりする遺品を残せるのだということ。

設問は、裏面に続きます。

問五　「澄ました表情で口に手を当てている」（――線部D）という表現について、中学生のSさんたちは話し合いを通して考えることにしました。次に示す【話し合いの様子】を読んで、後の(i)・(ii)の設問に答えなさい。

【話し合いの様子】

Sさん　「澄ました」は、「平然としている」とか、「平気でいる」ことを表しているよね。一方、「口に手を当てている」のは、「笑っている」時の動作だよね。どうしてこの二つのことばが両立しているのだろう？

Uくん　この小説の他の箇所を見てみると、「母が真っ青になっている」とか、「母のぽってりと丸い指が強張《こわば》っている」って記述もあるから、母はとてもじゃないけど「平気」だとは思えないよね。

Mくん　「母」は拳銃を見て動揺《どうよう》した後、「捨てちゃおう」と思い切った決意をしたり、それから、「正気にかえった」り、「卒倒《そっとう》しそうに」なったりと、かなり感情の動きが大きく描かれているね。

Aさん　ねえ、この場面で焦《あせ》っているのは、「母」だけではないわ。「必死の形相」とか、「早まるなよ！」からは、

(ii)　「口に手を当てる」のように、体の一部を表す語を使って、間接的に「わらう」ことを表現しているものを次の中から一つ選び、番号で答えなさい。

1　口を割る
2　目尻《めじり》を下げる
3　小鼻をふくらます
4　眉根《まゆね》を寄せる

問六　本文の表現の説明として適当なものを次の中から二つ選び、番号で答えなさい。

1　本文は朱里の一人称《いちにんしょう》で描かれている。
2　本文で「拳銃」は、「非日常」、「男らしさ」の象徴《しょうちょう》として用いられている。
3　「ママ」や「タケちゃん」といった呼び方は朱里からの親しみを表しているが、「祖父」や「秋好」とは心の距離《きょり》があることを表している。
4　19行目の「ゲッと小さく呟いて」は、淳樹の素直ではない

2024年度　須磨学園中学校入学試験

算　　数

第 2 回

（60分）

（注　意）

解答用紙は、この問題冊子の中央にはさんであります。まず、解答用紙を取り出して、受験番号シールを貼《は》り、受験番号と名前を記入しなさい。

1．すべての問題を解答しなさい。

2．解答はすべて解答用紙に記入しなさい。

3．試験終了《しゅうりょう》後、解答用紙のみ提出し、問題冊子は持ち帰りなさい。

4．答えが割り切れないときは、分数で答えなさい。

須磨学園中学校

1　次の $\square$ に当てはまる数を答えなさい。

(1)　$(13-3\times2)\times(15-5\times2)-7-2\times3-(1+2)\times7=\square$

(2)　$1.875\times2\frac{2}{7}\div4\frac{1}{3}\times\frac{7}{12}\times2.2\div\frac{3}{13}\times\frac{2}{11}=\square$

(3)　1ドル＝130円，1元＝18円，1ユーロ＝140円のとき

6ドル＋22元＋504円＝ $\square$ ユーロ

(4)　$33\times12-27\times10+8\times33+11\times3\times7-18\times27=\square$

(5)　$\left(\frac{\square\div2+3}{4}\times\frac{6}{5}\right)\times7\times\frac{8}{9}=18\frac{2}{3}$

2 へ続く

2024(R6) 須磨学園中　第2回

計算欄《らん》（ここに記入した内容は採点されません）

2 次の[　　]に当てはまる数を答えなさい。

(1) ビーカー A には濃度《のうど》10 % の食塩水 300 g，ビーカー B には濃度[　　]% の食塩水 100 g が入っています。ビーカー A から 150 g 取り出して，ビーカー B に移します。よくかき混ぜたあと，ビーカー B から 50 g 取り出して，ビーカー A に戻《もど》したところ，ビーカー A の食塩水の濃度は 11 % になりました。

(2) 右の図は，辺 AF と辺 CD が平行で，辺 CB と辺 EF が平行です。
角アの大きさは[　　]度です。

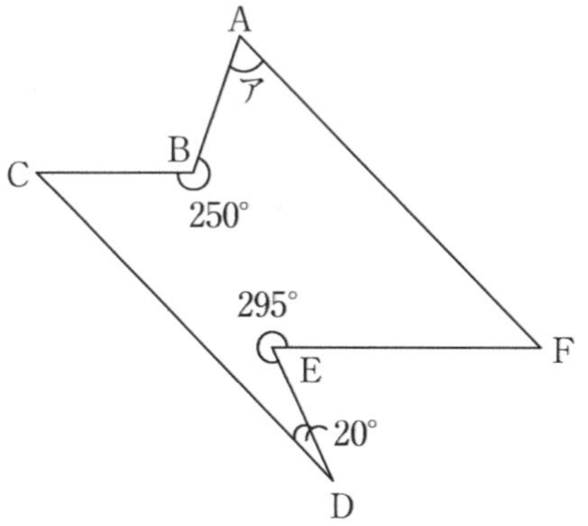

(3) 1 つ 30 円の商品があり，3 つ買うごとに 10 円割引きされます。手元には 50 円玉が 10 枚あります。運悪くお店には小銭がなくお釣りをもらうことができません。できるだけ多くの 50 円玉を使ってお釣りなく払いきれるのは，[　　]個買ったときです。

(4) □ を △ で割ったときの余りを（ □ ☆ △ ）で表すものとします。
例えば，（ 17 ☆ 4 ） = 1，（ 39 ☆ 7 ） = 4，（ 66 ☆ 6 ） = 0 となります。
このとき，(30 ☆ 1) + (30 ☆ 2) + ⋯ + (30 ☆ 29) + (30 ☆ 30) = [　　] です。

(5) 右の六角形 ABCDEF を直線 m の周りに 1 回転してできる立体の体積は，[　　] cm^3 です。
ただし，AB = 4 cm，CD = 3 cm，FG = 2 cm で，四角形 ABCF は面積 12 cm^2 の平行四辺形です。
また，円すいの体積は 底面積×高さ×$\frac{1}{3}$ で求めることができます。ただし，円周率は 3.14 とします。

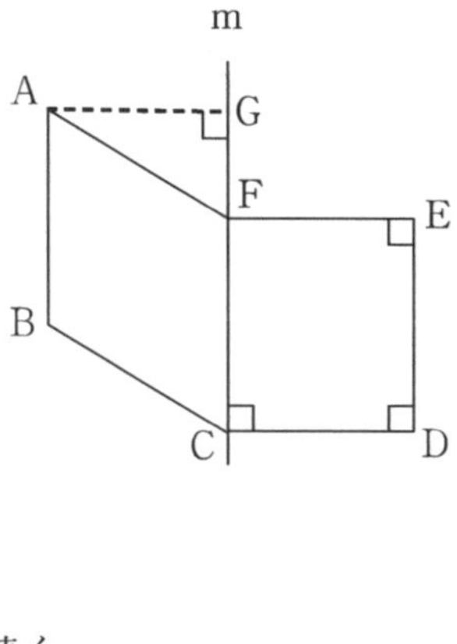

2 の(6)以降の問題は，5 ページに続く

計算欄《らん》（ここに記入した内容は採点されません）

2

(6)　下の図１の斜線《しゃせん》部の面積と図２の斜線部の面積の差は，図１の正三角形 ABC の［　　　］倍です。ただし，二つの円の大きさは等しく，六角形 DEFGHI は正六角形とします。

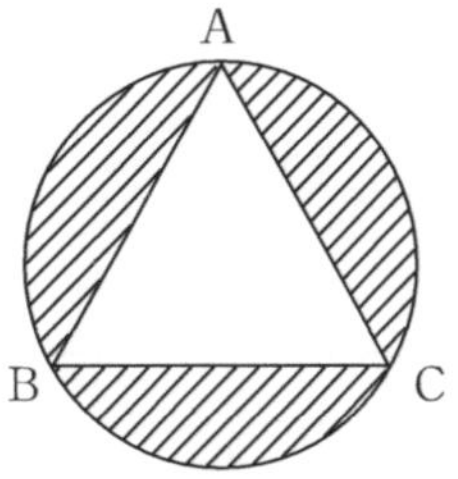

図１

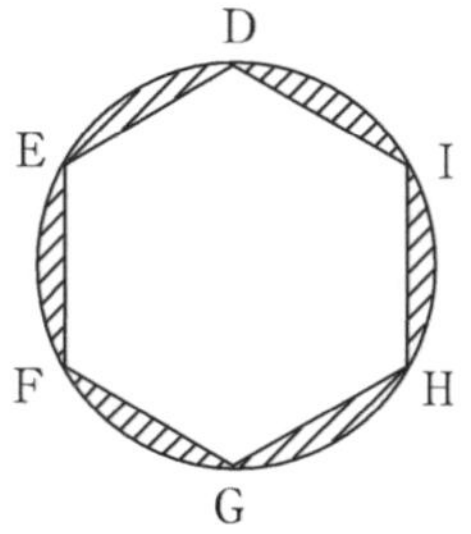

図２

(7)　３枚のカード Ａ，Ｂ，Ｃ があり，それぞれに０以上９以下の整数のどれかひとつが書かれています。下の情報がわかっています。
このとき，３枚のカードに書かれている整数の和は［　　　］です。

【情報】
①　Ａ の２倍は 13 より小さい。
②　３枚のカードのうち，最大の数から最小の数を引くと６である。
③　Ｂ の２倍よりも Ｃ のほうが大きい。
④　３枚のカードの中に３が１枚ある。
⑤　Ｂ が最小であり，Ａ や Ｃ より小さい。
⑥　Ａ は５以上である。
⑦　３枚のカードの中に９はない。

(8)　右の図のように１辺の長さが６ cm の正方形 ABCD の内部に１辺の長さが３ cm の正三角形が入っています。
この正三角形が滑《すべ》ることなく正方形の内部を１周回り，正三角形の頂点 P が正方形の頂点 A の位置にきたときに，点 P の通った長さは［　　　］cm です。
ただし，円周率は 3.14 とします。

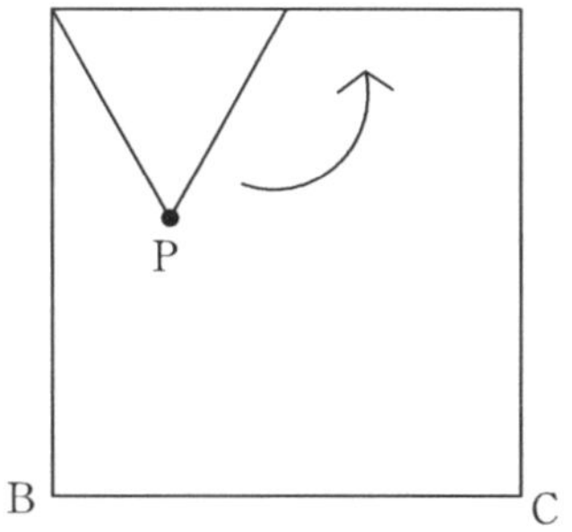

3 へ続く

計算欄《らん》（ここに記入した内容は採点されません）

3 2.4 km 離《はな》れた A 町と B 町を太郎君と須磨子さんが往復しています。太郎君は A 町から出発し，町に着いて折り返すたびに一定の速度ずつ加速していきます。須磨子さんは B 町から出発し，2 回目にA町に着いたときにしばらく休憩《きゅうけい》をしますが，移動中はずっと同じ速さで往復しつづけます。2 人の様子をダイヤグラムで表したものが下のグラフです。
2 人は 1 回目に出会ってから 18 分 24 秒後に再び出会いました。

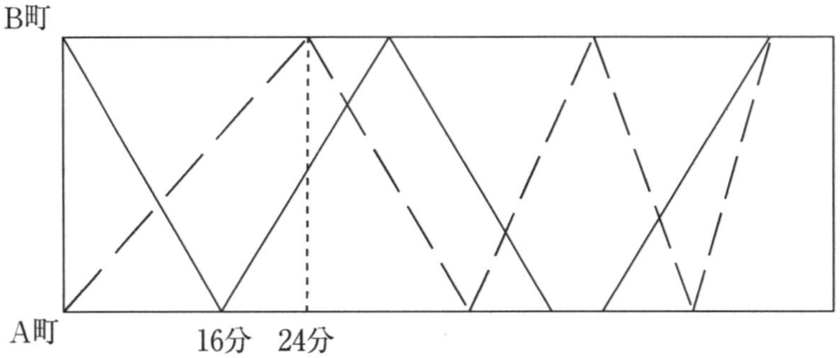

(1) 2 人が 1 回目に出会ったのは出発してから何分何秒後か答えなさい。

(2) 太郎君は折り返すたびに分速何 m ずつ加速するか答えなさい。

(3) 2 人が 3 回目に出会うのは A 町から何 m の地点か答えなさい。

須磨子さんは太郎君とちょうど B 町で 5 回目の出会いをはたしました。

(4) 須磨子さんは何分何秒休憩したか答えなさい。
また，考え方も答えなさい。

4 へ続く

計算欄《らん》（ここに記入した内容は採点されません）

4　たて 4 cm，横 3 cm の長方形 ABCD があります。
下の図のように対角線 AC に沿うように同じ大きさの長方形を重ね，それぞれの頂点を A，B′，C′，D′とします。対角線 AC の長さは 5 cm です。

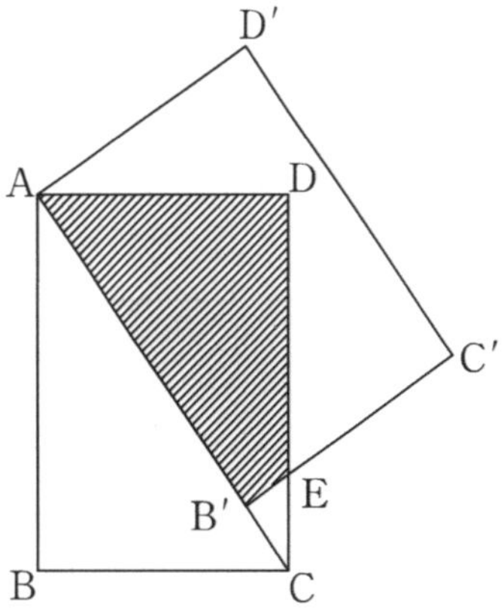

図 1

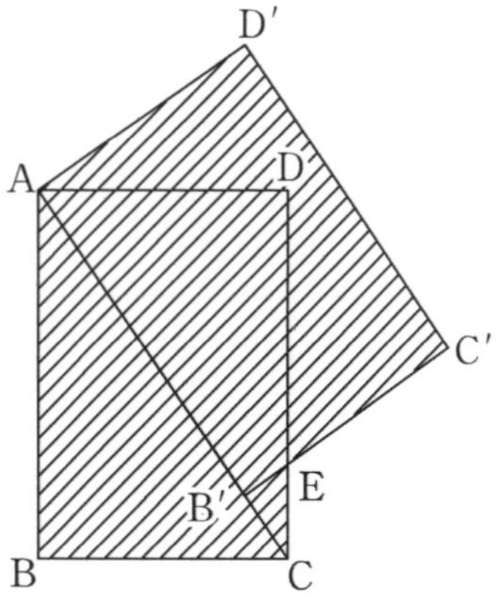

図 2

(1)　図 1 の 2 つの長方形の重なった斜線《しゃせん》部分の面積を答えなさい。

(2)　図 2 の斜線部分の図形 ABCEC′D′ の面積を答えなさい。

また，たて 4 cm，横 3 cm，高さ 2 cm の直方体 2 つを上から見て図 1 や図 2 となるように上に重ねて貼《は》り合わせていきます。

(3)　同じ直方体を 2 個重ねたときの表面積を答えなさい。

(4)　同じように重ねて貼り合わせていき，同じ直方体を 10 個らせん状に重ねたときの表面積を答えなさい。

5 へ続く

計算欄《らん》（ここに記入した内容は採点されません）

5 コマンドを入力することで平面上でロボットを動かします。
まず図アのような状態を考えます。

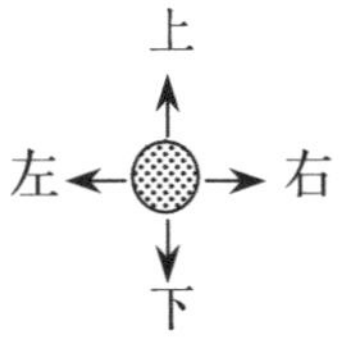

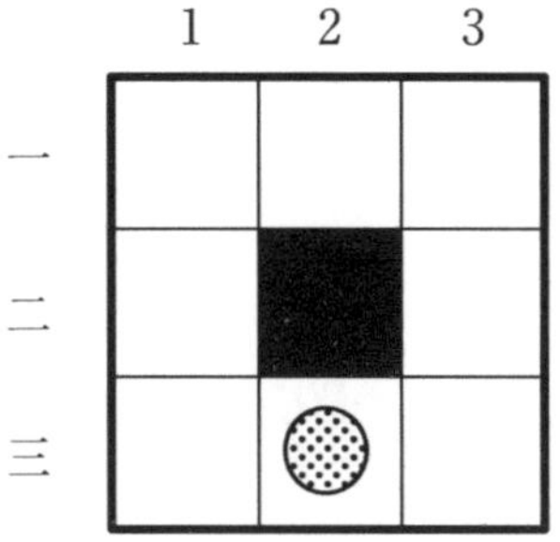

図ア

はロボットを表しています。ロボットは図アの３×３のマス目の上を上下左右に移動します。このとき，ロボットのある位置を「２の 三 」のように呼びます。また，黒で塗《ぬ》られた「２の 二 」のマスは柱があり移動することができません。また，図の外枠《そとわく》は壁《かべ》になっており移動することができません。コマンドは↑（上），↓（下），←（左），→（右）の４種類です。進めないところに進もうとすると，ロボットはその場に留まります。
例えば，図アの状態から，左から順に「 ←，↓，↑，→ 」の４つをロボットに入力すると，ロボットは「１の 二 」にたどり着きます。

(1) 図アの状態から，左から順に「 →，↑，←，↑，→，← 」の６つのコマンドを入力したとき，ロボットはどこにたどり着くか答えなさい。
ただし，問題文にあるように「 １の 二 」のような書き方で答えなさい。

(2) 図アの状態から，コマンドを３つ入力した結果，「３の 二 」にたどり着きました。コマンドの入力の仕方は何通りあるか答えなさい。

(3) 図アの状態から，コマンドを５つ入力した結果，「２の 一 」にたどり着きました。コマンドの入力の仕方は何通りあるか答えなさい。

(4) 図アの状態から，コマンドを５つ入力した結果，「３の 一 」にたどり着きました。コマンドの入力の仕方は何通りあるか答えなさい。

2024年度　須磨学園中学校入学試験

理　　科

第 2 回

（40分）

（注　意）

　解答用紙は、この問題冊子の中央にはさんであります。まず、解答用紙を取り出して、受験番号シールを貼《は》り、受験番号と名前を記入しなさい。

1．すべての問題を解答しなさい。

2．解答はすべて解答用紙に記入しなさい。

3．試験終了《しゅうりょう》後、解答用紙のみ提出し、問題冊子は持ち帰りなさい。

須磨学園中学校

1　各問いに答えなさい。

生物がからだの外側から受け取っているさまざまな情報のことを「刺激《しげき》」といいます。生物は刺激に対して反応したり行動をとったりします。

壁《かべ》のボタンを押《お》すと食べ物が出てくる箱の中にハトを閉じこめておくと，(1) ハトは偶然《ぐうぜん》ボタンを押して食べ物が得られるということを何度も経験することで，食べ物を得るためにみずからボタンを押すようになります。このように，生まれた後の経験によって行動が変化することを学習といい，(2) 学習によって行うようになる行動を習得《しゅうとく》的行動（学習行動）といいます。

一方，学習しなくてもできる行動もあります。(3) ミドリムシは光が当たると光源に近づくように移動し，ミミズは遠ざかるように移動します。このように光や音，重力などの刺激を受けるとその刺激の発生源に対して，決まった方向に移動する性質を (4) 走性といい，発生源に近づく場合を「正」の走性，遠ざかる場合を「負」の走性といいます（図１）。走性のように (5) 生まれつき備わった，決まった行動を生得《せいとく》的行動といいます。

（図１）

問１　下線部（1）について，次の（ａ）と（ｂ）の問いに答えなさい。

（ａ）　ハトのように気温が変化しても体温を一定に保つことのできる生物を，次の①～⑥からすべて選び，記号で答えなさい。

①　メダカ　　②　イヌワシ　　③　ウサギ
④　アマガエル　　⑤　ニホントカゲ　　⑥　アメリカザリガニ

（ｂ）　ハトがボタンを押してから次にボタンを押すまでの時間を記録し続けると，学習が進むにつれてこの時間はどのように変化するかを考え，次の①～③から１つ選び，記号で答えなさい。

①　しだいに長くなる　　②　しだいに短くなる　　③　変化しない

問２　下線部（2）について，学習によって行うようになる生物の行動を，次の①～④からすべて選び，記号で答えなさい。

①　アメフラシは，ふれられるとえらを引っこめるが，何度もふれられると引っこめなくなる。
②　アヒルのひなは，ふ化した後の間もない時期に親鳥ではなく人を見て育つと，その人のあとを追いかけるようになる。
③　メダカは，水流が発生すると流れに逆らって泳ぐ。
④　コイは，えさをあたえるときにブザーの音を聞かせることをくり返すと，ブザーの音を聞かせるだけで水面近くで口を激しく動かすようになる。

問３　下線部（３）について，次の（ａ）と（ｂ）の問いに答えなさい。

（ａ）　下の（図２）はミドリムシを表したものです。（図２）中のアとイの名前をそれぞれ答えなさい。

（ｂ）　下の（図３）のような縦横のはばが4.8 cmの浅い水そうの，左下の角から右に８mm，上に８mmの場所（（図３）中の○）にミドリムシを入れました。この状態から，上・下・左・右のどれか一つの方向から（表１）に示した順番と時間で光を当てると，最終的に左上の角から右に16 mm，下に８mmの場所（（図３）中の●）まで移動しました。ただし，一部の操作を記録するのを忘れたため，その部分を（表１）では□で表しています。記録を忘れた部分も含《ふく》めて，開始から終了までのミドリムシの動きを考えて，解答らんの図に実線を用いて書きこみなさい。なお，連続して同じ方向から光を当てたことはなく，ミドリムシは光が当たっているときに毎秒２mmの速さで，（図３）の上・下・左・右方向にのみ移動するものとします。

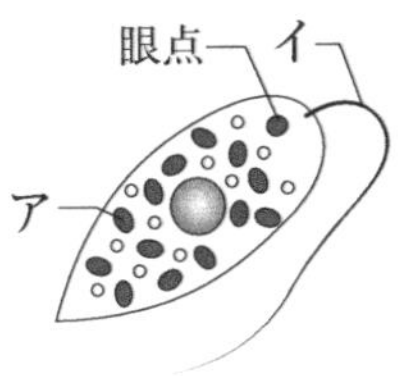

（図２）

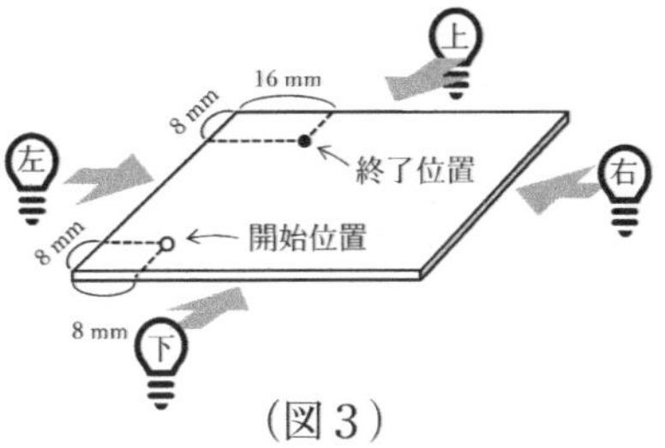

（図３）

（表１）

光源	照射時間
右	8秒
上	16秒
右	8秒
□	□秒
左	4秒
下	4秒
□	□秒
上	8秒
右	4秒

問４　下線部（４）について，ハマグリは二枚貝のなかまで砂はまに生息しており，地中にもぐっていく性質があり，これは地球の重力が関わる走性（重力走性）であることが分かっています。次の（ａ）と（ｂ）の問いに答えなさい。

（ａ）　ハマグリのように背骨をもたない動物のなかまを何というか，答えなさい。

（ｂ）　ハマグリの重力走性は「正」か「負」のどちらであるかを選び，○をつけなさい。また，なぜそのように判断したかを簡単に説明しなさい。

問５　下線部（５）について，こん虫は飛んでいるときに光源に対して背を向ける性質をもつことが分かっていて，これを「背光反射《はいこうはんしゃ》」といいます。下の（図４）のように，飛んでいるこん虫に対して，上から光源を近づけると急上昇し，下から光源を近づけると背と腹をひっくり返して墜落《ついらく》します。背光反射は，重力を感知することが難しいこん虫たちが上下を認識するしくみとなっています。こん虫たちが自然界において背光反射によって上下を認識できる理由を考えて答えなさい。

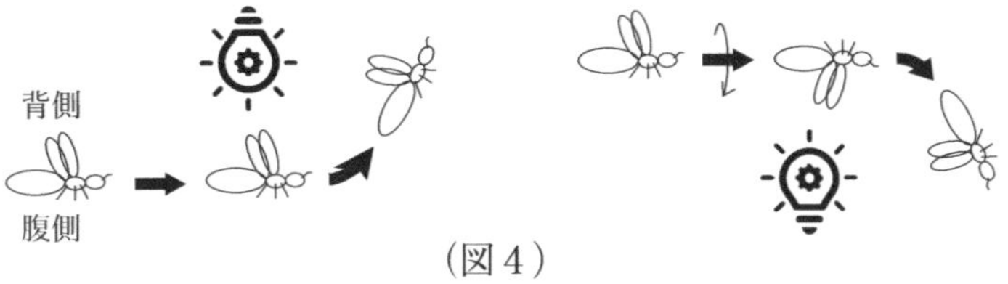

（図４）

2 各問いに答えなさい。

電流は食塩水には流れますが，純すいな水にはほとんど流れません。同じ液体であっても，このようなちがいがあるのはなぜでしょう？

そこには，電解質という物質がかかわっています。電解質は水に溶《と》けることで，電気をおびた「粒《つぶ》」となります。それらの粒が動くことによって電流が流れるようになります。つまり，食塩は電解質なので，それが溶けた食塩水には電流が流れます。電解質が溶けた水よう液の電流の流れやすさは，電解質の濃《こ》さやその種類によってちがいます。そこで，水よう液と流れる電流の大きさの関係を調べるために次のような実験を行いました。

【実験１】 うすい塩酸を入れたビーカーに，［ア］，かん電池，電流計を（図１）のようにつないだそう置を作り，純すいな水を加えながら，流れる電流の大きさを測定すると，（図２）のようになりました。

【実験２】 【実験１】と同じそう置を使い，ビーカーにうすい塩酸100 mLを入れました。そのビーカーに0.4%の水酸化ナトリウム水よう液を少しずつ加えていき，【実験１】同様に電流の変化をグラフに表すと（図３）のようになりました。

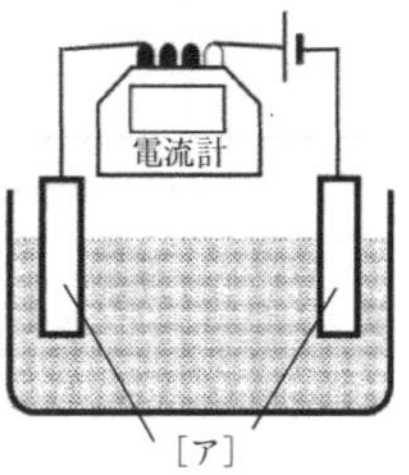

（図１）

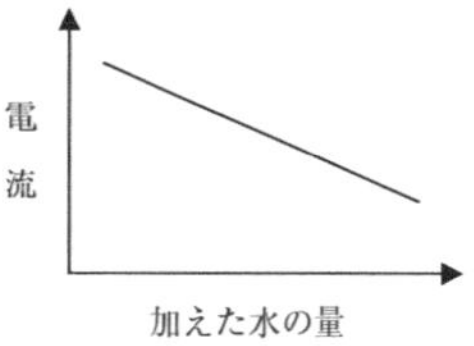

（図２）

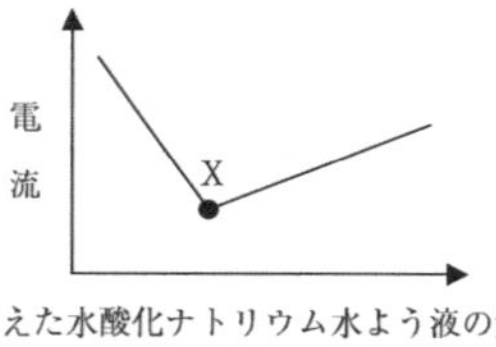

（図３）

【実験３】 【実験２】で起こっていることを確認するため，A～Gのビーカーにそれぞれ【実験２】と同じ濃さの水酸化ナトリウム水よう液を110 mLずつ入れ，【実験２】と同じ濃さのうすい塩酸をちがう量ずつ加えていきました。その後，よくかき混ぜてから，水を蒸発させると白い粉が得られたので，それぞれ重さを測定したところ，次の（表１）のようになりました。

（表１）

	A	B	C	D	E	F	G
加えた塩酸の量［mL］	40	80	120	160	200	240	280
白い粉の重さ［g］	0.48	0.52	0.56	0.60	0.64	0.64	0.64

※すべての水よう液の密度は１g/mLとします。

問１　食塩水から純すいな水を取り出す方法を10字程度で答えなさい。

問２　【実験１】において，水よう液に溶《と》けず，（図１）のそう置の［ア］に適しているものを，次の①～⑥から２つ選び，記号で答えなさい。

①　鉄板　　②　アルミはく　　③　白金棒
④　ガラス板　　⑤　氷砂糖　　⑥　炭素棒

問３　【実験１】からいえることを，次の①～④から１つ選び，記号で答えなさい。

①　塩酸は電解質の水よう液であり，濃度《のうど》が高いほど電流は流れやすい。
②　塩酸は電解質の水よう液であり，濃度が低いほど電流は流れやすい。
③　塩酸は電解質の水よう液ではなく，濃度が高いほど電流は流れやすい。
④　塩酸は電解質の水よう液ではなく，濃度が低いほど電流は流れやすい。

問４　【実験２】において，グラフの点Ｘでは水酸化ナトリウム水よう液が55 mL必要でした。このとき，点Ｘの水よう液について述べた次の①～⑤の文について，正しいものをすべて選び，記号で答えなさい。

①　水よう液にBTB液を加えると黄色になる。
②　赤色リトマス紙に水よう液をつけてもリトマス紙の色は変化しない。
③　水を蒸発させると（図３）中の水よう液のどの状態よりも，得られる固体の重さは大きい。
④　塩化コバルト紙に水よう液をつけると赤色になる。
⑤　水よう液に石灰水を加えると白くにごる。

問５　【実験３】において，BTB液を加えると緑色になるビーカーを，（表１）中のＡ～Ｇから１つ選び，記号で答えなさい。

問６　【実験２】において，水酸化ナトリウム水よう液を100 mL加えてよくかき混ぜてから，水を蒸発させると，得られる白い粉の重さは何gになりますか。

問７　硫酸《りゅうさん》と石灰水は電解質の水よう液です。この２つを混ぜると水に溶けない白い固体ができることが知られています。【実験２】のビーカーの塩酸の代わりに硫酸を，水酸化ナトリウム水よう液の代わりに石灰水を加えていったとき，（図３）の点Ｘの電流の値はどのように変化をしますか。適切なものを，次の①～③から１つ選び，記号で答えなさい。

①　大きくなる　　②　小さくなる　　③　変わらない

3　各問いに答えなさい。

　放射線は，私たちの身の回りのあらゆる場所に存在し，生活を豊かにするため（1）さまざまな場所で使用されています。しかし，大きなエネルギーをもっているため，取りあつかいに注意する必要があります。

　放射線が人の健康におよぼす影響《えいきょう》は，放射線の有無ではなく，その量が関係しています。放射線の量は放射線を出す物質（放射性物質といいます）からはなれるほど小さくなります。たとえば（表１）のように，放射性物質から1.5 mはなれているときの放射線の量は，0.5 mはなれているときと比べて９分の１になるとします。

（表１）

放射性物質からの距離	0.5 m	1 m	1.5 m	2 m	2.5 m
放射線の量	1	（　ア　）	$\frac{1}{9}$	（　イ　）	$\frac{1}{25}$

　また，放射性物質は，放射線を出しながら別の物質に変わります。このため，（2）元の放射性物質は時間がたつにつれて減っていきます。はじめの半分の数になるまでの時間のことを「半減期」といいます。自然界の物質には，ごくわずかに放射性物質がふくまれており，その割合を調べることで，何年前のものであるかを知ることができます。

　たとえば，（図１）中の放射性物質●の半減期は100年だとします。（図１）のＡで，最初の●は120個ありますが，Ｂでは半分の60個になっています。したがって，ＡからＢまでに100年が経過したことがわかります。ＢからＣ，ＣからＤでも同じように考えると，ＡからＤまでに300年が経過したことを知ることができます。このような測定に用いられる放射性物質には，（3）炭素・（4）ラジウム・（5）ウランなどが挙げられ，これらの半減期を（表２）にまとめました。

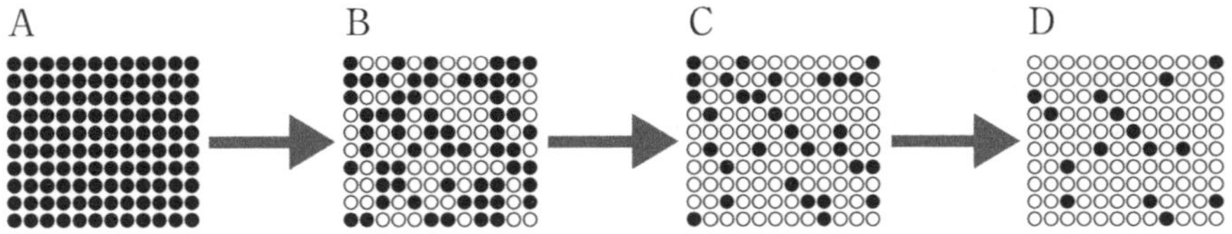

●放射性物質　　○放射線を出して変化した別の物質

（図１）文部科学省放射線副読本より

（表２）

放射性物質	半減期
放射線を出す炭素	5730年
放射線を出すラジウム	1600年
放射線を出すウラン	７億年

問１　下線部（１）について，わたしたちの身の回りで年代測定以外に放射線が利用されている具体例を１つ答えなさい。

問２　（表１）の空らん（　ア　），（　イ　）にあてはまる数を答えなさい。

問３　下線部（２）について，放射性物質の数が時間とともにどのように変化するかを考えます。変化しないで残っている放射性物質の数を縦軸《じく》に，時間を横軸にとった時，グラフはどのような形になりますか。適切なものを，次の①～④から１つ選び，記号で答えなさい。

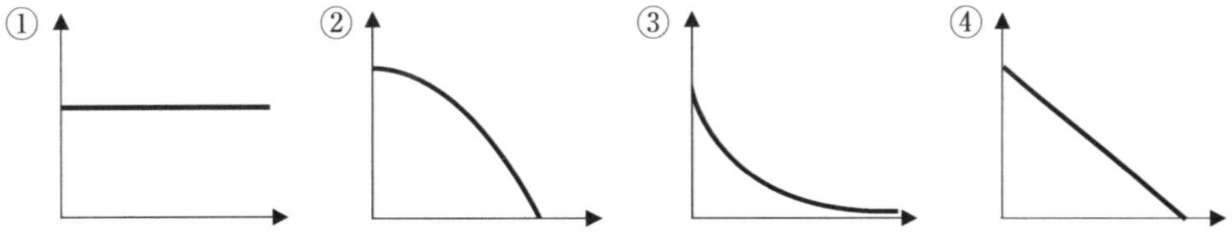

問４　下線部（３）について，次の（ａ）と（ｂ）の問いに答えなさい。

（ａ）　放射線を出す炭素が，最初の数の16分の１になるまでには何年かかりますか。

（ｂ）　20000年前にたおれて枯《か》れた木が出土しました。出土した木にふくまれる放射線を出す炭素の数は，生きていた頃の木にふくまれていた放射線を出す炭素の数の何%だと考えられますか。適切なものを，次の①～⑤から１つ選び，記号で答えなさい。

①　０～５%　　②　６～15%　　③　16～25%　　④　26～35%　　⑤　36～45%

問５　下線部（４）について，半減期が1600年の放射線を出すラジウムが5120個あります。9600年後，この放射線を出すラジウムは何個になりますか。

問６　下線部（５）について，現在，地球上に存在する放射線を出すウランの数は，地球誕生時のおよそ100分の１になっています。（表２）の半減期を参考にすると，地球が誕生したのは何億年前から何億年前だと考えられますか。適切なものを，次の①～⑥から１つ選び，記号で答えなさい。

①　１億年から10億年前　　②　11億年から20億年前　　③　21億年から30億年前
④　31億年から40億年前　　⑤　41億年から50億年前　　⑥　51億年から60億年前

4 各問いに答えなさい。

ある温度で1 m^{3}の空気にふくまれている水蒸気の重さを（1）水蒸気量といい，[g/m^3]の単位で表します。また，その空気がふくむことのできる最大の水蒸気量を飽和《ほうわ》水蒸気量といいます。温度と飽和水蒸気量の関係を表したものが（図1）です。そして，飽和水蒸気量に対する空気にふくまれる水蒸気量の割合を湿度《しつど》といい，百分率で表します。一般に，（2）湿度が100%をこえるとこえた分の水蒸気は水や氷となり，たとえば上空では雨になって地上に降ってきます。

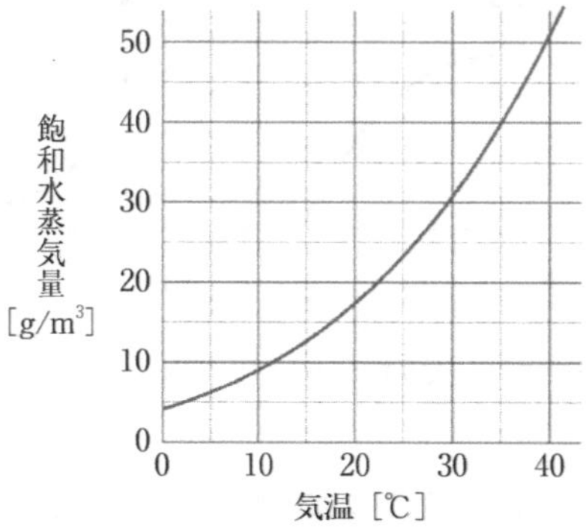

（図1）

ところが，いくつかの原因によって飽和水蒸気量より多い水蒸気が空気にふくまれていることがあります。この状態を（3）過飽和《かほうわ》といい，湿度は100%をこえます。たとえば，飽和水蒸気量が100 g/m^{3}の空気1 m^{3}に110 gの水蒸気がふくまれていたとき，湿度は110%，過飽和量は10 g/m^{3}となります。

「雪博士」として知られる中谷宇吉郎《なかやうきちろう》は，世界で初めて人工の雪の結晶《けっしょう》を作ることに成功しました。博士は，実験の条件をいろいろと変えて様々な結晶を作り，気温と湿度と形の関係を中谷ダイヤグラムと呼ばれる1つの表にまとめました。研究の結果から，博士は（4）「雪は天から送られた手紙である」と言いました。この研究は，その後多くの人に引きつがれ，現在では（図2）のようにまとめられています。

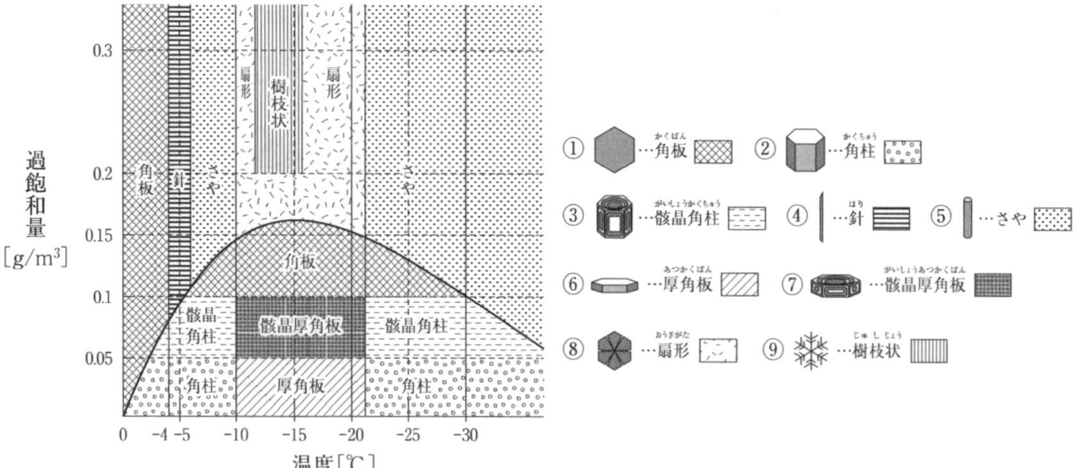

（図2）

問１　下線部（１）について，気温35℃，湿度《しつど》60％の空気１ m^3 にふくまれる水蒸気量は何gになりますか。

問２　下線部（２）について，身の回りで水蒸気が水になる具体例を１つ答えなさい。

問３　下線部（３）について，気温22.5℃の空気10 m^3 に含まれる水蒸気量が240 gのとき，この空気の湿度は何%になりますか。整数で答えなさい。

問４　下線部（４）について，次の文の空らんを10字程度で補い，博士の考えを説明しなさい。

「雪の結晶《けっしょう》を見ることで（　　　　　　　　　　　　　　　　）がわかるということ」

問５　（図２）について，次の（ａ）と（ｂ）の問いに答えなさい。

（ａ）　スキー場ＡとＢで，ある日の上空の最高気温と最低気温および，過飽和《かほうわ》量を調べ，その結果を次の（表１）にまとめました。調べた日に，それぞれのスキー場で降った可能性のある雪の結晶を（図２）中の①～⑨からすべて選び，記号で答えなさい。ただし，結晶が観察されない場合は「なし」と書きなさい。

（表１）

	最高気温［℃］	最低気温［℃］	過飽和量［g/m^3］
スキー場Ａ	－５	－８	０～0.2
スキー場Ｂ	-14	-16	0.1～0.3

（ｂ）　次の【例】を参考にして，下の【問】でできる可能性のある結晶の形を１つ解答らんにかきなさい。ただし，書かれた温度，過飽和量以外では，雪の結晶は成長しないものとします。

【例】・気温-30℃，過飽和量0.03 g/m^3 において結晶ができた。
・気温-１℃，過飽和量0.2 g/m^3 において結晶が成長した。

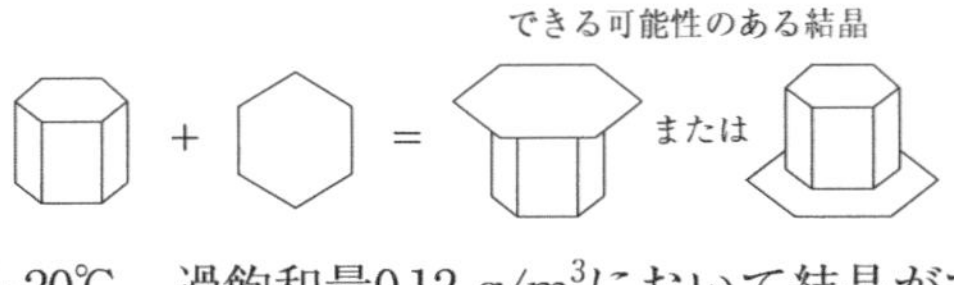

【問】・気温-20℃，過飽和量0.12 g/m^3 において結晶ができた。
・気温-15℃，過飽和量0.25 g/m^3 において結晶が成長した。

（ 余 白 ）

（　余　白　）

2024(R6) 須磨学園中　第２回
K 教英出版

2024年度　須磨学園中学校入学試験

社　会

第 2 回

(40分)

(注　意)

解答用紙は、この問題冊子の中央にはさんであります。まず、解答用紙を取り出して、受験番号シールを貼《は》り、受験番号と名前を記入しなさい。

1．すべての問題を解答しなさい。

2．解答はすべて解答用紙に記入しなさい。

3．試験終了《しゅうりょう》後、解答用紙のみ提出し、問題冊子は持ち帰りなさい。

須磨学園中学校

1 次の万博に関する年表をみて、あとの問いに答えなさい。

西暦《れき》	万博	できごと
1851	第1回ロンドン万博	
1853	ニューヨーク万博	①ペリー来航
1862	第2回ロンドン万博	日本の②遣欧使節団が視察
1867	第2回パリ万博	③大政奉還、④日本初出展
1873	ウィーン万国博覧会	日本政府として初めての公式参加、日本館建設
1889	第4回パリ万博	フランス革命100周年を記念し、エッフェル塔が建設される。
1915	サンフランシスコ万博	⑤第一次世界大戦勃《ぼっ》発
1933	第2回シカゴ博	初めてテーマを設定「進歩の世紀」
1937	第7回パリ万博	ドイツとソ連のパビリオンが向かい立つ
1940	(東京・横浜万博)	第二次世界大戦の勃発とともに中止
1958	第4回ブリュッセル万博	テーマ「科学文明とヒューマニズム」
1970	⑥大阪万博	テーマ「人類の進歩と調和」
2005	⑦愛知万博	テーマ「自然の叡智」

問1　下線部①について、ペリーが来航した地名を答え、その位置を地図中のア～オから1つ選びなさい。

問２　下線部②に関連して、次の絵の、左側の帽子をかぶっている人物はドイツの宰相ビスマルクである。右側は使節団の一員であった伊藤博文である。この絵は、当時の政治を風刺したものである。政治のどのような点を批判しているのか、憲法という言葉を用いて説明しなさい。

問３　下線部③について、大政奉還により幕府から天皇へと政権が返還された。日本の天皇・上皇とその政治について述べた次の**ア**～**エ**の文のうち、**適切でないもの**を１つ選び、記号で答えなさい。

ア　大海人皇子は、壬申の乱に勝利した後、飛鳥で天武天皇として即位し、律令制の導入に向けて制度改革を進めた。

イ　積極的に唐の制度を取り入れた聖武天皇は、仏教を深く信仰し、国ごとに国分寺・国分尼寺を建立した。

ウ　『古今和歌集』を編さんした後鳥羽上皇は、承久の乱をおこしたが幕府に敗北し、隠岐に流された。

エ　後醍醐天皇は、鎌倉幕府を倒し、京都で天皇中心の政治を復活させた。このことを建武の新政と呼ぶ。

問４　下線部④について、江戸幕府は「日本大君政府」、薩摩藩は「薩摩太守政府」、佐賀藩は「肥前太守政府」とそれぞれが別の政府を名乗り、万博に出展した。このことから当時どのような状況であったことが推察されるか、**適切でないもの**を次のア～エから１つ選び、記号で答えなさい。

ア　廃藩置県が行われ、新たに知事や県令という役職が各府県を取りまとめるようになったということ。

イ　まだ明治維新が進んでおらず、「日本」というまとまった国を紹介できなかったということ。

ウ　幕府と、薩摩藩や佐賀藩（肥前藩）といった雄藩との政治的な対立があったということ。

エ　幕府に、日本の優れた伝統技術を発信し、日本の産物や美術工芸品などの輸出を促進したい考えがあったということ。

問５　下線部⑤について、日本は日英同盟を口実に連合国側で参戦し、中国におけるドイツの権益を日本に譲《ゆず》るなどの要求をつきつけた。これを何というか。答えなさい。

問６　下線部⑥について、次の写真Ａ・Ｂと⑥を時代順に並び替《か》え、次の例のように答えなさい。 ※例 ⑦→Ｄ→Ｃ

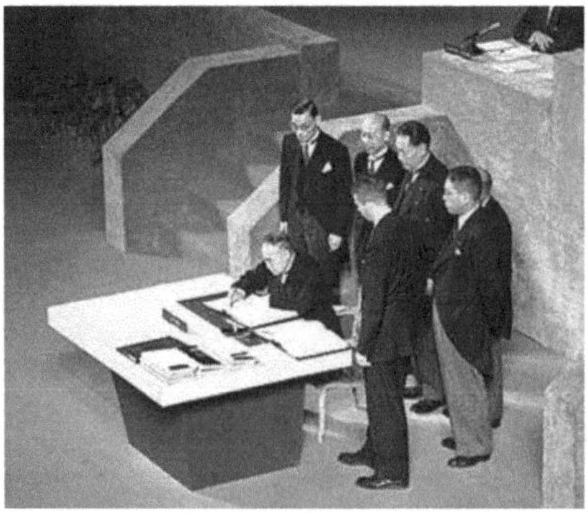

Ａ

Ｂ

問7　下線部⑦について、愛知県は、古くは尾張国、三河国と呼ばれ、戦国時代の16世紀には、織田信長、豊臣秀吉、徳川家康ら多くの武将がこの地域を舞台に活躍しました。次の文X・Y・Zについて、その正誤の組合せとして適切なものを、次のア～クから1つ選び記号で答えなさい。

X：織田信長は、キリスト教に好意的で、宣教師と面会し、教会の建設を許可した。

Y：豊臣秀吉は、キリシタン大名がイエズス会に土地を寄進したことをきっかけに、バテレン追放令を出してポルトガル・スペインとの貿易を禁止した。

Z：徳川家康は、朱印船貿易の利益のため、禁教令を撤廃《てっぱい》し宣教師の布教を認めた。

ア	X：正	Y：正	Z：正
イ	X：正	Y：正	Z：誤
ウ	X：正	Y：誤	Z：正
エ	X：正	Y：誤	Z：誤
オ	X：誤	Y：正	Z：正
カ	X：誤	Y：正	Z：誤
キ	X：誤	Y：誤	Z：正
ク	X：誤	Y：誤	Z：誤

2 あとの問いに答えなさい。

問１　以下は、沖縄県にある伊波貝塚（うるま市）の貝層の写真である。貝塚から出土した遺物から何がわかるのか、説明しなさい。

出典：沖縄県立博物館・美術館（おきみゅー）

問２　次の資料を読み、この資料に関することや内容から読み取れることとして適切なものを下の**ア〜エ**より１つ選び、記号で答えなさい。

資料

大化二年の春正月の甲子《きのえね》のついたちに、正月の拝賀の儀《ぎ》式が終わってから、改新の詔《みことのり》を宣布し、つぎのように言った。

その１に、昔から代々の天皇が設置された子代の民や、各地の屯倉《みやけ》、それにまた、諸豪族の所有する部曲《かきべ》の民や田荘《たどころ》（領有地のこと）を廃止せよ。そして、食封《じきふ》を大夫以上の者にそれぞれ賜《たま》い、以下の官人・百姓にはそれぞれ麻布や絹を地位に応じて授《さず》ける。・・・

その３に、はじめて戸籍《せき》・計帳・班田収授の法をつくる。およそすべて五十戸を里とし、里ごとに長（里長）１人をおく。・・・

その４に、旧来の租税や力役（労働税のこと）の制度をやめて、田に課する調の制度を行う。およそ絹・絁《あしぎぬ》・糸・綿は、それぞれその土地に産出するものをさし出させる。

ア　豪族がもっていた土地や人民は国家が所有することとなった。

イ　この時《とき》、戸籍が作成され、100戸を１里とする行政区画が定められた。

ウ　この時《とき》、絹や糸や特産品などを納める租という税制度が定められた。

エ　この資料が出された時に政権を担当していたのは、大海人皇子と中臣鎌足らである。

問３　奈良時代の天皇による政治について述べた文章として適切なものを次の**ア〜エ**より１つ選び、記号で答えなさい。

ア　壬申の乱で勝利し、八色《やくさ》の姓《かばね》の制定など天皇中心の政治を行った。

イ　都を近江大津宮にうつし、全国的に戸籍《せき》を作成した。

ウ　大仏造立の詔を出し、鎮護国家の思想の下で東大寺の大仏をつくらせた。

エ　天皇と外戚《せき》関係にあった藤原氏が摂政や関白として政治を行う摂関政治が展開された。

問４　南北朝時代のころ、九州北部の武士や商人らが海賊《ぞく》となって、大陸沿岸部をおそっていた。次の図のような人々は何と呼ばれたか。

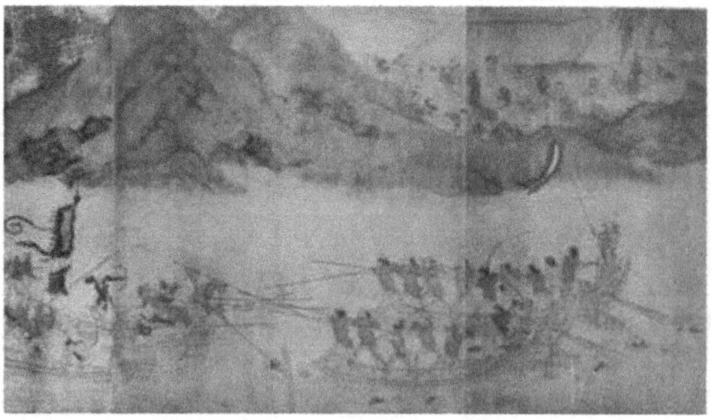

問５　次の①～④は戦国時代から安土桃山時代にかけての戦いについて述べたものです。

それぞれどの戦いのことか、正しい組み合わせを下の**ア～エ**より１つ選び、記号で答えなさい。

①　羽柴秀吉が、明智光秀を破った戦い

②　織田信長が、駿河の今川義元を破った戦い

③　徳川家康が、石田三成を破った戦い

④　織田信長が、甲斐の武田勝頼を破った戦い

ア	①	山崎の戦い	②	桶狭間の戦い	③	関ヶ原の戦い	④	長篠の戦い
イ	①	山崎の戦い	②	長篠の戦い	③	桶狭間の戦い	④	関ヶ原の戦い
ウ	①	桶狭間の戦い	②	関ヶ原の戦い	③	山崎の戦い	④	長篠の戦い
エ	①	関ヶ原の戦い	②	山崎の戦い	③	長篠の戦い	④	桶狭間の戦い

問６　江戸時代の文化について、杉田玄白と前野良沢らがオランダ語の人体解剖書『ターヘル＝アナトミア』を翻《ほん》訳して出版した書物を何というか。答えなさい。

問７　以下の広告作品（ア～エ）を時代順に解答欄《らん》の左側から順に記号で記入しなさい。

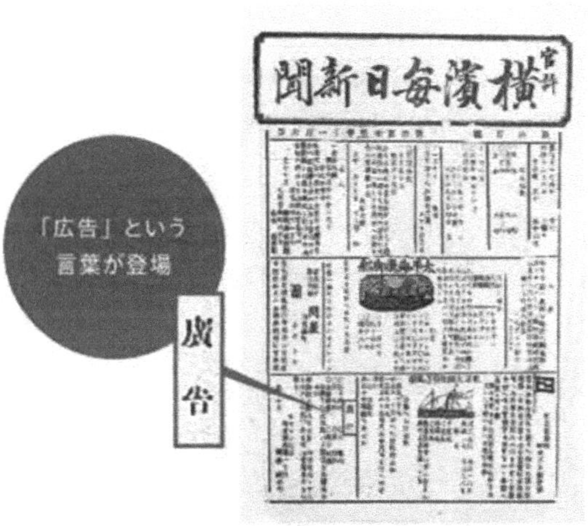

1870年に創刊した日本最初の日刊新聞の記事

ア

イ

ウ

エ

問８　次の写真は1945年９月27日にアメリカ大使館で撮《と》られた写真である。写真の左側の人物の名前を答えなさい。

3 次の文章を読みあとの問いに答えなさい。

> 2024年に、兵庫県西宮市にある阪神甲子園球場は誕生から100周年を迎《むか》える。

問1　次の写真1は阪神甲子園球場からおよそ10キロメートルの地点で見られるものである。この周辺の等高線のうち、16メートル、32メートルのものを、一部を取り出して解答欄《らん》に描いた。描かれていない等高線はどのようになっているか、解答欄《らん》に付け足しなさい。なお、解答欄《らん》の図は、上側が北をさしている。

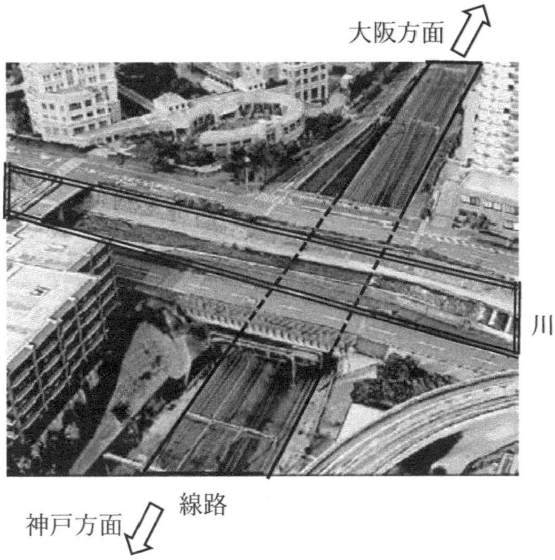

写真1

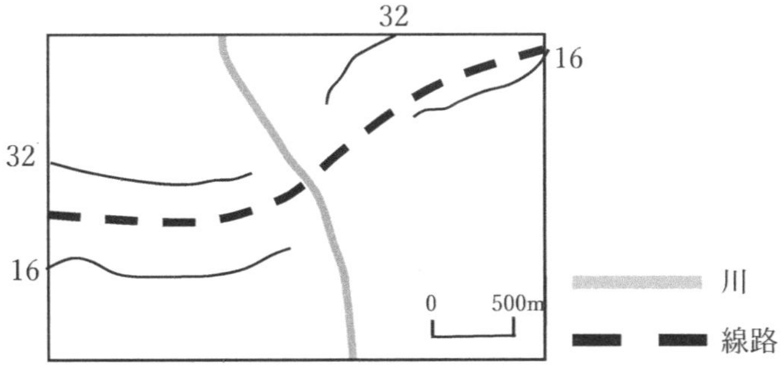

問２　阪神甲子園球場では、全国高等学校野球選手権大会が開催される。高校生の部活動の全国大会が同じ場所で開かれる都道府県としては、東京都（全国高等学校サッカー選手権大会）や、大阪府（全国高等学校ラグビーフットボール大会）、京都府（全国高等学校駅伝競技大会）がある。東京都、大阪府、京都府について、その府県の中で人口が１～３位である都市の場所と人口を次のＡ～Ｃのように示した。それぞれの図では、最も人口が多い市の円の直径を２㎝として、残りの２つの円の大きさは人口に比例している。また円の中心は市役所がある地点である。Ａ～Ｃと府県の組み合わせとして適切なものを、右のア～カより１つ選び、記号で答えなさい。ただし、東京都については23の特別区を１つの市と考え、市役所の場所は東京都庁の場所としている。

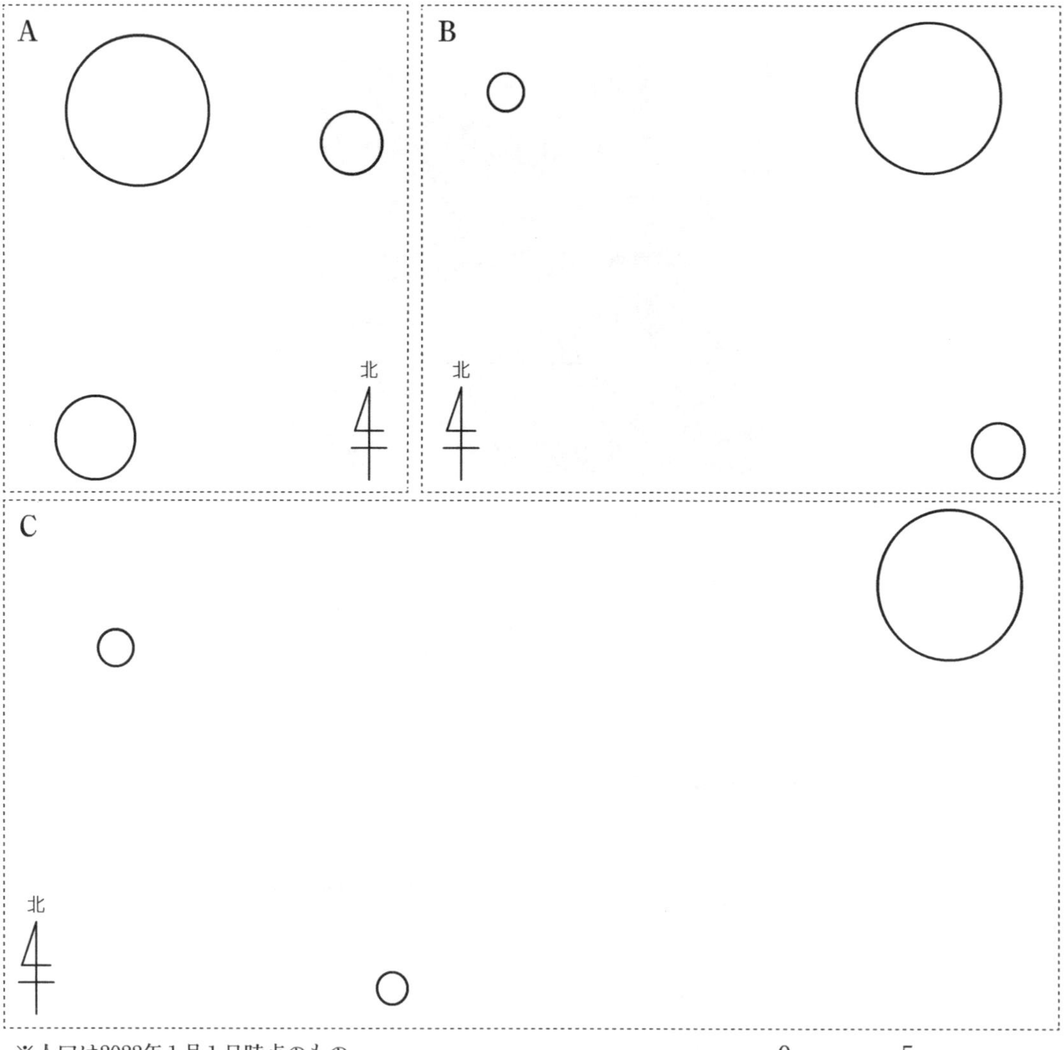

※人口は2022年１月１日時点のもの。

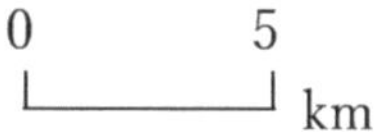

ア　A　東京都　B　大阪府　C　京都府
イ　A　東京都　B　京都府　C　大阪府
ウ　A　大阪府　B　東京都　C　京都府
エ　A　大阪府　B　京都府　C　東京都
オ　A　京都府　B　東京都　C　大阪府
カ　A　京都府　B　大阪府　C　東京都

問３　阪神甲子園球場はプロ野球チームの本拠《きょ》地として知られている。他にプロ野球チームの本拠地がある都市としては、北海道北広島市、宮城県仙台市、福岡県福岡市がある。これらの３つの市について、月ごとの気温を**A**～**C**で、月ごとの降水量を**Ⅰ**～**Ⅲ**で示した。ただし北広島市については隣接する札幌市のものである。**A**～**C**と**Ⅰ**～**Ⅲ**の組み合わせとして適切なものを、下の**ア**～**カ**より１つ選び、記号で答えなさい。

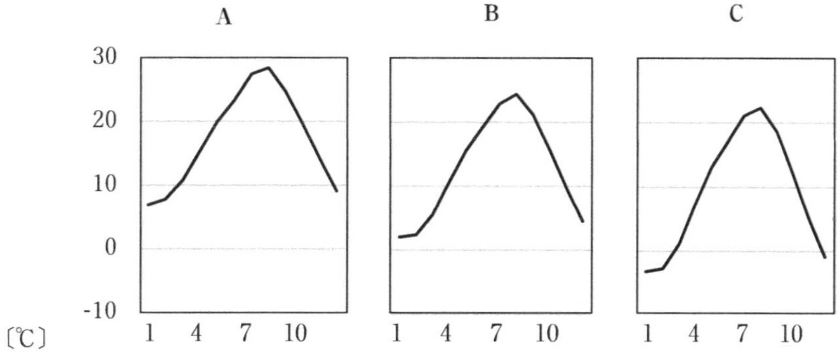

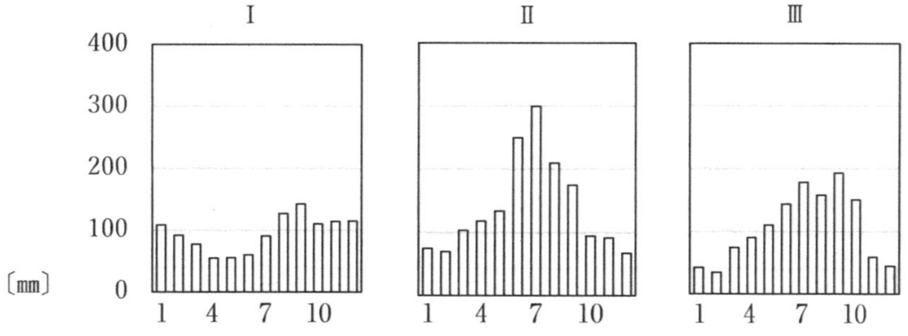

ア　A－Ⅰ　B－Ⅱ　C－Ⅲ　　イ　A－Ⅰ　B－Ⅲ　C－Ⅱ
ウ　A－Ⅱ　B－Ⅰ　C－Ⅲ　　エ　A－Ⅱ　B－Ⅲ　C－Ⅰ
オ　A－Ⅲ　B－Ⅰ　C－Ⅱ　　カ　A－Ⅲ　B－Ⅱ　C－Ⅰ

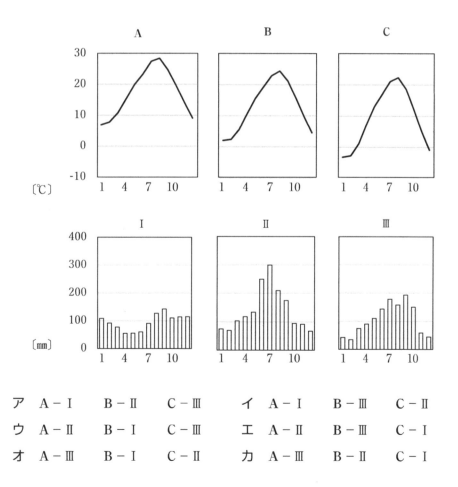

問４　次の図２は兵庫県の中で西宮市の場所を示したもの、および西宮市の中で阪神甲子園球場がある場所を示したものである。阪神甲子園球場と関係が深い災害として**適切でないもの**を、次の**ア**～**エ**より１つ選び、記号で答えなさい。

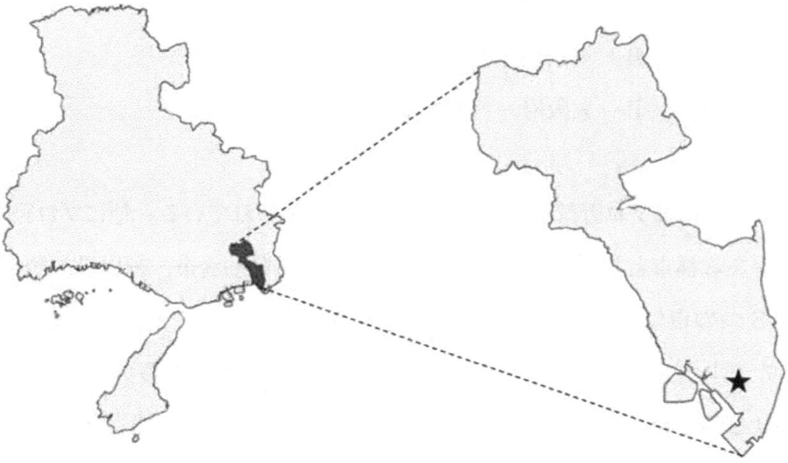

図２

ア　液状化　　**イ**　高潮　　**ウ**　津波　　**エ**　土砂災害

問５　阪神甲子園球場がある兵庫県は、レタスの収穫量、カーネーションの生産量、かに類の漁獲量で５位以内に入っている。次のＡ～Ｃは、これらの農産物や水産物について１位から５位までの都道府県と全国に占める割合（％）を示したものである。内容と記号の組み合わせとして適切なものを、下の**ア**～**カ**より１つ選び、記号で答えなさい。

	A		B		C	
１位	長野県	21.8	長野県	32.7	北海道	22.6
２位	愛知県	18.7	茨城県	15.9	鳥取県	14.5
３位	北海道	9.8	群馬県	10.0	兵庫県	13.0
４位	兵庫県	8.6	長崎県	6.4	新潟県	9.0
５位	千葉県	8.5	兵庫県	4.7	島根県	7.6

	ア	イ	ウ	エ	オ	カ
レタスの収穫量	A	A	B	B	C	C
カーネーションの生産量	B	C	A	C	A	B
かに類の漁獲量	C	B	C	A	B	A

※統計年次はレタスとカーネーションは2021年産、かに類は2020年。『県勢』により作成。

※

問十

a	b	c
（った）		

d	e	f

g	h
（ば）	

※

二

（※の欄には、何も記入してはいけません）

※ 問一 a b c

※ 問二

※ 問三

※ 問四

※ 問五 （ｉ） （ii）

※ 問六

※ 問七

※

※

※150点満点
（配点非公表）

2024SUMAJ0210

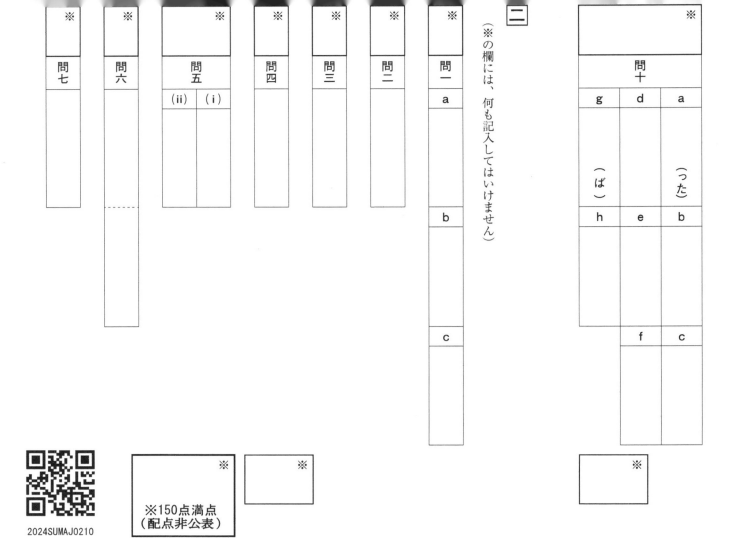

答え
分　秒

4

(1)	(2)	(3)	(4)
cm^2	cm^2	cm^2	cm^2

※

5

(1)	(2)	(3)	(4)
	通り	通り	通り

※

※

※150点満点
（配点非公表）

2024SUMAJ0220

問1					
問2	ア	イ			
問3		問4	(a) 年	(b)	
問5	個	問6			

※

4

問1	g	問2	
問3	%		
問4	雪の結晶を見ることで(　　　　)がわかるということ		

問5	(a)	スキー場A	スキー場B
	(b)		

※

※

※100点満点
(配点非公表)

※

4

問1				
問2				
問3	(1)		(2)	
問4				
問6				
問7				

問5

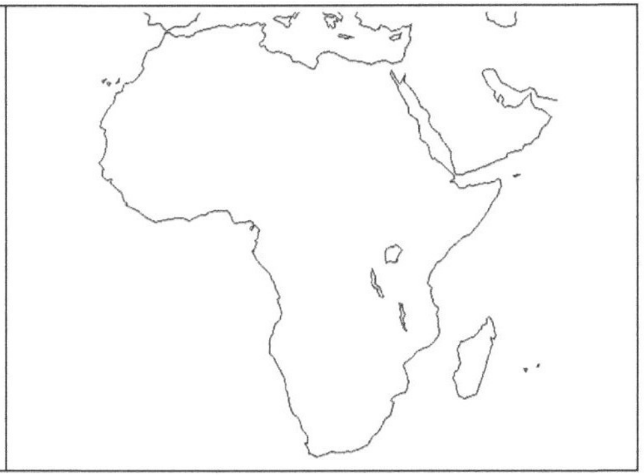

※

5

問1		問2					
問3		問4		問5		問6	
問7							

※

※

※100点満点
（配点非公表）

2024(R6) 須磨学園中　第２回
教英出版

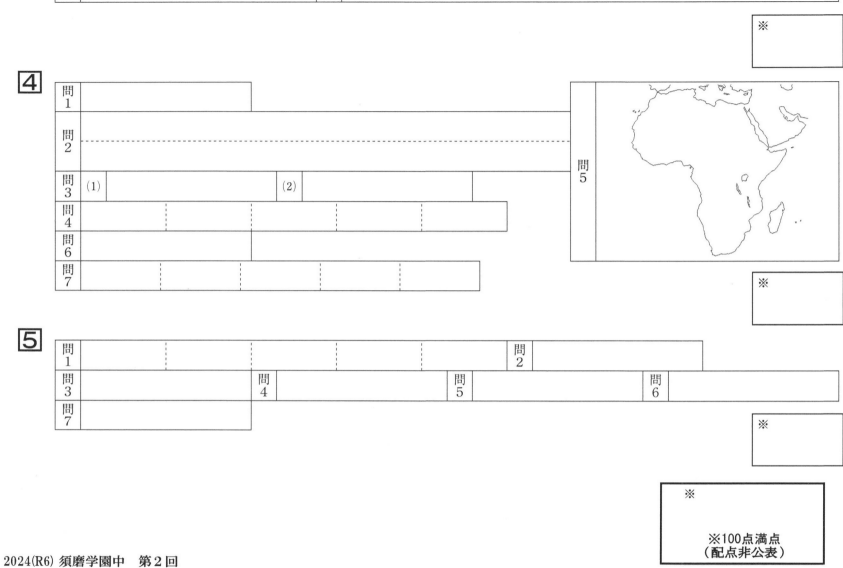

↓ここにシールを貼《は》ってください↓

受験番号

名前	

２０２４年度　須磨学園中学校　第２回入学試験解答用紙　社会

（※のらんには、何も記入してはいけません）

1

問1	・				
問2					
問3		問4		問5	
問6	→ →	問7			

※

2

問1							
問2		問3		問4		問5	
問6		問7	→ → →			問8	

※

3

問1

問2		問3			
問4		問5		問6	

【解答用

↓ここにシールを貼《は》ってください↓

受 験 番 号

名 前	

２０２４年度　須磨学園中学校　第２回入学試験解答用紙　理科

（※の欄《らん》には、何も記入してはいけません）

1

問1	(a)		(b)		問2
問3	(a)	ア	イ		
問3	(b)	上 左 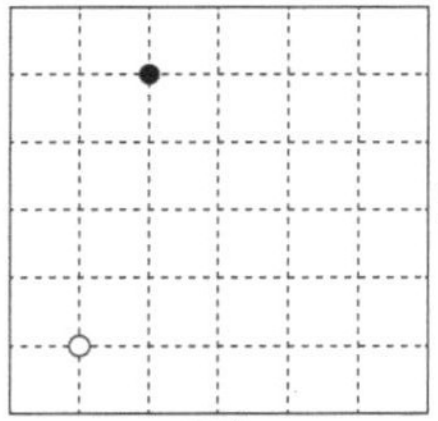 右 下	問4	(a)	
			問4	(b)	正 ・ 負
問5					

※

2

問1		問2			
問3		問4		問5	
問6	g	問7			

※

【解答用

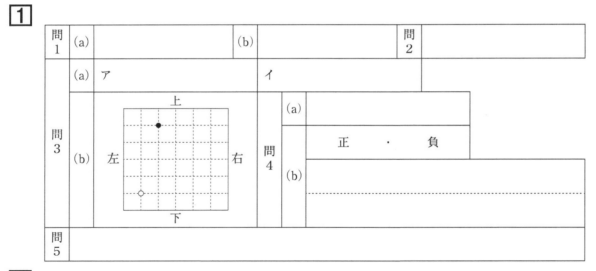

↓ここにシールを貼《は》ってください↓

受 験 番 号

名 前	

２０２４年度　須磨学園中学校　第２回入学試験解答用紙　算数

（※の欄《らん》には、何も記入してはいけません）

1

(1)	(2)	(3)	(4)	(5)
		ユーロ		

※

2

(1) %	(2) 度	(3) 個	(4)
(5) cm^3	(6) 倍	(7)	(8) cm

※

3

(1)	(2)	(3)
分　　秒後	分速　　m	m

(4)

※

【解答用

↓ここにシールを貼《は》ってください↓

受験番号

名前	

2024年度　須磨学園中学校　第2回入学試験解答用紙　国語

一

（※の欄《らん》には、何も記入してはいけません）

※
問一
i
ii

※
問二
問三

※
問四
問五

※
問六
問七

※
問八
20
40
60
80
100
120

※
問九

【解答

問6　阪神甲子園球場は「阪神工業地帯」に位置している。次の**ア**〜**エ**のグラフは、印刷および印刷関連業、繊維工業、鉄鋼業、輸送用機械器具の製造品出荷額について、大阪府と兵庫県、および東京都と神奈川県が全国に占める割合を示したものです。印刷および印刷関連業にあてはまるものを下の**ア**〜**エ**より1つ選び、記号で答えなさい。

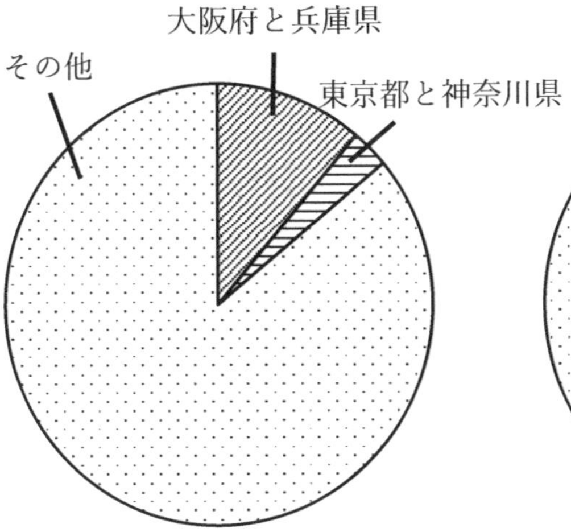

ア

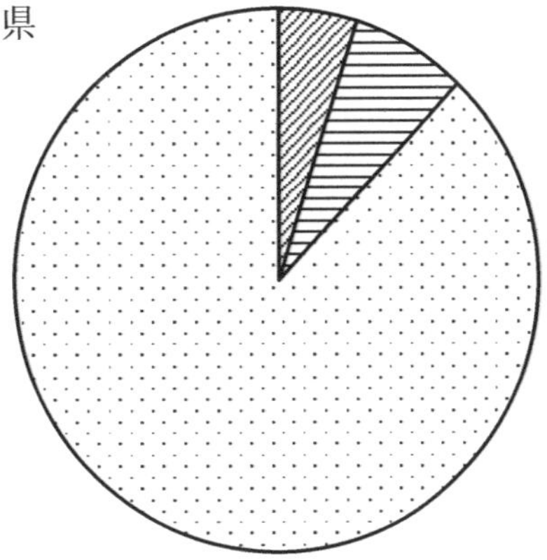

イ

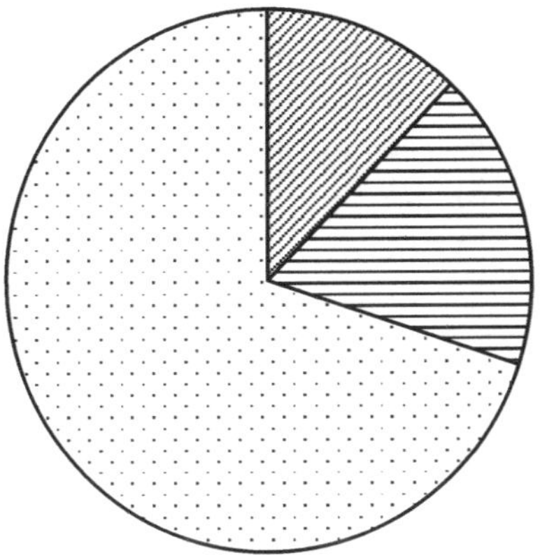

ウ

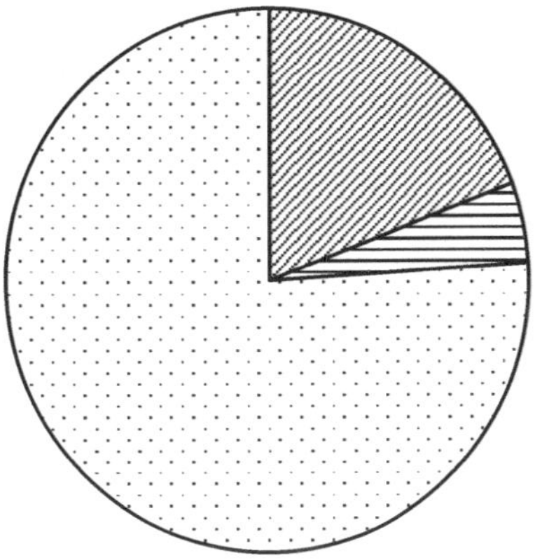

エ

※統計年次は2019年。『県勢』により作成。

問7　阪神甲子園球場の近くを走っている阪神本線の沿線には、図3で示しているように【　X　】の生産地が数多く見られます。【　X　】の生産量は、資料4で示しているように兵庫県が1位となっています。また阪神本線の沿線は、図5で示しているように明治時代初期に戸長役場の設置が多く、このときから住民が多かったと考えられます。【　X　】の生産量が多いことと、住民が昔から多かったことについて共通する理由を説明しなさい。

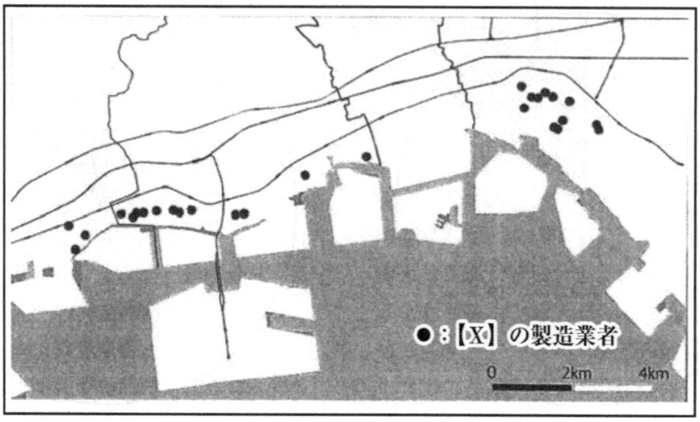

図3

【　X　】の生産量	
1　位	兵　庫　県
2　位	京　都　府
3　位	新　潟　県
4　位	秋　田　県
5　位	埼　玉　県

資料4

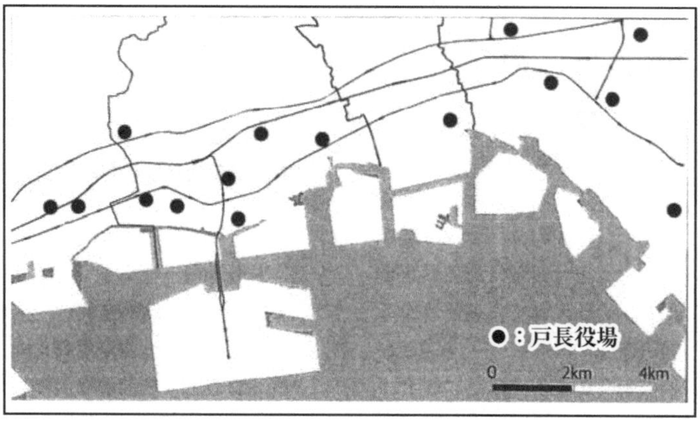

図5

4 次の文章を読み、あとの問いに答えなさい。

７月11日は「世界人口デー」です。国連人口基金がことし４月にまとめた白書によりますと、①世界の人口はことし半ばの時点では80億4500万人に達するとしています。また、国別の推計値ではインドが14億2860万人と、中国の14億2570万人を上回って最も多くなっています。インドの人口は今後も増え続け、2050年にはおよそ16億7000万人に達するとされています。

世界の人口は2037年ごろには90億人、2058年ごろには100億人に達すると見られますが、②増加のペースは鈍っており、2080年代に104億人に達したあとは徐々に減少していくと予測されています。人口が減少するのは人類史上初だと言われています。

インドの人口は毎年およそ1000万人のペースで増えていて、背景の１つには衛生環境の改善などによる乳幼児の死亡率の低下があるとみられています。

また、高い経済成長が続いていることや食料の面で小麦やコメの③自給率が高いことなども背景にあるとみられ、平均寿命は1970年代前半には49.7歳だったのが、2000年代後半には69.7歳へと、20年も長くなっています。

さて、国連の推計に基づくと、世界の人口、80億人のうち、３人に１人はインドまたは中国という割合になります。インドの人口を世界のほかの地域と比べると、EU＝ヨーロッパ連合のおよそ３倍、（　④　）＝東南アジア諸国連合のおよそ２倍、⑤アフリカ全体とほぼ同じとなります。

インドは、国益を最優先に必要な国と協力する「全方位外交」を展開し、国際社会での存在感を高めています。隣国の中国やパキスタンと国境をめぐって対立しているインドにとって、ロシアは兵器の輸入で大きく依存している伝統的な友好国で、ウクライナへの軍事侵攻後も関係を維持しています。

一方で、ロシアと対立する欧米などとも関係を深めており、日本やアメリカ、⑥オーストラリアとの枠《わく》組み「（　⑦　）」の一角を担《にな》い、安全保障などさまざまな分野で連携《けい》を進めています。　（2023年７月11日、NHKニュースより、出題のため一部改訂）

問１　下線部①について、下の人口と面積の表中Ｘ～Ｚに当てはまる国名の組み合わせとして、適切なものを下のア～カより１つ選び記号で答えなさい。

順位	人口（2023年６月）	面積
１位	インド	ロシア
２位	中国	カナダ
３位	Ｘ	Ｘ
４位	Ｙ	中国
５位	パキスタン	Ｚ
６位	ナイジェリア	オーストラリア
７位	Ｚ	インド

ア　Ｘ　アメリカ　　Ｙ　インドネシア　　Ｚ　ブラジル

イ　Ｘ　アメリカ　　Ｙ　ブラジル　　Ｚ　インドネシア

ウ　Ｘ　インドネシア　　Ｙ　アメリカ　　Ｚ　ブラジル

エ　Ｘ　インドネシア　　Ｙ　ブラジル　　Ｚ　アメリカ

オ　Ｘ　ブラジル　　Ｙ　アメリカ　　Ｚ　インドネシア

カ　Ｘ　ブラジル　　Ｙ　インドネシア　　Ｚ　アメリカ

問２　下線部②について、次の資料１・２を参考にその理由を簡単に答えなさい。

資料１　世界人口ピラミッド2023

出典：国際連合（UN）World Population Prospects

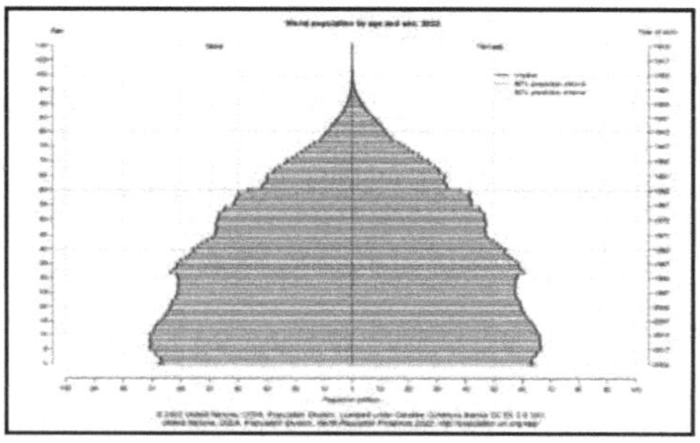

資料２　世界人口ピラミッド2080

出典：国際連合（UN）World Population Prospects

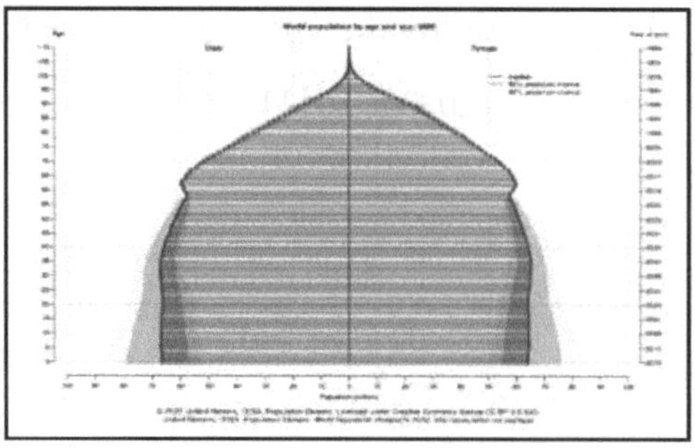

問3　下線部③について、次のグラフはそれぞれの作物の自給率の推移をあらわしている。グラフを見て、次の問題に答えなさい。

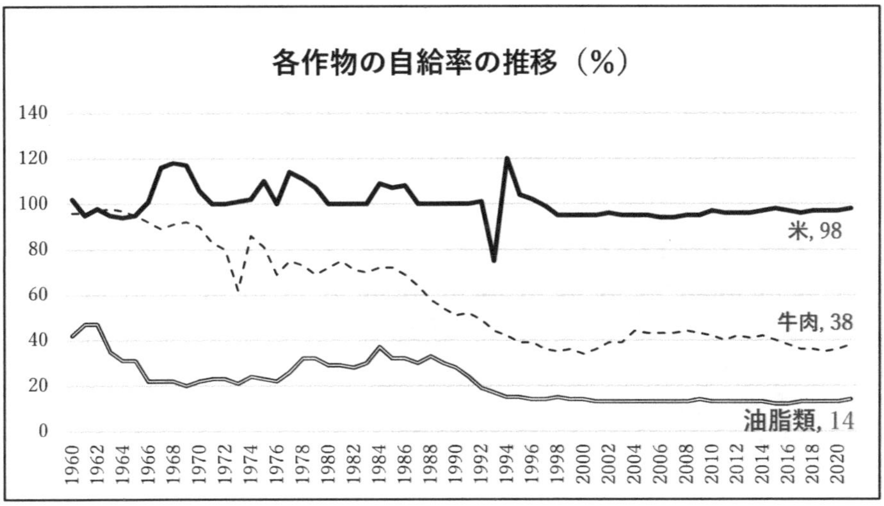

出典：農林水産省ホームページ、食料需給表

（1）グラフ中の米の推移に最も近いものを次の**ア**〜**エ**より1つ選び、記号で答えなさい。

ア　りんご　　**イ**　鶏卵　　**ウ**　しいたけ　　**エ**　マグロ

（2）グラフ中の油脂類について、植物油脂の多くは「パーム油」と呼ばれるものである。

資料1～4を見て、このパーム油に関する問題について説明した右の**ア～エ**の文のうち**適切でないもの**を1つ選び、記号で答えなさい。

資料1　RSPO認証マーク

資料2　パーム油の世界輸出における国別輸出量の割合

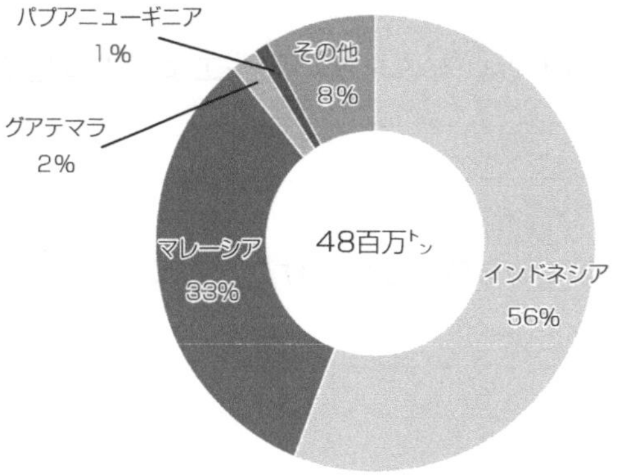

出典：農林水産省トピック、我が国と世界の油脂をめぐる動向

資料3　植物性油脂（パーム油）が使われている製品

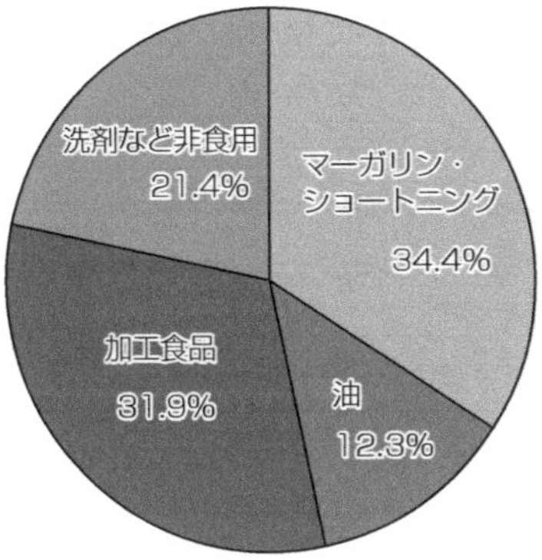

WWFジャパンより作成

資料4　1ヘクタールの土地からできる植物油の量

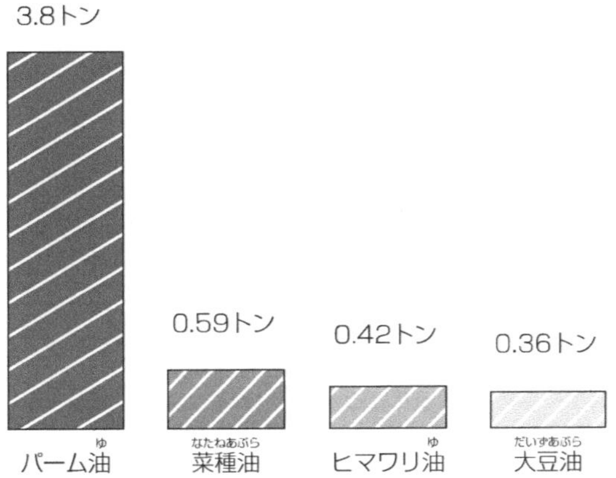

WWFジャパンより作成

ア　パーム油は食品向けにはもちろん、せっけんや洗剤などにも使われており、1人あたり多くの量を消費していると考えられる。

イ　パーム油は他の植物油脂と比べ、1ヘクタールあたりの生産量が少ない。そのため、たくさんの森林を伐採《ばっさい》する必要があり、環境面への影響が大きい。

ウ　パーム油の85%はインドネシアとマレーシアから輸出されている。これらの国は大規模に同じ作物ばかりを作っているため、天候不順などによる不作になると経済的に大打撃を受けると予想される。

エ　認証を受けたパーム油やパーム油を使った商品を購入することで、環境への負荷を抑えることができる。

問4　空欄④にあてはまる語句を、アルファベット5文字で答えなさい。

問５　下線部⑤について、解答用紙のアフリカ大陸に本初子午線と赤道をそれぞれ直線で書き込《こ》みなさい。直線以外のものを書いてはいけません。

問６　下線部⑥について、日本は資源の多くをオーストラリアからの輸入に頼《たよ》っている。次の表は石炭・石油・天然ガスのいずれかの品目によって日本が輸入している国別の割合（%）をそれぞれ表している。**X**～**Z**に当てはまる品目の組み合わせとして適切なものを下の**ア**～**カ**より１つ選び、記号で答えなさい。

X		Y		Z	
サウジアラビア	40.1	オーストラリア	59.6	オーストラリア	39.1
アラブ首長国連邦	31.5	インドネシア	15.9	マレーシア	14.2
クウェート	9.0	ロシア	12.5	カタール	11.7
カタール	8.3	アメリカ	5.4	ロシア	8.2
ロシア	4.1	カナダ	5.2	アメリカ	6.3

財務省貿易統計2020より作成

ア　X　石炭　　Y　石油　　Z　天然ガス

イ　X　石炭　　Y　天然ガス　　Z　石油

ウ　X　石油　　Y　石炭　　Z　天然ガス

エ　X　石油　　Y　天然ガス　　Z　石炭

オ　X　天然ガス　　Y　石油　　Z　石炭

カ　X　天然ガス　　Y　石炭　　Z　石油

問７　空欄⑦にあてはまる語句を、カタカナ５文字で答えなさい。ただし、小文字のツや濁点・半濁点も１文字と数えることとする。　例：| カ | ゛ | ッ | コ | ウ |　５文字

5 次の問いに答えなさい。

問１　人間の力を使わずに自動で文章をつくることができる生成系ＡＩの使用には、著作権が誰に・どこに属するのかが、はっきりとしないことが問題として挙げられる。文化・芸術作品の著作権や工業製品の特許権などをまとめたものを漢字５文字で何というか、答えなさい。

問２　生成系ＡＩは政治についての意見を国民や政治家に伝える可能性があり、人間ではないにもかかわらず政治に参加するということが考えられる。このことに関連し、日本国憲法に書かれていることとして**適切でないもの**を次の**ア～エ**より１つ選び、記号で答えなさい。

ア　国会議員の選挙に立候補したり投票したりする権利は、性別や財産で差別されることはない。

イ　重大な刑事事件の第一審では裁判員制度があり、有権者の代表者が裁判員として裁判に参加する。

ウ　最高裁判所の裁判官は、国民審査で過半数からふさわしくないと投票された場合は、最高裁判所の裁判官を辞めなくてはならない。

エ　憲法を改正するためには、国会が発議し、国民投票で有効投票の過半数が賛成しなければならない。

問３　生成系ＡＩを、国会の本会議や委員会の答弁書を作成するのに利用しようという考えがある。このことに関連して、国会の本会議と委員会について述べた文章として適切なものを、次のア～エより１つ選び、記号で答えなさい。

ア　本会議は国会議員だけが参加できるのに対して、委員会は国会議員以外も出席して、賛成や反対の議決に参加することができる。

イ　法律案は衆議院と参議院のそれぞれでふさわしい委員会に送られ、委員会を通過すると国会議員全員が参加する本会議で取り上げられる。

ウ　委員会のうち最も人数が多いのは予算委員会であり、予算は委員会で賛成が過半数なら本会議での議決は必要がない。

エ　本会議は原則として公開されているのに対して、委員会は公開されることはなく、全員が賛成すると本会議で取り上げられる。

問４　生成系ＡＩなどの発展も含めて、デジタル社会の形成を進めるためにデジタル庁という行政機関がある。このデジタル庁は省や府に属していない。デジタル庁と同様にどの省や府にも属していない庁を、次のア～エより１つ選び、記号で答えなさい。

ア　金融庁　　イ　子ども家庭庁　　ウ　消費者庁　　エ　復興庁

問５　生成系ＡＩが普及すると、今働いている人が仕事をＡＩに奪《うば》われることで働く場所がなくなる可能性があると指摘《してき》されています。しかしながら、希望していながら働く場所がない人に対しては雇用《こよう》保険があり、お金を受け取れる仕組みがあります。雇用保険と同様に政府が実施している社会保険に**含まれないもの**を次のア〜エより１つ選び、記号で答えなさい。

ア　高齢になりお金を稼ぐことができないときに、お金を受け取れる。
イ　病院にかかったときに、料金の支払いが一部だけで済む。
ウ　家が火事になって財産を失ったときに、お金を受け取れる。
エ　介護が必要になったときに、介護を安く受けることができる。

問６　神戸市は全国で初めて生成系ＡＩの利用に関して定めた条例をつくった。このことに関連して、地方自治法が定めている条例について述べた文章として適切なものを、次のア〜エより１つ選び、記号で答えなさい。

ア　条例は、その都道府県か市町村の議会で過半数の賛成があればつくることができる。
イ　新しい条例の制定を住民が請求する場合、有権者の３分の１以上の署名を首長に提出しなければならない。
ウ　首長は条例に対して拒否権を行使でき、また自身の判断だけで条例をつくることができる。
エ　条例は特定の都道府県や市町村だけに適用されるので、住民投票で過半数の賛成がなければならない。

問７　生成系ＡＩなどの情報通信技術は、アメリカ合衆国で研究や開発が非常に進んでいる。このことに関連して、現在のアメリカ合衆国について述べた文章として**適切でないもの**を次の**ア～エ**より**すべて**選び、記号で答えなさい。

ア　日本と安全保障条約を結んでいるために、日本が他の国から攻撃をされた場合は、アメリカ合衆国も日本の防衛をすることになっている。

イ　ＥＵに加盟しているために、アメリカ合衆国と考え方が近いヨーロッパ諸国と軍事的に同盟関係にある。

ウ　国際連合の発足時より一貫して安全保障理事会の常任理事国であり、大国の一つという地位を保っている。

エ　核拡散防止条約〔核不拡散条約〕に賛成しているために、現在持っている核兵器を最終的になくす義務を課せられている。

2023年度　須磨学園中学校入学試験

国　　語

第２回

（60分）

（注　意）

解答用紙は、この問題冊子の中央にはさんであります。まず、解答用紙を取り出して、受験番号シールを貼り、受験番号と名前を記入しなさい。

1．すべての問題を解答しなさい。

2．解答はすべて解答用紙に記入しなさい。

3．字数制限のある問題については、記号、句読点も１字と数えること。

4．試験終了《しゅうりょう》後、解答用紙のみ提出し、問題冊子は持ち帰りなさい。

※　設問の都合上、本文を一部変更している場合があります。

須磨学園中学校

らなきゃ」と感じたのかなあとは思ったよ。

生徒A —— いずれにせよ、一般的《いっぱんてき》には守られる対象の子どもから、実は母親が心配され、守られているのかもしれないという視点には、はっとさせられるよね。

二の設問

問一 〰〰線部a〜dの本文中における意味として最も適当なものを、次の各群の中から、それぞれ一つずつ選び、番号で答えなさい。

a　再就職
1　再び同条件の内容で働けるようになったこと。
2　何とか次の仕事を見つけることができたこと。
3　以前働いていた会社で異なる仕事をすること。
4　以前とは異なる新しい職場で仕事に就《つ》くこと。

b　そこかしこ
1　あちらこちら　　2　至るところに
3　目立つように　　4　二つの場所に

c　奮発して
1　興奮し楽しくなって　　2　勇気を奮い立たせて
3　思い切って出費して　　4　羽振《はぶ》り良く贅沢《ぜいたく》して

問三 「なぜか泣きそうになった」（――線部B）から考えられる泰恵の心情の説明として最も適当なものを次の中から一つ選び、番号で答えなさい。

1　長い間、家族から無視されてきた泰恵にとっては、自分が帰る場所に他の家族がいること自体が珍《めずら》しいことであり、しみじみありがたいことだと感じている。
2　一人暮らしに慣れていた泰恵には、家に家族がいることはとても嬉しい一方で、たまに自宅から焦《こ》げたような匂いが漂うことに、思わず涙が出そうになった。
3　泰恵は、台所から漂ってくる晩《ばん》御《ご》飯《はん》の匂いに、自分が求め続けてきたのは、実は普通《ふつう》の家族だったのだと自覚することができ、長年のわだかまりが解消している。
4　家族関係で苦しんできた泰恵には、夕食の匂いから、何気ない家族生活がかけがえのないものとして感じられ、説明できない嬉しさが込み上げてきている。

問四 「そんな背景」（――線部C）についての説明として、最も適当なものを次の中から一つ選び、番号で答えなさい。

二

次の文章は、咲《さき》セリ『捨てる家族』の一節です。大学生で一人暮らしをしている泰恵《やすえ》は、幼い頃《ころ》は家族関係にひどく苦しんだ時期もありましたが、そんな彼女のアパートのもとに、父と喧嘩《けんか》をして実家を飛び出してきた母・長姉・次姉の三人が引っ越してきます。これを読んで、後の設問に答えなさい。

母はそのままでは終わらなかった。

何を思い立ったのか、かつて持っていた資格を生かし、美容師の仕事にa再就職を果たした。

そして、突然《とつぜん》言った。

「ここは狭《せま》いから、四人でゆったり暮らせる家を探しましょう」

父を置き去りにしたままで良いのかと心配もしたが、A母は強引《ごういん》だった。瞬《また》く間《ま》に、市内の一軒家《いっけんや》を契約《けいやく》し、引《ひ》っ越《こ》しの手配をした。

その家は古く、ほのかにカビの匂《にお》いがした。歩くと、畳《たたみ》がぎしぎしと軋《きし》む。壁《かべ》には、前の住人が貼《は》っていたのだろう、ポスターの形だけ日焼けしていない跡《あと》がbそこかしこに残っていた。思春期注1の子どもでもいたのかもしれない。

仕事が忙《いそが》しかった母は、家にいることはあまりなかったものの、時々、「ふつうのお母さん」のように料理をしてくれることもあった。それも、ステーキにオレンジソースをかけたような洒《しゃ》

いつも笑顔《えがお》で、生き生きとしていて、昔の母のおもかげは憑《つ》き物《もの》が落ちたようになかった。

泰恵は思わずd目頭《めがしら》を押《お》さえた。

もう、母の泣いている顔を見ないですむ。

F母を、守らなきゃと心配しないですむ。

（咲セリ『捨てる家族』）

注1　思春期…十歳頃から、児童期から青年期へと移行する時期。

注2　牡蠣缶だけはいくらでもあった…泰恵の実家は、牡蠣缶を作っていた。

注3　詩吟…和歌などを独特の調子で歌う芸能。

まえて一〇〇字以上一二〇字以内で答えなさい。（句読点も一字と数えます。なお、採点は、どういう書かれ方をしているかについても見ます。）

下書き用　**（※これは解答用紙ではありません。）**

一 の設問

問一 ～～～線部a～cのカタカナを漢字に直しなさい。

問二 [1] [2] にあてはまる言葉として、最も適当なものを次の中から一つ選び、それぞれ番号で答えなさい。

1 もし　2 もちろん　3 むしろ
4 ただでさえ　5 たとえ　6 たとえば

問三 [3] にあてはまる漢字一字を答えなさい。

問四 「やや配慮に欠ける」（――線部A）とありますが、「もっと早く言ってくれればよかったのに」という言葉が「やや配慮に欠ける」のはどうしてですか。その理由として最も適当なものを次の中から一つ選び、番号で答えなさい。

1 早く言わなかったから悪いと考え、相手を思いやる気持ちが一切《いっさい》感じられないから。
2 困ったと言えずに困っていることを理解せず、自分の判断基準を相手にあてはめかねないから。
3 本当に困っている時にはかえって困っていると言えない人

問六 「良心を持っている人が、良心を持っているがために困っている人をさらに追いつめてしまう」（――線部C）とありますが、このような状態を表す言葉として、最も適当なものを次の中から一つ選び、番号で答えなさい。

1 無意識的　2 運命的　3 典型的　4 逆説的

問七 本文の出典である『あなたを閉じこめる「ずるい言葉」』には、以下のような状況《じょうきょう》を紹介《しょうかい》して、「あなたのためを思って言っている」という言葉について記述されています。

（娘《むすめ》）「高校に入学したらダンス部に入りたい。」
（親）「ダメ。ケガでもしたら大変だし、そもそも大学受験に向けて勉強しなきゃいけないんだから、部活動なんかやってる暇《ひま》はない。」
（娘）「勉強だけがすべてじゃないって昔は言ってたのに、ずるい。」
（親）「とにかくダメなものはダメ。あなたのためを思って言っているんだよ。」

この「あなたのためを思って言っている」という言葉と本文の「もっと早く言ってくれればよかったのに」という言葉

一　次の文章を読んで、後の設問に答えなさい。

だれがどんなふうに困っているのかを、どうやって周りの人は知ることができるのでしょう？　道ばたに倒《たお》れていれば明らかに手助けが必要だとわかりますが、だれもがそんなふうにわかりやすく困った状態におちいっているわけではありません。

一番わかりやすいのは、困っている人が「私は困っている」と申告《しんこく》する場合です。「言ってくれれば助けますよ」方式のしくみは、日本では介護《かいご》や保育など多くの分野で採用されています。でも、本当に困っているときこそ、なかなか困っていると他人には言えないものです。月経[注]（腹痛や睡眠《すいみん》障害など、深刻な健康上のトラブルをともなう人もいます）に関して周囲の理解が足りないがゆえに困っているとき、そのことについて困っていると申告しても、やっぱりわかってはもらえなさそうです。「困っていると言えない、言ってもわかってもらえない」ことに困っているわけですね。

ですから「もっと早く言ってくれればよかったのに」という言葉は、「もっと早くに言えない」苦労を見過ごしてしまう意味で、Aやや配慮《はいりょ》に欠ける、ということになりそうです。

[1]、「もっと早く言ってくれればよかったのに」と

でも、一瞬《いっしゅん》の冷静さで私たちはこれを避《さ》けることができます。困っている人をヒナンしそうになったら、あるいはうっかり責めてしまったら「気づかなくてごめん、なにか手助けできることある？」と言うようにしましょう。大丈夫《だいじょうぶ》、困っているとあなたに打ち明けた相手なら、あなたの善意が届けばそれをCココロヨく受け取ってくれるはずです。

（森山至貴《もりやまのりたか》『あなたを閉じこめる「ずるい言葉」』による）

注　月経…女性特有の生理的出血。

早く言ってくれればよかったのに」という言葉を、いままさに困っている人にぶつけてしまうとなると話は別です。「困っていると言えないから困っている」ことを見過ごし、「困っているなら困っていると言えるはずだ」という[a]ゼンテイを相手に押しつけることで、結果として、「早く言わなかったあなたが悪い」というメッセージを相手に伝えてしまうからです。[2]困っているのに、さらに責められているように感じてしまったら、手助けを求めるのは難しくなるでしょう。

「もっと早く言ってくれればよかったのに」は善意からの発言です。善意からの発言が「早く言わなかったあなたが悪い」というメッセージに置きかわってしまうのは、[B]おそらく善意に少しばかりの後ろめたさが組み合わさってしまうからでしょう。たしかに、「最近ちょっとなまけすぎ」と[b]ヒナンした相手が月経中だと知れば、自分の心ないひと言に後ろめたさを感じることはあります。それは私たちが良心を持っていることの証拠《しょうこ》でしょう。でも、その後ろめたさをふりはらいたくて、うっかり相手を責めたくなると「もっと早く言ってくれればよかったのに」という言葉が[3]をついて出てしまいます。

　[C]良心を持っている人が、良心を持っているがために困っている人をさらに追いつめてしまうことほど残念なことはありません。

ることに気づかず、見過ごしているから。

問五 「おそらく善意に少しばかりの後ろめたさが組み合わさってしまうからでしょう」（――線部B）とありますが、その説明として最も適当なものを次の中から一つ選び、番号で答えなさい。

1 「ずるい言葉」として伝わってしまうのは、相手のことを思って言ったはずが、実は内面で悪意があることをさとられ、後ろめたいのでごまかそうとする心理がつけ加わるからということ。

2 「ずるい言葉」として伝わってしまうのは、相手への善意の発言の中に、わずかに相手を傷つけた後ろめたさをぬぐい去ろうとする心理も働くからということ。

3 「ずるい言葉」として伝わってしまうのは、善意のつもりで言った言葉に、少しばかりの後ろめたさを加えることで、自分の責任を他者に転嫁《てんか》することができるからということ。

4 「ずるい言葉」として伝わってしまうのは、善意から発した言葉に後ろめたさを感じたときに、人はいつもその後ろめたさをぬぐい去るために他者を責めようとする心理が加わるからということ。

---

1 生徒A ―― 両方とも相手のことを一番に考えているからこそ言える言葉だよね。

2 生徒B ―― そうかなあ。両方とも表面的には相手のことを考えていそうだけど、実際は相手に対する心づかいが足りないよ。

3 生徒C ―― 僕《ぼく》は、Bさんの考えに近いけど、「あなたのため」の方は娘のことを本心から愛する親心だと思うよ。

4 生徒D ―― 僕は、Aさんの考えに賛成だな。ただ、「一番」というのはどうかな。「もっと早くに」という言葉も内心では自分の善意を印象づけようとしているから。

5 生徒E ―― 確かに「あなたのため」という言葉も内心では自分のことを弁護しているずるい言葉と言えそうだね。

6 生徒F ―― いや、僕は「あなたのため」という言葉には、強引《ごういん》に自分の考えを押し付けようとするずるさを感じるよ。

設問は、裏面に続きます。

問八　本文の内容・構成・表現として**適当でないもの**を**すべて**選びなさい。

1　一見善意のあるように感じられる言葉を取り上げ、実はその中にひそむ計画的な悪意について考察している。

2　ずるい言葉を発しそうなときの対処法となる助言も入れつつ、読者に寄り添《そ》う温かさが感じられる。

3　筆者の主張が、より説得力を増すために、具体的な話と抽《ちゅう》象《しょう》的な話を織り交ぜながら論を進めている。

4　疑問を投げかけて読者に興味を持たせたり、対比的な内容を多く取り上げたりすることで、わかりやすく論を進めている。

5　33行目「最近ちょっとなまけすぎ」などのように、会話的な部分に「　」を用いることで、筆者の主張を強調しようとしている。

6　何気なく発してしまいがちな言葉の奥底にある利己的な考えについて、丁寧《ていねい》に説明している。

問九　═══線部「『困っていると言えない、言ってもわかってもらえない』ことに困っているわけですね」とありますが、庭のようなあまじょっぱい匂いが漂《ただよ》い、Bなぜか泣きそうになった。

母はけっして料理が得意な方ではなかった。そのため、小さい頃は、家でまともな食事が出てくることはなく、ごはんにふりかけをかけただけのものを、夕食としてかっこんだ。注2牡蠣缶《かきかん》だけはいくらでもあったから、泰恵はそれで飢《う》えをしのいでいた。泰恵が最低限の料理をするようになったのは、Cそんな背景からだ。

「お母さんがお母さんみたいだ……」

そんなあたりまえにも思えることに、泰恵は全身をひねりまくって確かめたいくらい嬉《うれ》しかった。

夢のようだと、かつての孤独《こどく》を忘れられるかもしれないと思ったほどだった。

母は、働きはじめて、お金が手に入ったことにより、自分の好きなものを買えるようになった。流行《はや》りの洋服、アクセサリー。時には、c奮発して旅行にも出かけた。

習い事にも目覚め、注3詩吟《しぎん》や俳句も始めた。

母が書いた、母のお気に入りの俳句の一つに、こんなものがある。

D「亡《な》き夫の　冥土《めいど》の土産《みやげ》　詩吟なり」

父は亡くなってもいないのに、母はいじわるにもそう詠《うた》っては笑った。また、E「夫」は「つま」と読めるのだと、得意げに教えてくれた。

2　こぼれ出ようとする涙《なみだ》を押しとどめた。
3　思わずこぼれ落ちる涙を手でぬぐった。
4　安心したとたんに自然と涙が流れ出た。

問二　「母は強引だった」（――線部A）とありますが、「母」が「強引だ」と判断されるのは、どのような点からですか。その説明として最も適当なものを次の中から一つ選び、番号で答えなさい。

1　引っ越しすることを、父親に対して、何の連絡《れんらく》もしなかった点。
2　引っ越しを自身で判断し、あっという間にそれを実現させた点。
3　子どもたちの気持ちを無視し、自分の都合で引っ越しを決めた点。
4　周囲の反対にもかかわらず、誰《だれ》の意見にも耳を貸さなかった点。

2　満足に食事を作る時間を割《さ》けないほど、両親は、日々の仕事で精いっぱいだった。
3　親には大した食事を作ってもらえず、泰恵は自らお腹《なか》を満たさねばならなかった。
4　母は料理が苦手だったため、生きていくために食べるものを選ぶ余地はなかった。

問五　「亡き夫の　冥土の土産　詩吟なり」（――線部D）についての説明として適当なものを次の中から**すべて**選び、番号で答えなさい。

1　この作品の形式は、詩吟である。
2　「亡き夫」には、二つの意味を込《こ》めている。
3　「亡き夫」は直接的には生前の父親を指している。
4　「冥土の土産」は、生前の趣味《しゅみ》を指している。
5　この作品の季語は、「詩吟」である。
6　この作品に、句切れは用いられていない。

設問は、裏面に続きます。

問六 「『夫』は『つま』と読める」（――線部E）のように、漢字には、表記とは異なる意味を持ったものがあります。この例と同じように「いも」と読み、「親しい妻や恋人《こいびと》」という意味を表した漢字一字を答えなさい。

問七 次に示すのは、この文章を読んだ後に、――線部Fについて、三人の生徒が話し合っている場面です。内容をふまえた感想として**適当でないもの**を次の中から一つ選び、番号で答えなさい。

1 生徒A ―― 家族との関係にずっと悩《なや》んできた泰恵にとっては、お母さんの様子もようやく落ち着いてきたという安心から、ふっと漏《も》れた心の声なんだろうなあ。

2 生徒B ―― しかし、泰恵のお父さんだけは最後まで家族から距離《きょり》をおかれていて、両親の関係の複雑さが、泰恵という人物像を作っているのかなと思ったよ。

3 生徒C ―― 「母を、守らなきゃ」という表現には、大好きな母親を守らなきゃいけないという泰恵の身体的強さが表れていると思ったんだけど、どうかなあ？

問八 本文における表現の特徴《とくちょう》の説明として**適当でないもの**を次の中から**二つ**選び、番号で答えなさい。

1 物語の冒頭《ぼうとう》から「た」という文末表現がしばらく続き、物語の状況を説明するような文体が用いられている。

2 11行目の「いたのかもしれない」では現在形の文末表現が用いられ、泰恵が考えたことに寄り添《そ》うような工夫《くふう》が見られる。

3 13行目で用いられた「　　」は、泰恵の母親が、一般的な母親の役割を果たすことが稀《まれ》だったことをふまえた表現である。

4 14行目や29行目から始まる文では、体言止めが用いられており、動詞を省き、泰恵の印象に残ったものを間接的に読者に伝えている。

5 23行目の「お母さんがお母さんみたいだ……」の「　　」は、泰恵の感激した思いを、ありありと伝える工夫である。

6 37行目の「憑き物が落ちたように」では暗喩《あんゆ》が用いられ、母の昔の悲しそうな様子がなくなったことを際《きわ》立てている。

2023(R5) 須磨学園中　第２回
K 教英出版

2023年度　須磨学園中学校入学試験

算　　数

第 2 回

（60分）

（注　意）

解答用紙は、この問題冊子の中央にはさんであります。まず、解答用紙を取り出して、受験番号シールを貼り、受験番号と名前を記入しなさい。

1．すべての問題を解答しなさい。

2．解答はすべて解答用紙に記入しなさい。

3．試験終了《しゅうりょう》後、解答用紙のみ提出し、問題冊子は持ち帰りなさい。

須磨学園中学校

1　次の □ に当てはまる数を答えなさい。

(1)　$(1 + 2 \times 3 - 4 + 5) + \{(1 + 2) \times 3 - 4\} - (1 + 2 + 3 + 4) \div 2 = \square$

(2)　$0.875 \times 2\frac{2}{5} \div 2\frac{5}{8} \times 1.25 - 4\frac{1}{3} \times 1\frac{5}{6} \div 2\frac{4}{9} \div 4.875 = \square$

(3)　73m59cm3mm + 12m + 1117mm − 71cm = □ m

(4)　$\frac{1}{1 \times 3} + \frac{1}{3} \times \frac{1}{5} + \frac{1}{2} \times \left(\frac{1}{5} - \frac{1}{7}\right) + \frac{1}{63} + \frac{1}{100 - 1} = \square$

(5)　$\frac{(\square - 5) \div 3 \times 2}{2 \times (17 - 3) \div 4} \times \left(1 - \frac{1}{8}\right) = 1$

2 へ続く

計算欄《らん》（ここに記入した内容は採点されません）

2　次の □ に当てはまる数を答えなさい。

(1)　右の図で，角 x の大きさは □ 度です。

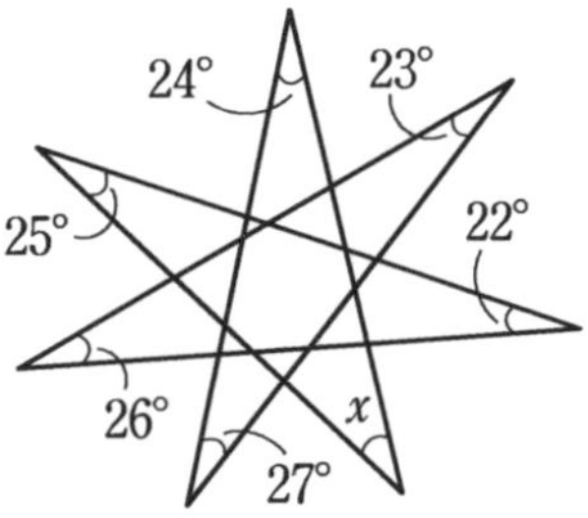

(2)　正三角形と円が，下の図のように交わっており，交点は円周の6等分になっています。斜線《しゃせん》部の面積は円の面積の □ 倍です。

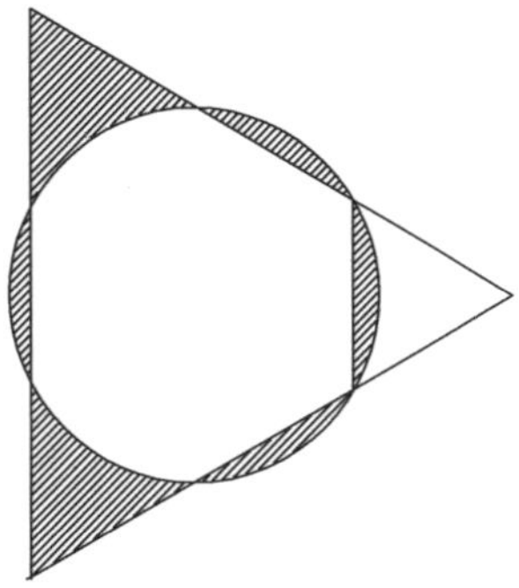

(3)　濃度《のうど》の異なる3つの食塩水A，B，Cがあります。食塩水Bを140 gと水210 gを混ぜると，食塩水Aと同じ濃度になります。食塩水Bを140 gと食塩10 gを混ぜると，食塩はすべて溶けて，食塩水Cと同じ濃度になります。食塩水Aと食塩水Cを同量混ぜると，食塩水Bと同じ濃度になります。食塩水Bの濃度は □ %です。

(4)　A地点から，東へ3 m，南へ5 m進んだ所をB地点とします。B地点から，西へ6 m，南へ4 m進んだ所をC地点とするとき，A，B，C地点を線で結んでできる三角形の面積は □ m^2 です。

2 の(5)以降の問題は，5ページに続く

計算欄《らん》（ここに記入した内容は採点されません）

2

(5)　2023年2月3日は金曜日です。2013年2月3日は□曜日です。
ただし，4の倍数の年を「うるう年」と呼び，うるう年の年間日数は366日です。

(6)　下の図で，Aから B に行く最短経路は□通りです。
ただし，斜《なな》めの線は通れますが，×の線は通れません。

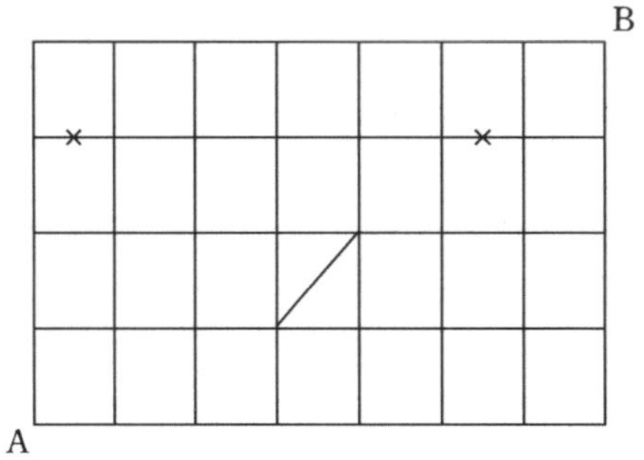

(7)　12分で1分遅れる時計 A と，15分で1分進む時計 B があり，どちらの時計の長針も短針も一定の速さで進んでいます。ある日，午前10時5分にこれらの2つの時計をあわせました。これより後に2つの時計が初めて同じ時刻を指したとき，時計の盤面《ばんめん》は□時□分を指しています。ただし，例えば午前9時と午後9時は同じ時刻を指すものとします。

(8)　下の図の四角形 ABCD はひし形で，対角線の交点を点 O とします。
OA ＝ 15 cm，OB ＝ 20 cm，AB ＝ 25 cm のとき，直線 AB を軸《じく》として1回転してできる立体の体積は□cm^3 です。ただし，円周率は3.14とし，円すいの体積は，底面積×高さ÷3で求めることができます。

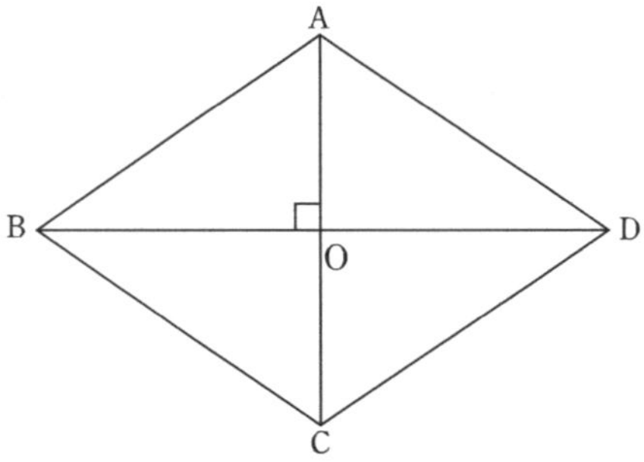

3 へ続く

計算欄《らん》（ここに記入した内容は採点されません）

3 太郎《たろう》さんは自宅からスーパーマーケットまで買い物に行きます。自宅とスーパーマーケットの間には，A 地点と B 地点があります。スーパーマーケットから自宅までの帰り道については，同じ道を通って帰ります。自宅から A 地点までは分速 300 m，A 地点から B 地点までは分速 200 m，B 地点からスーパーマーケットまでは分速 280 mでそれぞれ進みます。また，帰り道では，B 地点から A 地点まで分速 200 m，A 地点から自宅までは分速 500 mでそれぞれ移動します。スーパーマーケットでの買い物時間は 20 分とし，下の図は太郎さんが移動した時間と自宅との距離《きょり》の関係を表したものです。

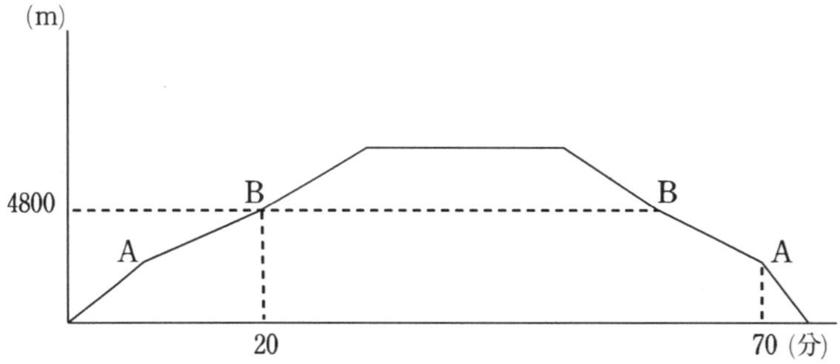

(1) 太郎さんは自宅から A 地点まで何分かかるか答えなさい。

(2) 太郎さんは，自宅を出発してから帰ってくるまでに何時間何分何秒かかるか答えなさい。

(3) 太郎さんが自宅からスーパーマーケットまで移動するのにかかる時間とスーパーマーケットから自宅まで移動するのにかかる時間を比べると，自宅からスーパーマーケットまで移動するのにかかる時間の方が 5 分 12 秒多くかかりました。このとき，スーパーマーケットから B 地点までの速さは分速何 m か答えなさい。また，考え方も答えなさい。

4 へ続く

計算欄《らん》（ここに記入した内容は採点されません）

4 下の図のように，1段目に1を，2段目に2，3を，3段目には4，5，6を並べます。また，4段目以降も同じ規則に従って並べます。

（1段目）　1
（2段目）　2　3
（3段目）　4　5　6
・　7　8　9　10
・　11……
・

(1)　10段目の一番左にある数を答えなさい。

(2)　100は何段目にあるか答えなさい。

下の図のようなひし形で囲まれた4つの数について考えます。例えば，下の図では，5をひし形の左の数とし，3を上の数とします。

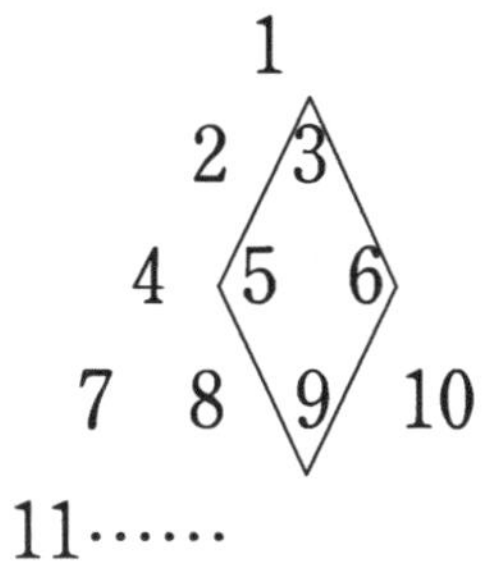

(3)　左の数が100のとき，ひし形で囲まれた4つの数の平均値を答えなさい。

(4)　ひし形で囲まれた4つの数の和が2023となりました。このとき，ひし形の上の数を答えなさい。

5 へ続く

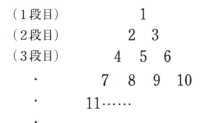

計算欄《らん》（ここに記入した内容は採点されません）

5 下の図のように，長さを自由に変えられる棒を地面に対して垂直に立てました。
棒の高さを y m とするとき，立てた棒からちょうど1 m の地点から棒の先端《せんたん》までの角度を x° とします。

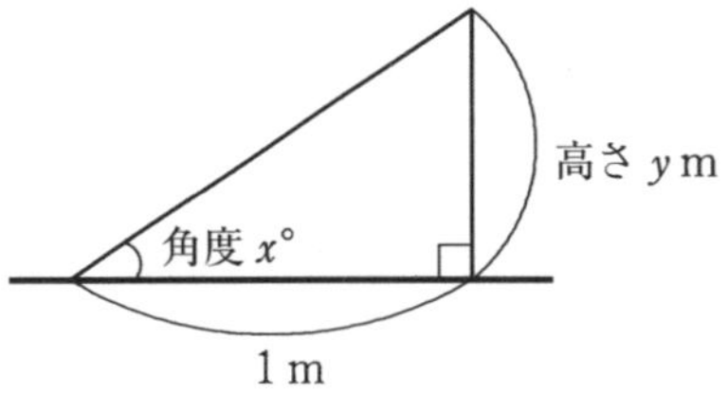

このとき，角度と高さの関係は右の表のようになりました。
ただし，地面はすべて水平であり，人の身長は無視します。

角度 x°	高さ ym
5°	0.09m
10°	0.18m
15°	0.27m
20°	0.36m
25°	0.47m
30°	0.58m
35°	0.70m
40°	0.84m
45°	1.00m
50°	1.19m
55°	1.43m
60°	1.73m
65°	2.14m
70°	2.75m
75°	3.73m
80°	5.67m
85°	11.56m

(1) 学くんはある建物からちょうど10 m 離《はな》れた地点にいます。建物の先端を見上げた角度は 65° でした。建物の高さは何 m か答えなさい。ただし，小数第1位を四捨五入し，整数で答えなさい。

(2) 学くんが (1) の立ち位置から何 m か真後ろに下がったとき，建物の先端を見上げた角度は 40° でした。このとき，建物から学くんまでの距離《きょり》は何 m か答えなさい。ただし，小数第1位を四捨五入し，整数で答えなさい。

(3) 学くんは別の建物の先端を 50 m 離れた位置から見上げていました。次に，先端から 8 m 下の所を見ると，見上げた角度は 5° 小さくなりました。最初に見上げた角度は何度か答えなさい。

(4) 学くんと園子さんは花火を見ていました。花火がどのぐらいの高さまで打ち上がっているか気になり，計算することにしました。花火，学くん，園子さんがこの順で一直線になるように並びました。学くんから園子さんまでの距離は 60 m ありました。学くんから花火の中心を見上げた角度は 40° でした。園子さんから花火の中心を見上げた角度は 35° でした。このとき，花火の中心は地上から何 m の高さになるか答えなさい。
ただし，一の位を四捨五入し，10 の倍数の整数で答えなさい。

2023年度　須磨学園中学校入学試験

理　　科

第 2 回

（40分）

（注　意）

解答用紙は、この問題冊子の中央にはさんであります。まず、解答用紙を取り出して、受験番号シールを貼り、受験番号と名前を記入しなさい。

1．すべての問題を解答しなさい。

2．解答はすべて解答用紙に記入しなさい。

3．試験終了《しゅうりょう》後、解答用紙のみ提出し、問題冊子は持ち帰りなさい。

須磨学園中学校

1 各問いに答えなさい。

生き物は，食べる・食べられるというつながりの中で生きています。このつながりを (1) 食物連さといいます。植物も動物も，その生活の中で落ち葉や死がい，ふんなどを残します。このような植物や動物の死がいやふんなどの有機物を分解する役割をもつ生き物を (2) 分解者といいます。例えば，ミミズは落ち葉などを食べるので分解者といえます。

日本の森林では，ミミズが落ち葉などの有機物を食べてふんに変えることで，ちっ素やリンなどの無機物にして土に戻《もど》し，それを植物が栄養として吸収するという関わり合いが見られます。一方，北アメリカの北部ではミミズが生息しておらず，森林の地面には落ち葉が厚く積もって層を作っています。ところが，近年アジア原産のミミズなど外来のミミズが釣《つ》りのえさとしてもちこまれ，(3) 森林にミミズがすみついたため，そこにすむ他《ほか》の生き物に大きな影響《えいきょう》を与《あた》えています。また，温暖化により土の中の温度が上がると，(4) ミミズが生息するはん囲がさらに拡大することが心配されています。

問１　下線部（1）について，日本で見られる食物連さの例として適切でないものを，次の①～⑤より１つ選び，記号で答えなさい。

① クヌギの種 → ネズミ → ニホントカゲ → タカ
② イネ → バッタ → カエル → ヘビ → フクロウ
③ ミカヅキモ → ミジンコ → メダカ → アメリカザリガニ
④ キャベツ → モンシロチョウの幼虫 → モズ → イヌワシ
⑤ オキアミ → アジ → イカ → イルカ

問２　下線部（2）について，分解者としてもっとも適切な生き物を，次の①～④より１つ選び，記号で答えなさい。

① カメムシ　② サナダムシ　③ アブラムシ　④ ダンゴムシ

問３　ミミズの足は何本ですか。数字で答えなさい。

問4　下線部（3）について，次の（a），（b）の問いに答えなさい。

（a）　ミミズが与《あた》える影響《えいきょう》の例として適切なものを次の①～④より1つ選び，記号で答えなさい。

① 落ち葉の層が厚くなることで，土の中の水分が蒸発しにくくなり，カビが増える。
② 落ち葉の層が薄《うす》くなることで，土の中の水分が蒸発しやすくなり，カビが減る。
③ 土の中の無機物が増えることで，樹木が成長しにくくなる。
④ 土の中の無機物が減ることで，樹木が成長しやすくなる。

（b）　落ち葉の層を利用して生活する生き物に，クモやこん虫がいます。森林内のミミズの個体数を横じくに，クモやこん虫の個体数を縦じくにとり，両者の関係をグラフに表すとどのようになると予想されますか。もっとも適切なものを次の①～⑤より1つ選び，記号で答え，選んだ理由を30字以内で答えなさい。ただし，クモやこん虫とミミズとの間には「食べる・食べられる」の関係はないものとします。

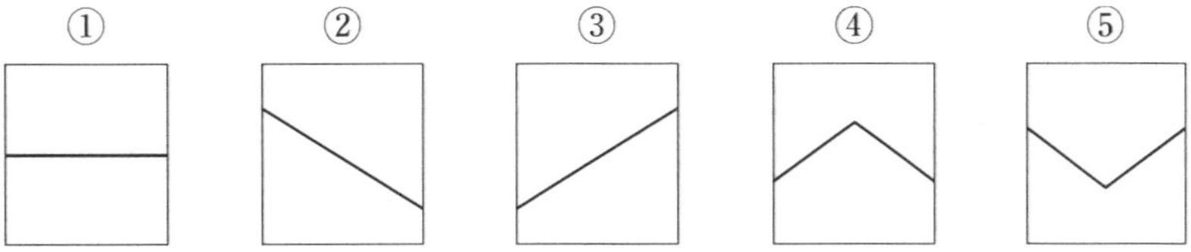

問5　下線部（4）に関連して，右図のように尾根《おね》からふもとまで北側にも南側にもそれぞれ380 mのしゃ面をもつ山Sにおいて，ミミズが生息はん囲を拡大するようすについて考えることにしました。ミミズは暖かい場所を好むため，その生息はん囲は日当たりに影響を受けます。日当たりの悪い北向きのしゃ面では1年間でどの方向にも9 mずつ拡大し，日当たりのよい南向きのしゃ面では1年間でどの方向にも10 mずつ拡大します。これをふまえて，次の（a），（b）の問いに答えなさい。ただし，生息はん囲の拡大は日当たりのよい，悪いのみに影響され，しゃ面のかたむきなどの地形による影響を受けないものとします。

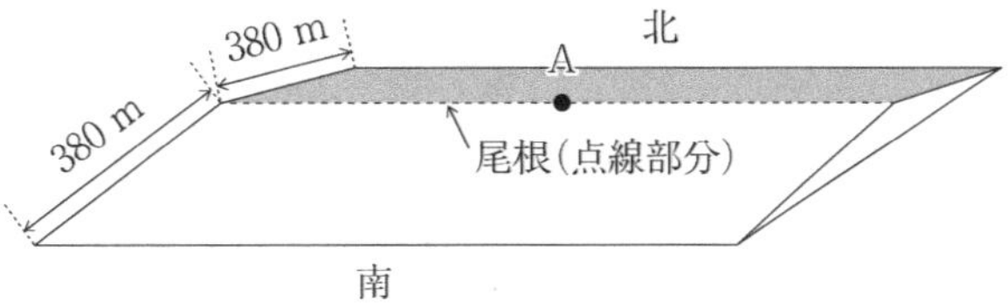

（a）　尾根の地点Aにミミズの集団をすみつかせた場合，その生息はん囲が南側のふもとに届くまでの最短時間と北側のふもとに届くまでの最短時間の差を求め，解答用紙に合わせて答えなさい。数値は，小数第2位を四捨五入して小数第1位まで答えなさい。

（b）　ミミズの集団を，山Sのしゃ面のある地点にすみつかせ，生息範囲が南北両方のふもとに届くまでの時間を最短にしたいと思います。そのためには，地点Aから南北どちらに何 m下った地点にすみつかせればよいかを，小数第1位を四捨五入して整数で答えなさい。

2 各問いに答えなさい。

（図１）のような器具を用いて，うすい塩酸（密度：1.0 g/cm^3）と石灰石《せっかいせき》を反応させる実験を行いました。

【実験１】 気体発生用密閉《みっぺい》容器に石灰石を1.00 g，うすい塩酸を10 cm^{3}入れて重さを測ったところ，120.00 gでした。この容器のふたを閉めた状態で容器をかたむけ，すべての塩酸を石灰石にかけました。すぐにふたをはずして観察すると，(1) 気体を発生させながら，石灰石がすべてとけました。その後，十分に時間が経《た》ってから再びふたを閉めて重さを測ると，119.56 gでした。

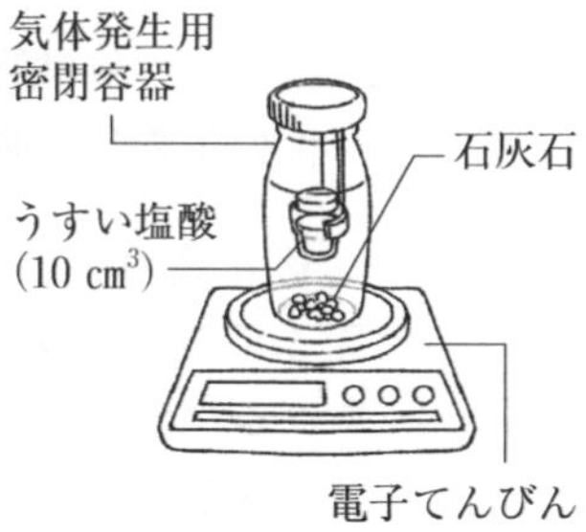

（図１）

【実験２】 【実験１】と同じ容器に，石灰石を1.00 g，同じ濃度《のうど》の塩酸を10 cm^{3}入れて，ふたをしっかりと閉めた状態で容器をかたむけ，塩酸と石灰石を反応させたところ，石灰石がすべてとけました。このときに，ふたをゆるめることなく重さを測ると，120.00 gでした。その後，ふたを開けるとプシュッと音がしました。十分に時間が経ってから再びふたを閉めて重さを測ると，（　ア　）gでした。

【実験３】 塩酸の濃度および体積は変えずに，加える石灰石の重さだけを変えて【実験１】と同じ操作を行いました。十分に時間が経ってから再びふたを閉めて重さを測ると，（表１）のような結果になりました。

（表１）

加えた石灰石の重さ（g）	1.5	2.0	2.5	3.0	3.5
十分に時間が経ったあとの重さ（g）	119.84	120.12	120.51	121.01	121.51
発生した気体の重さ（g）	（イ）	（ウ）	（エ）	（オ）	（カ）

問１　主成分が石灰石と同じ物質を次の①～⑥より2つ選び，記号で答えなさい。

①　紙　　②　とうふ　　③　貝がら
④　発ぽうスチロール　　⑤　大理石　　⑥　重曹《じゅうそう》

問２　下線部（1）で発生した気体を特定するには，次の選択肢《せんたくし》のうちどれを用いて，どのような変化が観察されればよいですか。１つ選んで簡単に説明しなさい。

【選択肢】　過酸化水素水　・　石灰水《せっかいすい》　・　炭酸水　・　ヨウ素液

問３　同じ器具を用いて，次の①～⑤の実験を行いました。【実験２】と同じように，ふたをゆるめることなく重さを測った後に，ふたを開けて，十分に時間が経《た》ってから再びふたを閉めて重さを測りました。このとき，重さが変化するものをすべて選び，記号で答えなさい。

①　銀板に塩酸を加える。
②　亜鉛《あえん》板に水酸化ナトリウム水よう液を加える。
③　食塩に水を加える。
④　二酸化マンガンにオキシドールを加える。
⑤　水酸化ナトリウムの固体に塩酸を加える。

問４　空らん（　ア　）にあてはまる数字を答えなさい。また，このとき発生した気体の重さは何 gですか。

問５　【実験３】について，次の（ａ），（ｂ）の問いに答えなさい。

（ａ）（表１）の（イ)～(カ）にあてはまる数字をそれぞれ答えなさい。
（ｂ）（表１）の結果を用いて，加えた石灰石《せっかいせき》の重さを横じくに，発生した気体の重さを縦じくにしたグラフを描《か》きなさい。ただし，縦じくの値は小数第２位まで記しなさい。

問６　【実験３】について，石灰石を0.5 gにして実験を行ったときに発生した気体の重さは何 gですか。小数第２位まで答えなさい。

問７　【実験３】について，石灰石を5.0 gにして実験を行うと発生する気体の重さは何 gですか。小数第２位まで答えなさい。

問８　塩酸の体積を２倍にして【実験３】と同じ操作を行った。石灰石を3.5 g加えたとき，十分に時間が経ってから再びふたを閉めて重さを測ると，何 gになりますか。小数第２位まで答えなさい。

3　各問いに答えなさい。

　鏡に向かって進む光を入射光といいます。また，鏡ではね返って進む光を反射光といいます。（図１）のように入射角と反射角は必ず同じになることがわかっています。光の反射する性質に関して【実験１】～【実験４】を行いました。

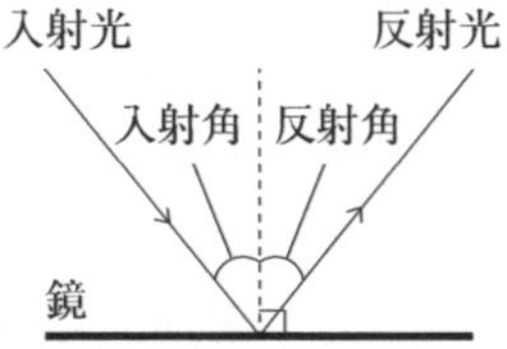

（図１）

【実験１】（図２）のように，45度の入射角で鏡に光を当て，反射光と線２がつくる角Ａの大きさを調べました。ただし，線１と線２は平行とします。

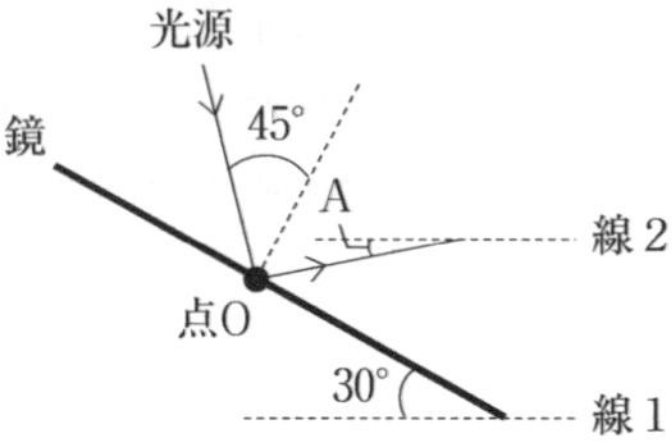

（図２）

【実験２】（図２）の状態から（図３）のように鏡を点Ｏを中心として，時計回りに10度回転させました。回転後の反射光が回転前の反射光とくらべてどちら向きに何度ずれるかを調べました。

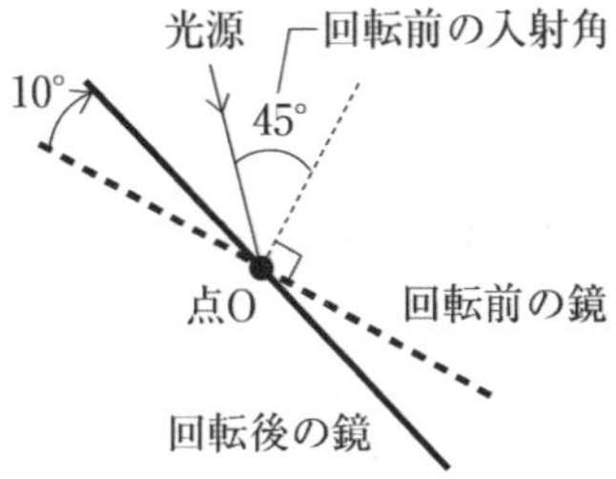

（図３）

【実験３】（図４）のように，光源（レーザー光源）を４つ準備して矢印の方向に光を当てました。鏡４枚を用いて点Ｂに多くの光を集める方法を考えました。

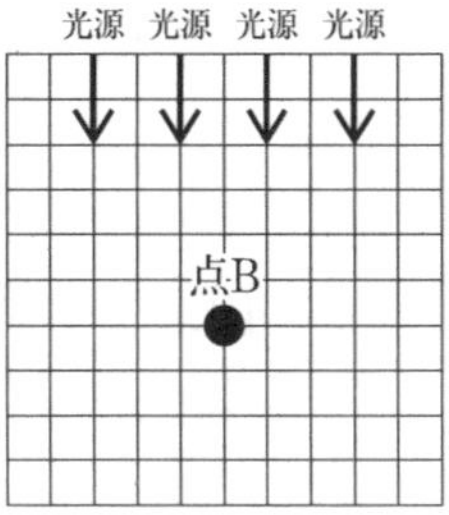

（図４）

【実験４】（図５）のようなソーラークッカーという器具を用いることで効率よく太陽光を集め，ものを温めることができます。ソーラークッカーを用いて，加熱時間と水の温度の関係を調べました。

（図５）

問１　【実験１】について，（図２）の角Ａの大きさは何度になりますか。

問２　【実験２】について，鏡を回転した後の反射光は，鏡を回転する前の反射光と比べて，どちら向きに何度ずれますか。ただし，向きについては解答らんの（ 時計回り・反時計回り ）のどちらかに○をつけなさい。

問３　【実験３】について，点Ｂに多くの光を集めるために次の①～④の鏡の配置を考えました。点Ｂに光を多く集めることができるものから順に①～④を並べなさい。ただし，図中の太線（ ━ ）は鏡を表しており，鏡はどこの面でも光を反射できるものとします。

①

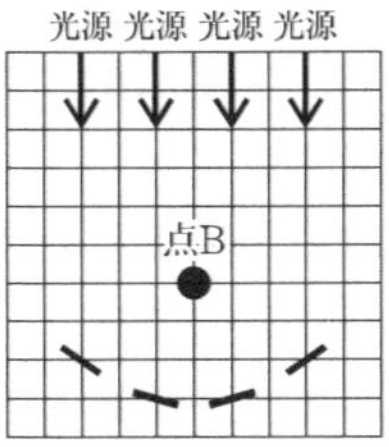

②

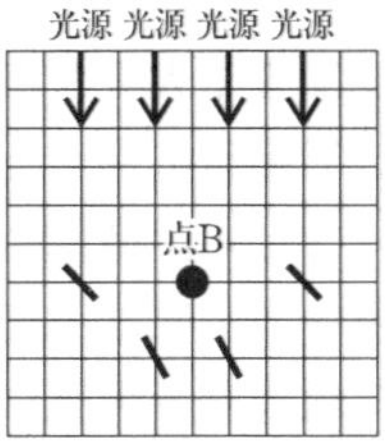

③

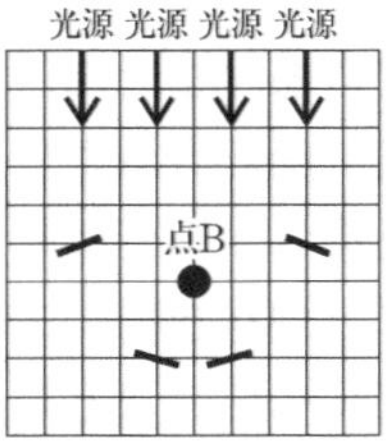

④

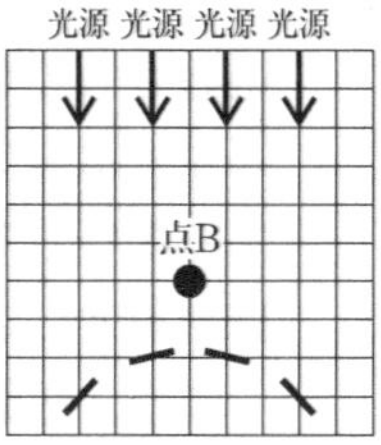

問４　【実験４】について，容器に入れる水の重さを変えて，ソーラークッカーで加熱しました。日なたにある場合と日かげにある場合の温度変化を調べると，（図６）のような結果になりました。次の（ａ）～（ｃ）の問いに答えなさい。ただし，日なたにある場合，日光の当たり方は変わらないものとします。

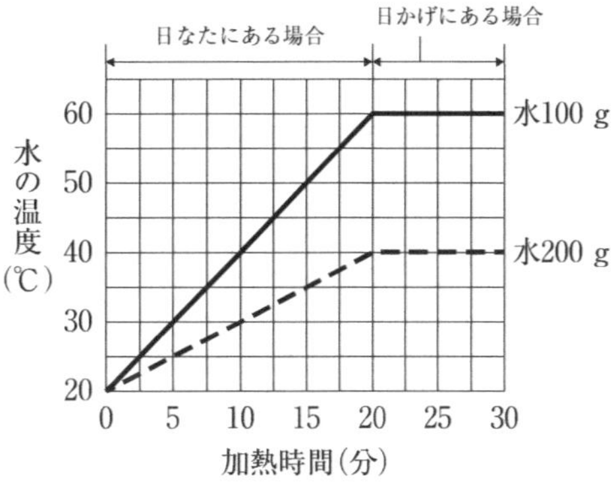

（図６）

（ａ）　20 ℃の水500 gを90 ℃にするには，何分間，日なたに放置する必要がありますか。

（ｂ）　500 gの水（20 ℃）が入った容器を２つ用意し，別々のソーラークッカーに取り付けて40分間放置しました。40分後，２つの水を合わせて１kgにすると，30 ℃になりました。片方のソーラークッカーのみ日かげに入っていた時間があったとすると，その時間は何分間ですか。ただし，同じ量で温度が異なる水を合わせた場合，２つの水のちょうど中間の温度になるとします。

（ｃ）　（ｂ）で２つの水を合わせた後，水の温度を60 ℃にするには，日なたでさらに何分間放置する必要がありますか。

4 各問いに答えなさい。

太陽は宇宙に膨大《ぼうだい》な量のエネルギーを放出しています。放出したエネルギーが地球に伝わることによって地球は温まり，私たちにとって暮らしやすい気温になっています。この場合の熱の伝わり方を (1) 放射と呼び，太陽からの放射を太陽放射といいます。地球の上空で太陽光に垂直な１m^2の面が１秒間に受け取る太陽放射のエネルギーを「(2) 太陽定数」といいます。（図１）のように地球上空で太陽光に垂直な円形の面（半径は地球の半径と同じ）が受け取るエネルギーを，地球が受け取る全エネルギーとして考えることができます。

地球に入ってくる太陽放射のエネルギーを100として，そのエネルギーが移動するようすを（図２）に表しました。ただし太陽放射によるエネルギーのすべてが地球に吸収されるわけではありません。地球には雲や大気があるので，太陽放射によるエネルギーは雲や大気に吸収されたり反射して宇宙に戻《もど》ったりします。

放射をしているのは太陽だけではありません。地球もまた放射しており，それを地球放射といいます。地球放射のエネルギーの一部は宇宙に戻されています。

また，放射以外にも伝導などによって地表から大気にエネルギーが移動します。

エネルギーの出入りのことを「(3) エネルギー収支」といいます。大気でも，地表でも入ってくるエネルギーと出ていくエネルギーの値は一定となっており，エネルギー収支はつりあっていることがわかります。例えば，大気について注目すると，大気から出ていくエネルギーは152であり，大気へ入ってくるエネルギーも合計で152になっています。

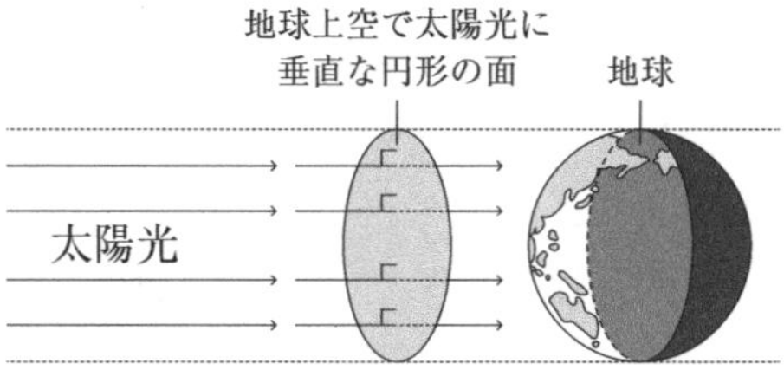

（図１）

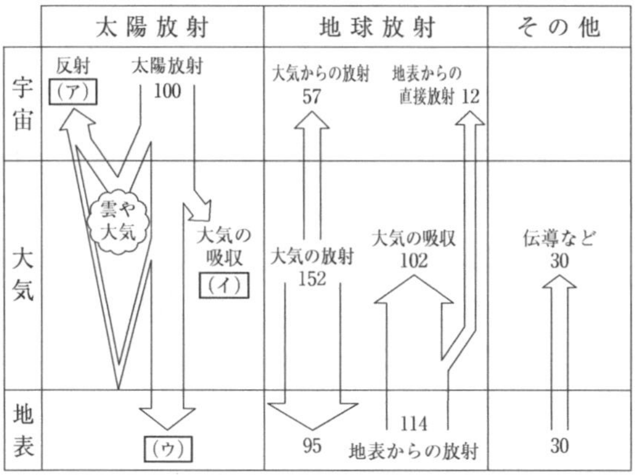

（図２）

問１　下線部（１）について，放射によって日常生活で私たちが温かいと感じる具体的な例を１つ説明しなさい。ただし，太陽放射や地球放射を除きます。

問２　下線部（２）について，0.01秒間に地球が太陽から受け取る全エネルギーを1512兆 J《ジュール》として，次の（ａ），（ｂ）の問いにそれぞれ答えなさい。ただし，円周率は３とします。また，Ｊはエネルギーの単位です。

（ａ）　地球の半径を600万 mとした場合の太陽定数の値を求めなさい。

（ｂ）　１秒間に地球が太陽から受け取る全エネルギーを地球の表面全体で平均したとき，１m^{2}あたり何 Jのエネルギーを受け取っているか求めなさい。ただし，地球全体の表面積は以下の式のように表せるものとします。

地球全体の表面積（m^2）＝４×円周率×地球の半径（m）×地球の半径（m）

問３　快晴の日の正午ごろに須磨《すま》学園のグラウンドで太陽から受け取るエネルギーを測定しました。測定結果から太陽定数を計算すると，本で調べた値よりも小さくなっていました。その理由としてもっとも適切なものを次の①～④より１つ選び，記号で答えなさい。

①　雲や大気が太陽放射の一部を反射したから。
②　地表から大気への放射があったから。
③　大気から宇宙への放射があったから。
④　伝導や対流による熱の移動があったから。

問４　下線部（３）について，エネルギー収支のつりあいを考えたとき，（図２）の（ア）～（ウ）に当てはまる数字をそれぞれ答えなさい。

問５　温室効果ガスが増加することによって気温が上昇《じょうしょう》します。気温の上昇にもっとも影響《えいきょう》を与《あた》えているのはどこからどこへの放射ですか。次の①～⑥より１つ選び，記号で答えなさい。

①　宇宙から大気　　②　宇宙から地表　　③　大気から地表
④　地表から大気　　⑤　地表から宇宙　　⑥　大気から宇宙

問６　2020年に日本政府は，2050年までに「二酸化炭素をはじめとする温室効果ガスの排出《はいしゅつ》量と吸収量を同じにすること」を目指すと宣言しました。このことを何といいますか。

2023(R5) 須磨学園中　第２回
K 教英出版

2023年度　須磨学園中学校入学試験

社　　会

第 2 回

（40分）

（注　意）

　解答用紙は、この問題冊子の中央にはさんであります。まず、解答用紙を取り出して、受験番号シールを貼り、受験番号と名前を記入しなさい。

1．すべての問題を解答しなさい。

2．解答はすべて解答用紙に記入しなさい。

3．試験終了《しゅうりょう》後、解答用紙のみ提出し、問題冊子は持ち帰りなさい。

須磨学園中学校

1 須磨学園中学校は神戸市須磨区に所在しています。須磨の歴史をまとめた以下の文章を読み、あとの問いに答えなさい。

古代の須磨南部では縄文時代の石ぞくが見つかっており、古くからこの地域で人々が生活していたことがうかがえる。①律令制の下で、このあたり一帯は摂津国雄伴《おとも》郡とされ、当時の須磨は長田郷の一部であった。平安時代には都からそう遠くなく②六甲山系を有し、瀬戸内海に面した山海の美しい須磨は貴族が俗世間を逃れて静かに住む場所となった。

中世では、源平合戦の舞台としても知られている。一の谷の戦いにおいて討たれた平敦盛ゆかりの須磨寺や那須与一《なすのよいち》の墓などが残されている。③鎌倉時代には須磨区域の開発が進み『平家物語』に板宿、須磨などの旧村名が見られるようになった。

近世になると西摂《せいせつ》の多くの村々とともに区内の西須磨・東須磨・大手・板宿が尼崎藩領とされた。のちに、須磨区内の尼崎藩領は江戸幕府に収公されて天領となり、④明治維新を迎えた。

近現代となり、須磨地域は兵庫県に編入され、須磨村が置かれた。そして大正時代に入った1920年４月１日に須磨村が神戸市と合併し、1931年、神戸市内に区制が実施されたとき、旧須磨町域に須磨区が置かれた。その後、⑤第二次世界大戦中に大幅な区域変更が行われ、1946年に垂水区が新設されてほぼ現在の区域が確定した。

戦後復興の進展によって平野部は大きく姿を変え、昭和40年代の⑥高度経済成長による宅地開発が進み、須磨北部の丘陵地《きゅうりょうち》にニュータウンの建設が進められ、白川台、名谷、落合、横尾、北須磨、高倉台などの団地が完成した。1995年に起こった阪神・淡路大震災を乗り越え、須磨のまちは発展を続けている。

問１　下線部①について、奈良時代の律令制の説明として正しいものを下の選択肢《せんたくし》**ア**～**エ**より１つ選び、記号で答えなさい。

ア　701年に成立した大宝律令は藤原不比等らによって制定された。

イ　律とは政治や制度のことをまとめた法で、令とは刑法のことである。

ウ　班田収授法では、６才以上の男子に口分田をあたえた。

エ　農民が負担した税には各地の特産物を納める雑徭や、収穫した稲を納める租などがあった。

問２　下線部②に関連して、下の**写真**は明治政府がイギリスより大阪造幣寮（現造幣局）に招いた化学兼冶金《やきん》技師であるウィリアム・ゴーランドです。彼はいわゆる近代登山を日本で初めて六甲山で行った人物として知られています。

また、ウィリアム・ゴーランドだけではなく、1870年代には政府に雇《やと》われた外国人の技術者や学者が日本にはたくさんいました。

1870年代の日本政府が多くの外国人を雇った目的を説明しなさい。

写真

問３　下線部③に関連して、**鎌倉時代に関連する写真や絵画ではないもの**を下の選択肢**ア〜エ**より１つ選び、記号で答えなさい。

ア

イ

ウ

エ

問4　下線部④に関連して、下の**資料A～C**は明治維新の際に活躍した人物が作成した日記や手紙の一部です。下の**資料A～C**を作成した人物は誰か、答えなさい。

資料A　薩長同盟締結の際に同席した坂本龍馬あての手紙【1866年2月22日】
伏見寺田屋で襲われたことについて述べています。

「大兄（龍馬）が伏見で襲われたことをちょっと聞いたときは大変驚きましたが、何とか逃れたということで安堵《あんど》しました。大兄は公明で寛大《かんだい》なのは良いのですが、あまりに無用心なので心配です。世の中が良くなるまではくれぐれもご用心下さい」

資料B　この人物と同じ長州藩出身の伊藤博文宅を訪れた際の日記【1871年4月7日】

「晴れ。十時に参朝、三時に退出。伊東貫斎を訪ね、その後、留守中である伊藤芳梅（博文）の家を訪ねた。米国に手紙を送る方法があるとのことであったので、芳梅と甥《おい》の彦太郎あてに手紙を書いた。東京権大参事の平岡を訪ね、数刻にわたり時勢を議論し、また（廣澤の）暗殺者どもの捜索《そうさく》状況についても話した。七時頃に帰宅。」

資料C　廃藩置県の際に書いた日記【1871年6月11日】

私は、この間から今までの間、薩摩・長州・土佐の三藩の兵、だいたい1万人を親兵として召し出し、朝廷を保護し、基礎《きそ》の確立を助けようとした。よって、三藩もまたきっとこの天皇のご意志を謹《つつし》んで受けることで、天下がすみやかに一つにまとまり、諸藩の方向性が一つにまとまるように尽力することをのぞんでいる。

問５　下線部⑤について、第二次世界大戦に関連する国の模式図です。空らんに入る国名を答えなさい。

※ ═══ は同盟関係、⟷ は交戦状態、‐‐‐‐ は不可侵《ふかしん》条約締結《ていけつ》

太平洋戦争開始時（1941年12月）の国際関係

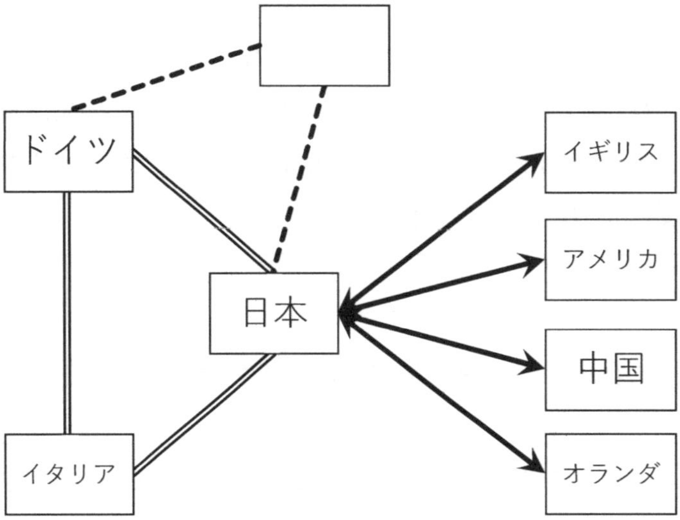

太平洋戦争終了時（1945年８月）の国際関係

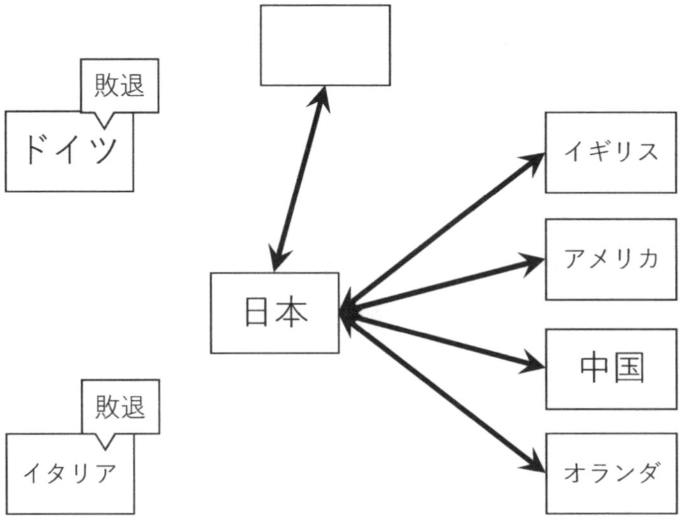

問６　下線部⑥について、高度経済成長期の1960年代に起こった**出《で》来《き》事《ごと》ではない**ものを下の選択肢**ア～エ**より１つ選び、記号で答えなさい。

ア　東海道新幹線が東京・新大阪間で開業した。

イ　「人類の進歩と調和」をテーマとする大阪万国博覧会が開催《かいさい》された。

ウ　相次ぐ公害問題の解決のために、公害対策基本法が成立した。

エ　第18回オリンピック東京大会が開催された。

2 須磨学園中学校では歴史の授業で貨幣《かへい》の歴史について調査しました。次の各班の発表を読んで、あとの問いに答えなさい。

A班の発表

図あ

図い

図う

①今確認されている中で日本最古の貨幣は**図あ**の富本銭《ふほんせん》です。7世紀後半につくられたと推定されていますが、この富本銭が実際に流通したのかはまだ不明なところが多いとされています。

一方、本格的に流通した貨幣として最も古いものとされているのは、**図い**の和同開珎《わどうかいちん》です。これは708年に今の埼玉県秩父市から②自然銅が産出されたことを記念して発行されたものとされています。それから250年の間に12種類の貨幣（皇朝十二銭《こうちょうじゅうにせん》）がつくられました。10世紀に最後の皇朝十二銭が鋳造《ちゅうぞう》された後、17世紀まで日本で貨幣が作られることはなくなり、**図う**のように③中国から輸入された銅銭が使用されるようになりました。

問１　下線部①に関連して、日本における現存最古のものにまつわる出来事として最も適切なものを下の選択肢《せんたくし》**ア～エ**より１つ選び、記号で答えなさい。

ア　現存最古の木造建築である法隆寺は聖武天皇によって建立された。

イ　現存最古の歴史書である『古事記』は飛鳥時代に書かれた。

ウ　現存最古の書院造りの建物である慈照寺（銀閣寺）は足利義政が建立した。

エ　現存最古のキリスト教建築物の大浦天主堂は戦国時代に築かれた。

問２　下線部②に関連して、このとき元号も「和銅」に改元されました。日本で最初の元号は何か漢字で答えなさい。

問３　下線部③について、どの王朝の時代に製造された銅銭が日本に輸入されましたか。適切なものを下の選択肢**ア**～**エ**より１つ選び、記号で答えなさい。

ア　隋　　　**イ**　唐　　　**ウ**　宋　　　**エ**　清

B班の発表

図え

図お

図か

15世紀になると、図えのように、国の許可なく個人がつくった銭貨が多く流通しました。これを私鋳銭《しちゅうせん》といいます。これらは質の悪いものも多く、それが原因となるトラブルも頻発《ひんぱつ》しました。④当時の室町幕府や大名は、こうしたトラブルを防ぐために「撰銭令《えりぜにれい》」という法令を出しますが、悪銭に関するトラブルは一向に減りませんでした。

⑤戦国時代になると金や銀の産出量が増えたこともあり、金貨や銀貨が多く鋳造されるようになりました。図おは、今の［　⑥　］県を拠点に支配した武田信玄がつくった甲州金の写真です。

その後、日本を統一した⑦豊臣秀吉は図かのような世界最大の金貨をつくりました。これを天正大判といいます。ただし、これは一般庶民《しょみん》の間で流通したものではなく、功績をあげた武将に対するほうびを目的として作ったものだと考えられています。

問４　下線部④に関連して、以下のＸ・Ｙは室町時代に関して説明した文章です。これらの文章の正誤の組み合わせとして適当なものを下の選択肢ア～エより１つ選び、記号で答えなさい。

Ｘ　足利義満は当時の中国皇帝から征夷大将軍に任命された。

Ｙ　当時の中国との貿易では室町幕府の発行した朱印状が必要だった。

ア　Ｘ－正　Ｙ－正　　イ　Ｘ－正　Ｙ－誤

ウ　Ｘ－誤　Ｙ－正　　エ　Ｘ－誤　Ｙ－誤

問５　下線部⑤について、下の地図中ア～エより戦国時代において金山や銀山が**開発されていなかった場所**を１つ選び、記号で答えなさい。

問６　空らん ⑥ に入る県名を漢字で答えなさい。

問７　下線部⑦について、1587年に豊臣秀吉はキリスト教に関する「バテレン追放令」を出しました。下の文章はそれを抜粋《ばっすい》し、いまの日本語に直したものです。その下の図を参考にしながら抜粋された文章の空らんにあてはまる語句を答えなさい。

一　日本は神国であるのに、キリスト教の国々から有害な教えを伝えるのは、はなはだけしからぬことである。
一　日本の仏教を破壊《はかい》するのはけしからぬことであるから、宣教師を日本の地におくことはできない。従って、今日より20日以内に用意して帰国せよ。
一　南蛮船は □ をしに来ているのだから、上記とは別のことなので、今後ともそれを続けられるようにせよ。

図　南蛮船の来航の様子

C班の発表

図き

図く

図け

江戸幕府は、地方によってバラバラだった貨幣の制度を全国で統一しました。3代将軍の⑧徳川家光の頃から図きのような寛永通宝《かんえいつうほう》が発行されて一般的に流通するようになりました。

江戸を中心とする東国では金貨を中心に、京や大坂などの西国では図くのような銀貨を中心に取引がなされました。東国と西国の経済的なつながりが深くなると、両替商《りょうがえしょう》と呼ばれる⑨金融業者《きんゆうぎょうしゃ》が活躍《かつやく》するようになりました。

明治維新によって江戸時代が終わると、明治新政府は新しいお金の単位「円」をつくり、図けのような紙幣を発行するようになりました。しかし、明治時代初期においては、紙幣そのものの価値や紙幣に関する制度は安定しませんでした。1890年代に入って、[⑩]の勝利で多額の賠償金《ばいしょうきん》を得たことによって、紙幣の価値が安定するようになりました。

問8　下線部⑧「徳川家光」が将軍だった時代に起きた出来事として**適切でないもの**を下の選択肢**ア〜エ**より1つ選び、記号で答えなさい。

ア　キリスト教徒や農民を中心に島原の乱が発生した。

イ　ポルトガル船が日本に来航することを禁止した。

ウ　全国の大名は参勤交代を義務づけられた。

エ　外国船への砲撃《ほうげき》を命じた異国船打払令が出された。

問９　下線部⑨「金融業者」について、以下は室町時代の農民が金融業者を襲撃《しゅうげき》したときの文書を現代語訳したものです。文章中の空らんにあてはまる語句を漢字で書きなさい。

> 1428年９月、一天下の農民が一斉《いっせい》に蜂起《はうき》した。「徳政だ」と叫《さけ》んで、酒屋・土倉・寺院などを襲《おそ》って墓石、質入れした物品などを思うままに略奪《りゃくだつ》し、[　　]の証文などをすべて破り捨ててしまった。

問10　空らん[⑩]の戦争で戦場となった場所として適切なものを下の地図中**ア**～**エ**より１つ選び、記号で答えなさい。

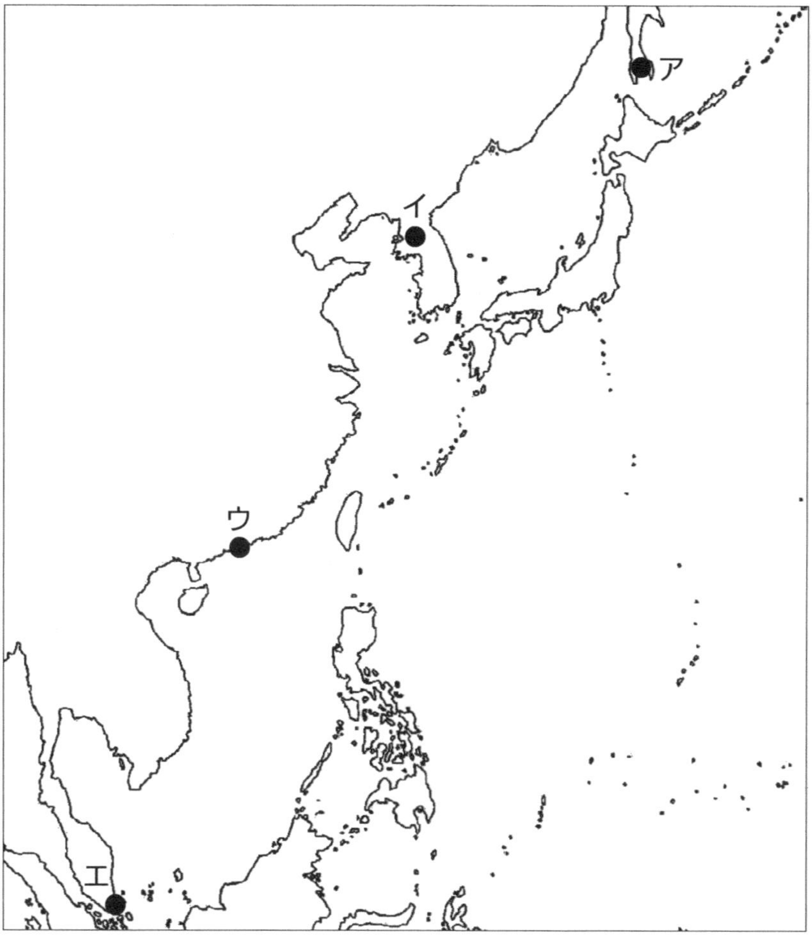

3　宮城県と宮崎県に関するあとの問いに答えなさい。

問１　次の文章は、宮城県か宮崎県いずれかの水産業の様子を説明したものです。文章中と下の地図ア～エ中のＸとＹにあてはまる魚を正しく表しているものを１つ選び、記号で答えなさい。

> 本県の海岸線は、総延長400kmで、北部と南部で入り組んだ複雑な海岸が多くみられますが、中部は平坦《へいたん》な砂丘地帯となっています。
> 沿岸の海域は、沖合を北上する黒潮の影響が強く、流入河川水や北方から南下する沿岸水と黒潮との間で複雑な海況《かいきょう》を呈《てい》して、イワシ、（　　Ｘ　　）の好漁場となり、さらにその沖合には（　　Ｙ　　）の漁場が形成されています。

ア

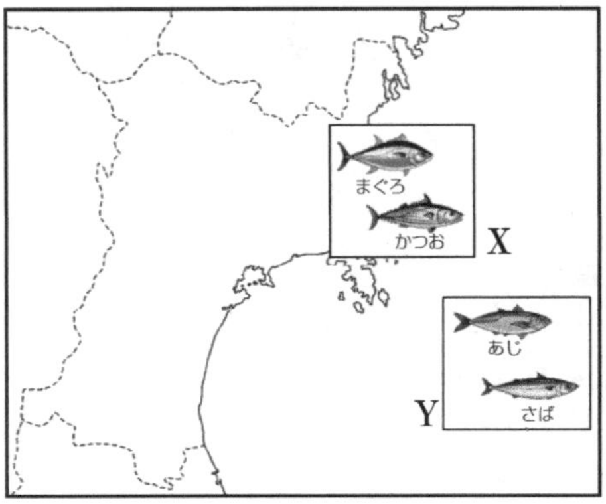

イ

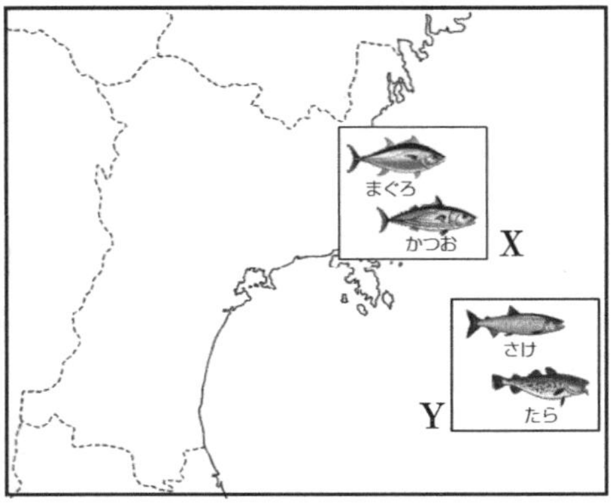

ウ

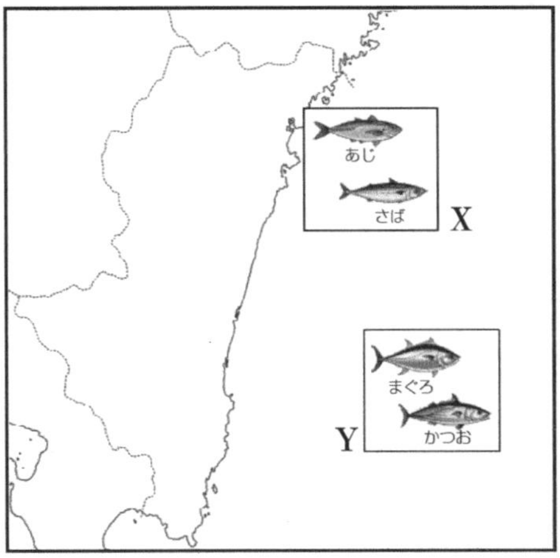

エ

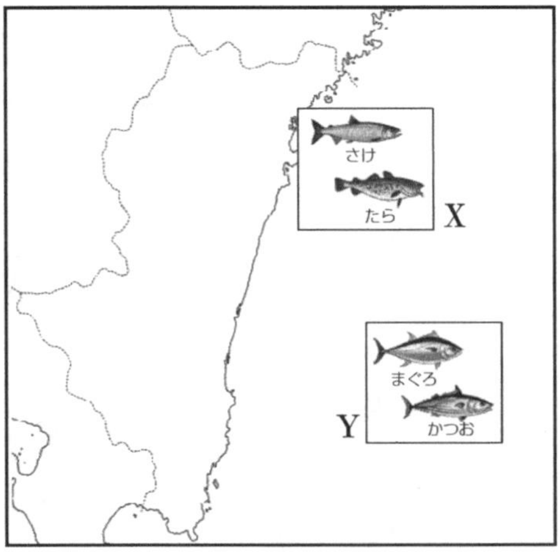

上段と下段の地図の縮尺は異なります。

問２　次の表は仙台市（仙台駅）、宮崎市（宮崎駅）、福岡市（博多駅）のいずれかへ京都市（京都駅）から向かった場合の、鉄道での所要時間の変化を表しており、地図は京都市の直線距離500km圏《けん》を表しています。表中のＡ～Ｃと都市名との正しい組み合わせを下の**ア～カ**より１つ選び、記号で答えなさい。

	鉄道所要時間	
	1980年10月	2022年10月
A	4時間3分	2時間43分
B	7時間14分	3時間39分
C	8時間53分	6時間7分

※乗り換《か》え時間は考慮《こうりょ》せず、最も速い列車の所要時間を計算したもの。
JTBパブリッシング 時刻表などにより作成。

	ア	イ	ウ	エ	オ	カ
仙台市	A	A	B	B	C	C
宮崎市	B	C	A	C	A	B
福岡市	C	B	C	A	B	A

問３　次の地図は、宮城県と宮崎県以外の45都道府県の県庁所在地の起源を、城下町、港町、門前町、その他の４種類に分類して表したものです。宮崎県の県庁所在地を表すとすればどの記号になりますか。下の選択肢《せんたくし》**ア〜エ**より１つ選び、記号で答えなさい。

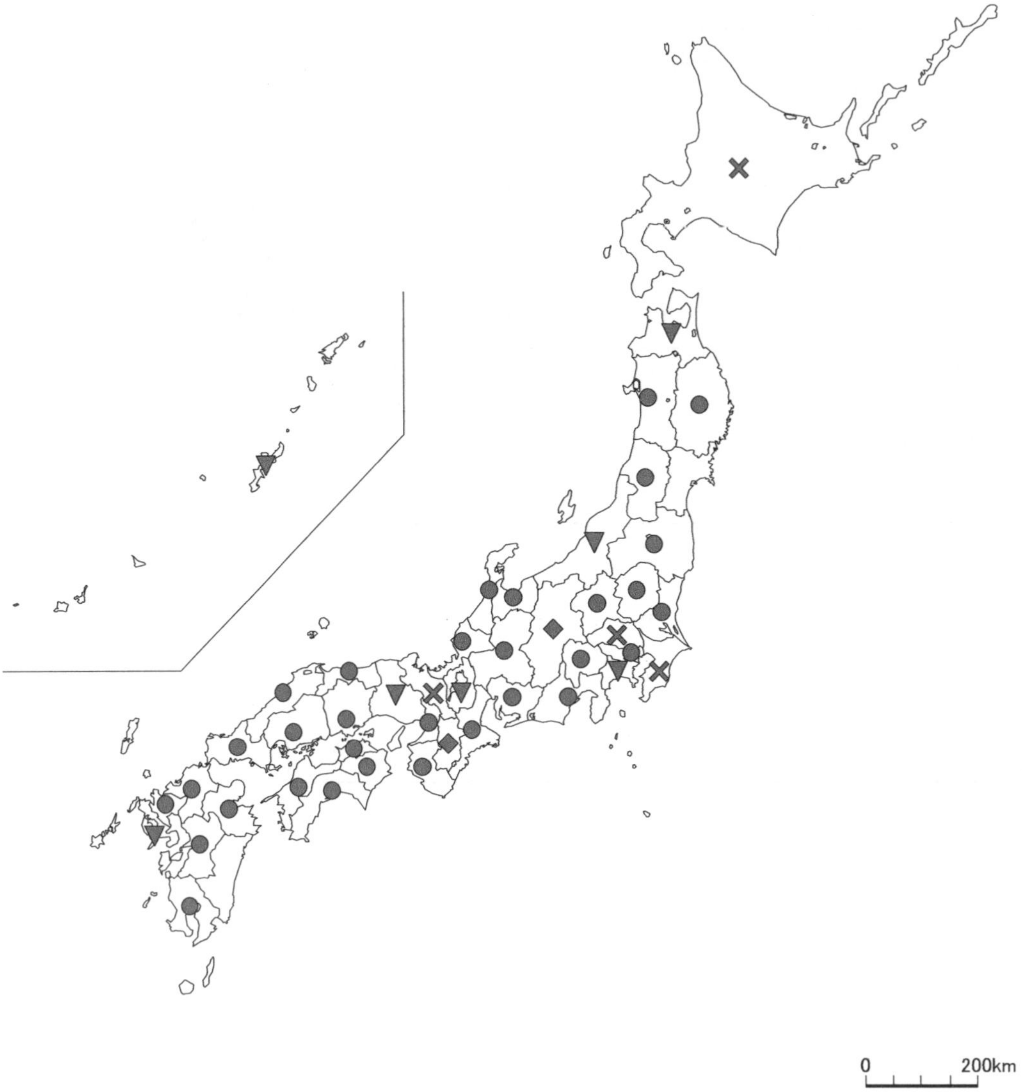

ア ●　　イ ▼　　ウ ◆　　エ ✕

二

（※の欄には、何も記入してはいけません）

問一	※
a	
b	
c	
d	
問二	※
問三	
問四	※
問五	
問六	※
問七	※
問八	※

2023SUMAJ0210

※

※150点満点
（配点非公表）

※

教英出版

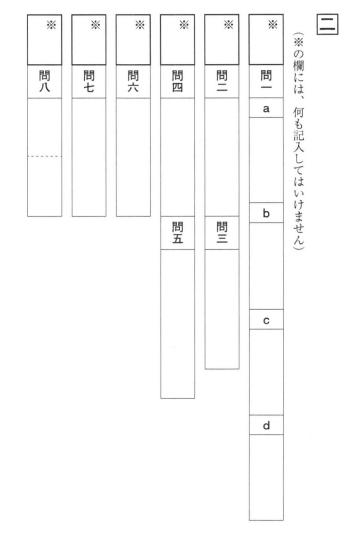

答え

分速　　　　m

4

(1)	(2)	(3)	(4)
	段目		

※

5

(1)	(2)	(3)	(4)
m	m	度	m

※

※

※150点満点
（配点非公表）

2023SUMAJ0220

問5	(b)	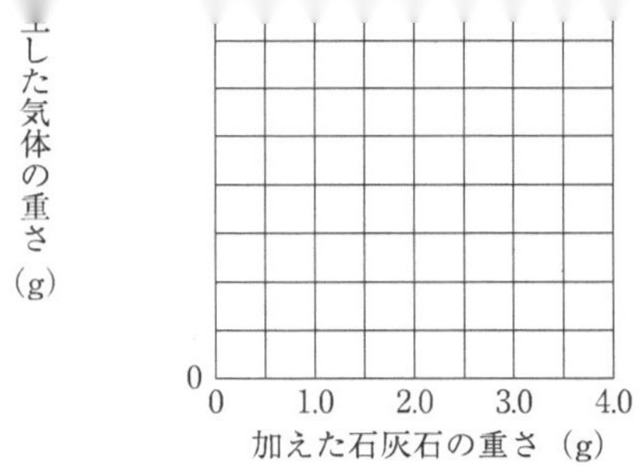	問7	g
			問8	g

※

3

問1	度				
問2	（　時計回り　・　反時計回り　）に　度				
問3	→　→　→				
問4	(a) 分間	(b) 分間	(c) 分間		

※

4

問1							
問2	(a)	1 m^2あたり毎秒　J	(b)	J			
問3		問4	ア		イ		ウ
問5		問6					

※

※

※100点満点
（配点非公表）

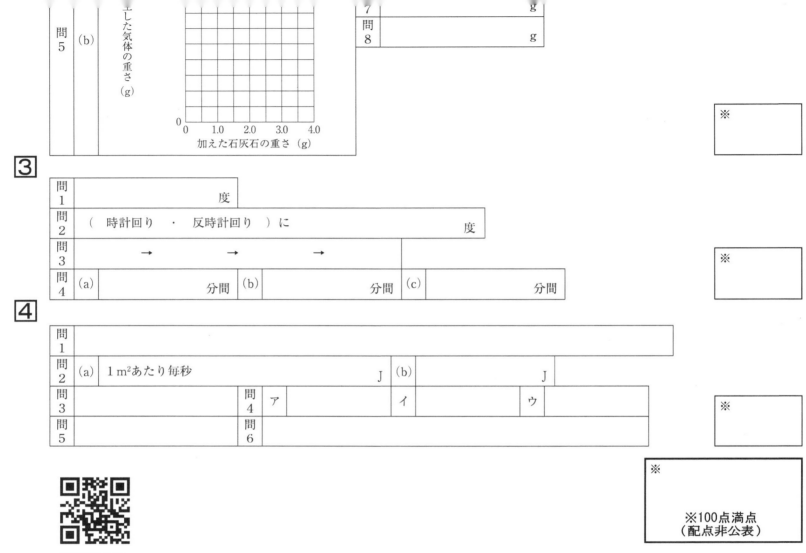

4	(1)		(2)		5

※

4

問1		問2		問3		問4	
問5							
問6							

※

5

問1		問2		問3	省
問4		問5		問6	
問7					

※

※

※100点満点
（配点非公表）

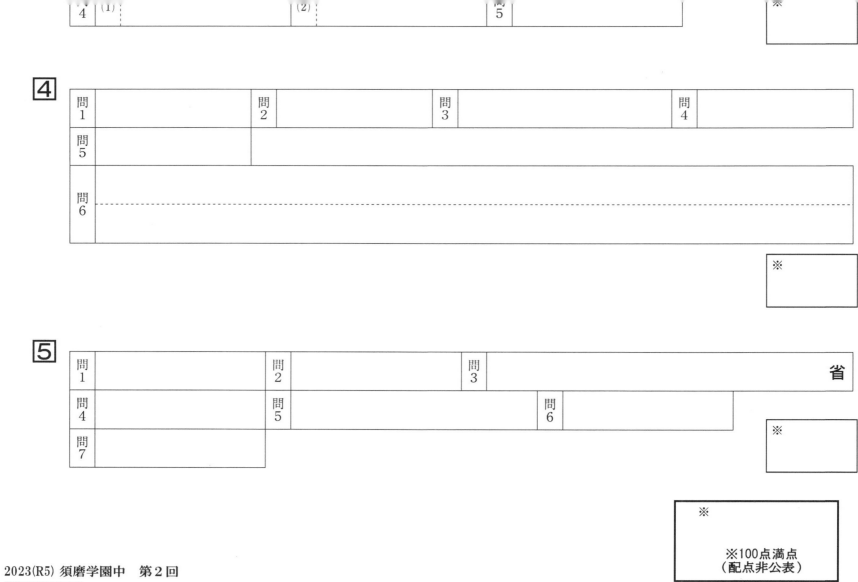

↓ここにシールを張ってください↓

受験番号

名前	

２０２３年度　須磨学園中学校　第２回入学試験解答用紙　社会

（※のらんには、何も記入してはいけません）

1

問1			
問2			
問3		問4	
問5		問6	

※

2

問1		問2		問3		問4	
問5		問6	県	問7			
問8		問9		問10			

※

【解答用

3

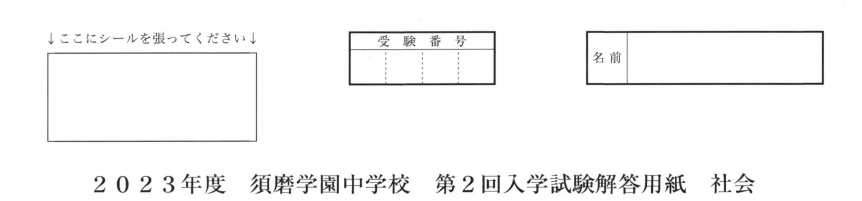

↓ここにシールを貼ってください↓

受験番号

名前	

２０２３年度　須磨学園中学校　第２回入学試験解答用紙　理科

（※の欄《らん》には、何も記入してはいけません）

1

問1		問2		問3	本

問4	(a)		
	(b)	記号	
		理由	

問5	(a)	（　北側　・　南側　）が　　　年早い	(b)	（　北　・　南　）に	m

※

2

問1	
問2	

問3		問4	ア		発生した気体の重さ	g

(a)	イ	g	ウ	g	エ	g	オ	g	カ	g	

【解答用

↓ここにシールを貼ってください↓

受験番号

名前	

２０２３年度　須磨学園中学校　第２回入学試験解答用紙　算数

（※の欄《らん》には、何も記入してはいけません）

1

(1)	(2)	(3)	(4)	(5)
		m		

※

2

(1)	(2)	(3)	(4)	(5)
度	倍	%	m^2	曜日
(6) 通り	(7) 時	分	(8) cm^3	

※

3

(1)	(2)
分	時間　分　秒

※

【解答

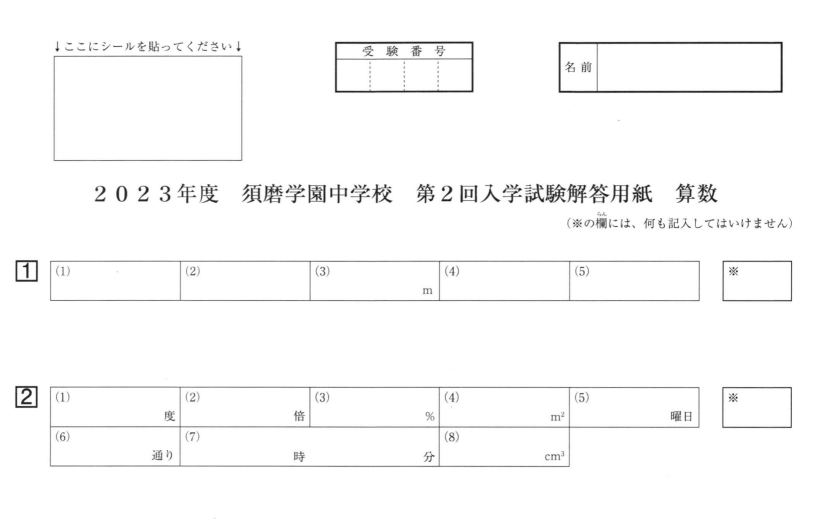

↓ここにシールを貼ってください↓

受　験　番　号

名前	

２０２３年度　須磨学園中学校　第２回入学試験解答用紙　国語

一

（※の欄《らん》には、何も記入してはいけません）

問一	
※	
a	
b	
c	

問二	
※	
1	
2	

問三	問四
※	

問五	問六
※	

問七	問八
※	

問九
※

20　40　60　80　100　120

※

【解答

問4　宮城県と宮崎県、両県のある東北地方と九州地方に関する次の問いに答えなさい。

（1）　次の図1と図2の地図上に、各地方で標高が高い順に3つの山の位置を▲で、流域面積の広い順に3つの川の河口の位置を▼で示しました。このうち、**誤りを含む**のはどれですか。下の選択肢**ア～エ**より1つ選び、記号で答えなさい。

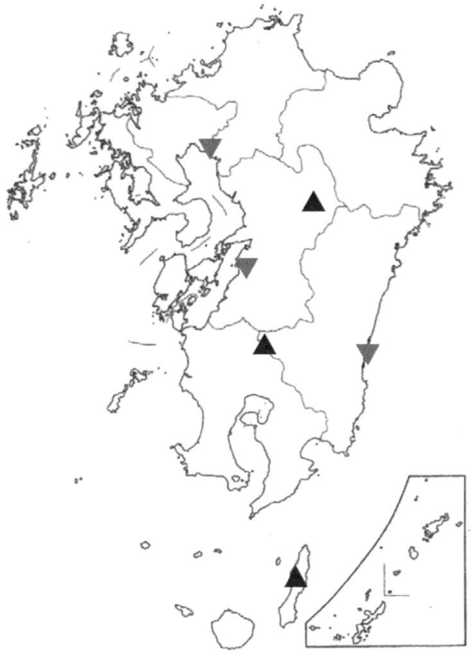

図1

図2

※両図で縮尺は異なります。

ア　九州地方で高い3つの山の位置

イ　九州地方で流域面積の広い3つの川の河口の位置

ウ　東北地方で高い3つの山の位置

エ　東北地方で流域面積の広い3つの川の河口の位置

（2） 宮城県と宮崎県に関して、下の2つの表は、都道府県ごとの情報通信業の売上高と人口10万人あたりの病床《びょうしょう》数を表しており、右ページの図は宮城県か宮崎県の主要な市の人口規模を表しています。

表中のP、Qと図Ⅰ、Ⅱにはそれぞれ宮城県か宮崎県があてはまります。宮城県にあたるものの組合せとして適切なものをあとの選択肢**ア～エ**より1つ選び、記号で答えなさい。

【情報通信業の売上高】

（単位　億円）

東　京	197,064
大　阪	21,663
神奈川	21,556
愛　知	12,919
福　岡	6,207
千　葉	5,540
北海道	3,635
兵　庫	3,326
埼　玉	2,580
P	2,561

（2018年）

【人口10万人あたりの病床数】

（単位　床）

高　知	2508.3
鹿児島	2061.3
長　崎	1957.5
熊　本	1941.1
徳　島	1931.6
山　口	1908.5
佐　賀	1786.6
北海道	1774.6
Q	1749.4
大　分	1747.8

（2019年）

【各県内の主要都市の人口規模】

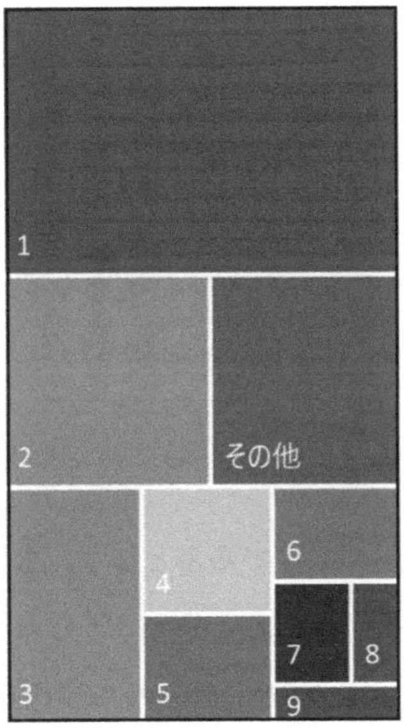

【Ⅰ】

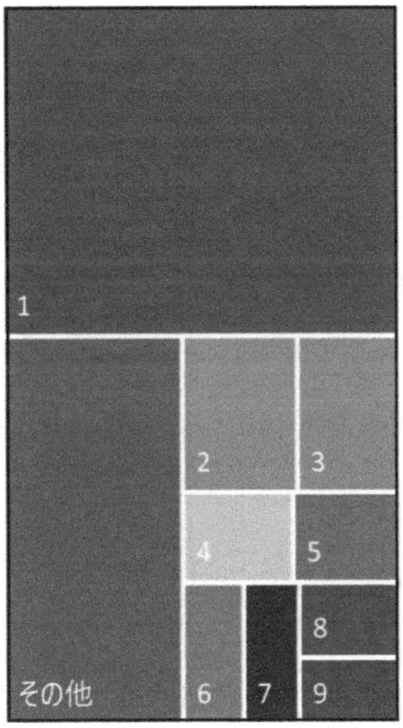

【Ⅱ】

※『県勢2022』により作成。
※１～９の数字はその市の人口の県内での順位を表しています。

ア　P ―【Ⅰ】　　イ　P ―【Ⅱ】
ウ　Q ―【Ⅰ】　　エ　Q ―【Ⅱ】

問５　就職や進学などを機に地方から３大都市圏へ移住する人が多くいる反面、大都市圏から地方へ移住する人もいます。中には生まれ故郷ではなく、生まれ故郷の近隣《きんりん》の地方都市に移住するケースも見られ、仙台市は、このような移住者に人気の都市となっています。このような移住のかたちを何といいますか。下の選択肢**ア～エ**より１つ選び、記号で答えなさい。

ア　Ｉターン　　イ　Ｊターン　　ウ　Ｏターン　　エ　Ｕターン

4 **須磨学園中学校のあおいくん、はるとくん、ひまりさんの３人は、日本や世界各地で発生している自然災害について調べていました。これに関するあとの問いに答えなさい。**

自然災害といってもたくさんあり、①台風や梅雨のような大雨が原因で洪水《こうずい》や②土砂災害が発生することもあれば、地震や③火山活動といった地球内部の力によって発生することもあると知りました。そしてそうした④自然災害でたくさんの人々が被害《ひがい》を受けることもあれば、⑤農業や⑥工業といった産業が打撃《だげき》を受けることもあると学びました。

この３人が調べた内容について下の問いに答えなさい。

問１　下線部①に関連して、３人は台風が熱帯低気圧の１つであると知り、世界には台風以外にもサイクロン、ハリケーンという熱帯低気圧があると分かりました。右ページの２つの地図を見ながら３人が会話をしています。３人の発言について**適切でないもの**はどれか、下の選択肢《せんたくし》**ア～エ**より１つ選び、記号で答えなさい。

あおいくん　「暖流が流れていると、海水の水温が高くなるから、熱帯低気圧が発生する場所は暖流が流れているところに多いね。」

はるとくん　「熱帯低気圧が発生するような気温が高い場所では、大きな海の中で暖流が東側から西側に向かって流れることが多いから、太平洋や大西洋の東側では、西側に比べると熱帯低気圧の発生が少ないね。」

ひまりさん　「気温が高いと海水の水温も高くなるから、熱帯低気圧が最も発生しているのが赤道上だということが読み取れるね。」

ア　あおいくんが適切でない。

イ　はるとくんが適切でない。

ウ　ひまりさんが適切でない。

エ　３人とも正しい。

【熱帯低気圧の発生場所と動き】

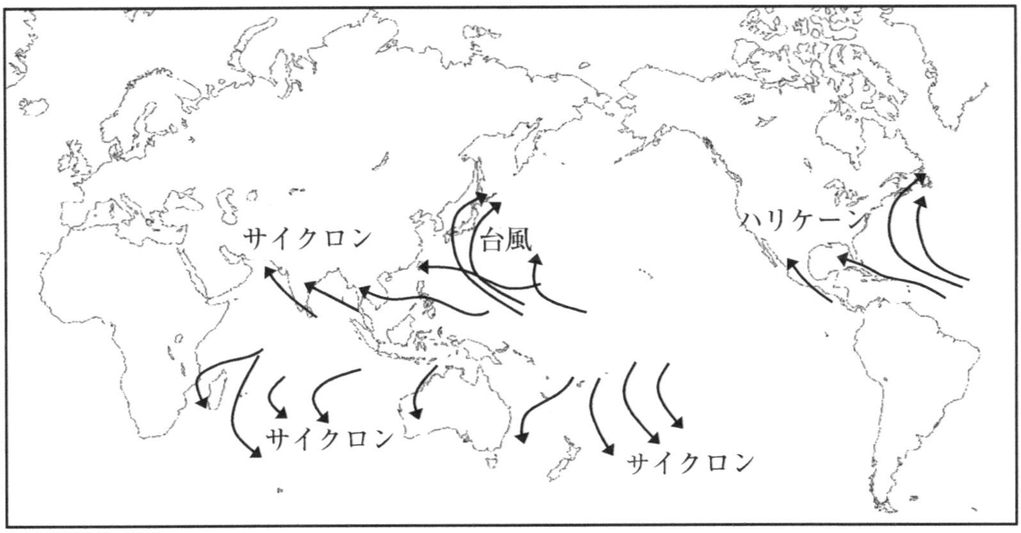

【海流】

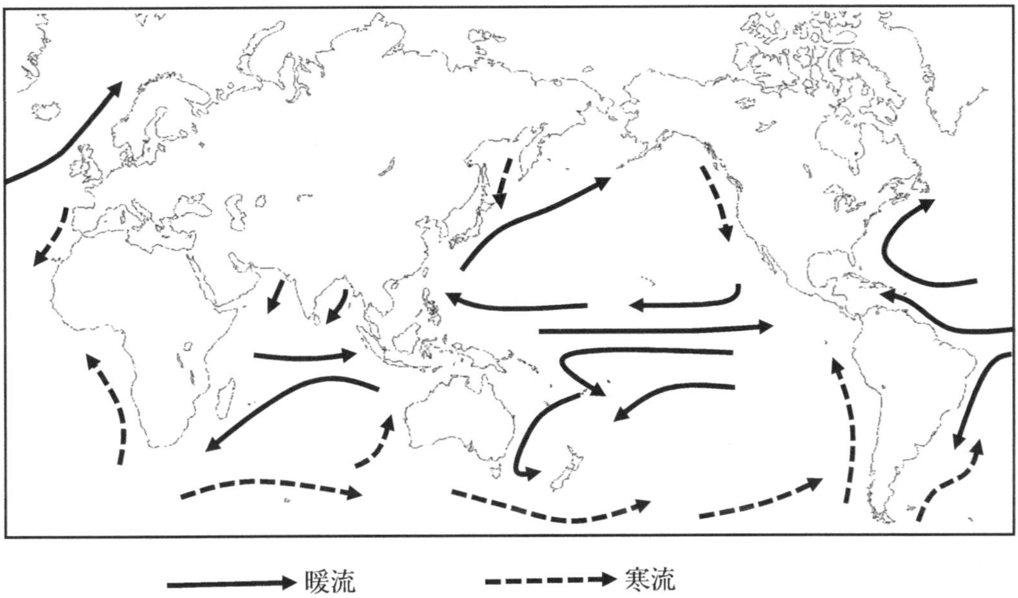

※両図とも帝国書院発行の教科用図書と地図帳を基に作成。

問２　下線部②に関連して、斜面《しゃめん》が土砂災害を引き起こすことを知ったはるとくんは、斜面について詳しく知るため地形図と等高線の学習をしていました。次の図のような地図の範《はん》囲《い》内では等高線はどのようになっていますか。適切なものをあとのア～エより１つ選び、記号で答えなさい。この図の範囲で最も乗降客数が多い駅には★を付けています。

図

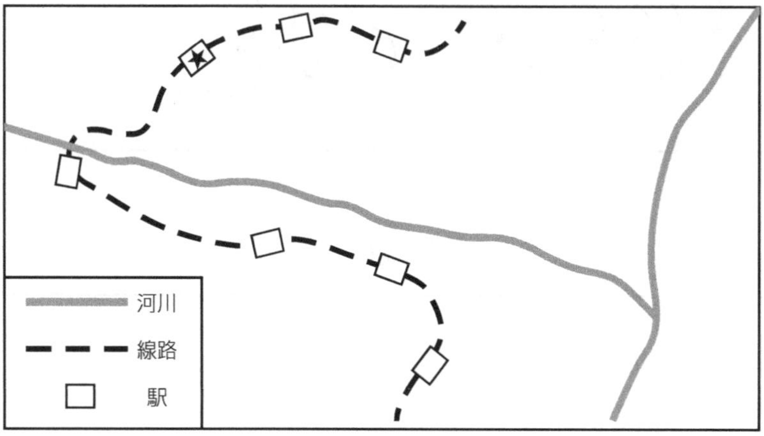

ア

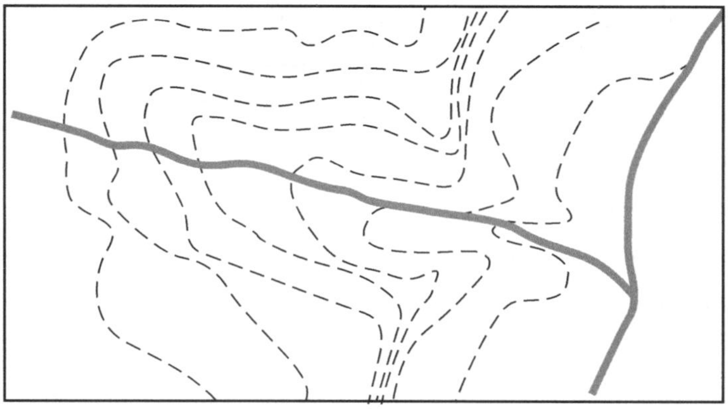

イ

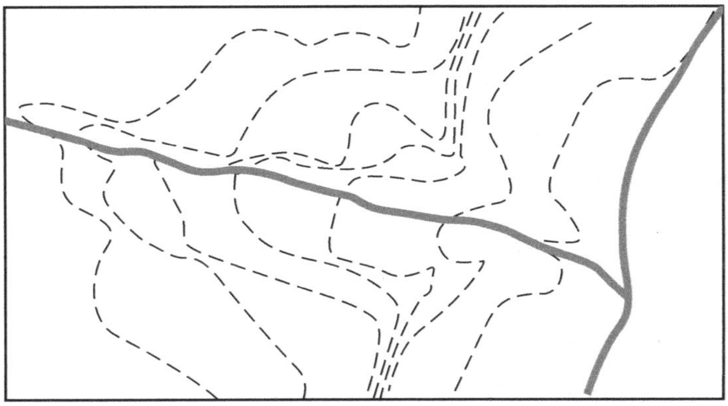

ウ

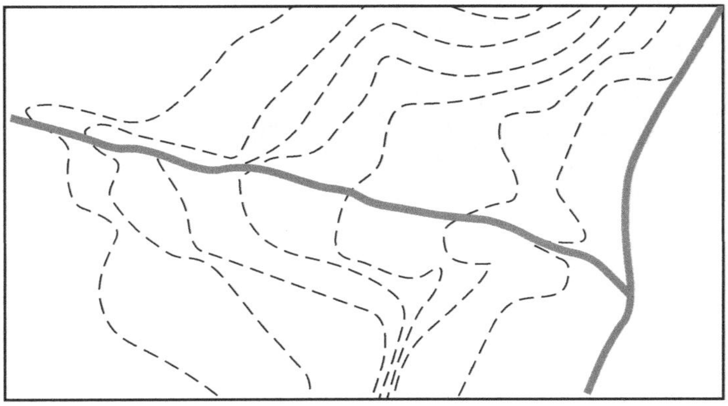

エ

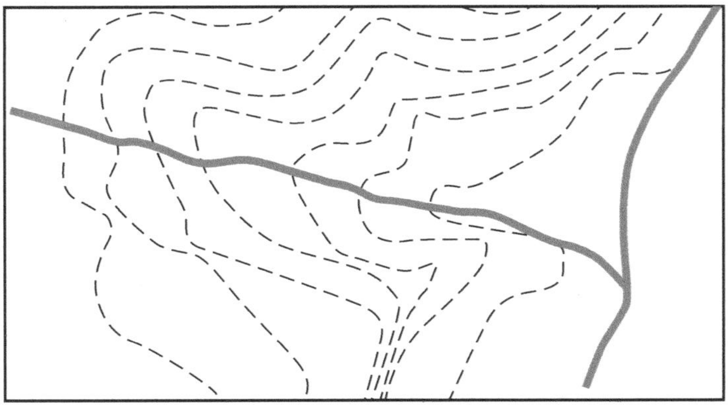

問３　下線部③について、2021年８月に小笠原諸島の福徳岡ノ場という海底火山が噴火《ふんか》、下の**写真**のように各地の海岸に軽石が漂着《ひょうちゃく》し、漁業に被害が及《およ》んでいます。小笠原諸島はどの都道府県に属しているか答えなさい。

写真「海岸に漂着した軽石」

問４　下線部④に関連して、最近では大雨が地球環境《かんきょう》問題によってもたらされることがあると３人は知りました。その地球環境問題に当てはまるものを下の選択肢**ア～エ**より１つ選び、記号で答えなさい。

ア　オゾン層の破壊《はかい》　　　　**イ**　砂漠《さばく》化

ウ　酸性雨　　　　　　　　**エ**　地球温暖化

問５　下線部⑤について、あおいくんは令和２年７月豪雨《ごうう》で、熊本県と福岡県と山形県で農業被害が大きかったことを知り、次の表を作りました。この表はこの３つの県について、すいか、なす、ももの被害を示したもので、表の中の**A**と**B**は福岡県と山形県のいずれかを、**X**と**Y**はなすとももいずれかを表しています。福岡県となすの組み合わせとして正しいものを、下の選択肢**ア**～**エ**より１つ選び、記号で答えなさい。

（単位：トン）

	熊本県	A	B
すいか	6	501	0
X	206	34	259
Y	0	655	3

※e-Statより作成

ア　**A－X**　　**イ**　**A－Y**　　**ウ**　**B－X**　　**エ**　**B－Y**

問６　下線部⑥について、はるとくんは2011年に発生した東日本大震災で、工業の中でも自動車産業の打撃が大きかったことを知りました。次の図も見ながら、なぜ自動車産業で大きな打撃を受けたのかを説明しなさい。

図

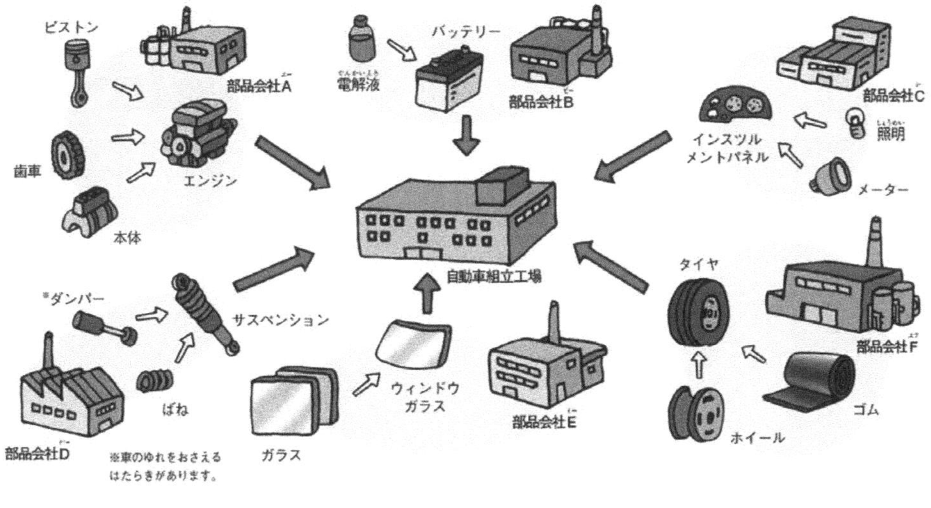

ポプラ社『ポプラディア情報館　自動車』より

5 次の文章を読み、以下の問いに答えなさい。

令和４年（2022年）度中に本格移転を目指していた文化庁は、令和５年（2023年）３月27日より京都府での業務を開始することが決まっています。この移転は、2016年に①閣議で決定した「まち・ひと・しごと創生基本方針 2016」に基づいて、段階的・計画的に少しずつ進められてきたものです。

文化庁は1968年に文部省（現文部科学省）の外局として設置されました。文化庁が行っている仕事はたくさんあり、出版物の著作権保護や②文化財の保存および活用などがあります。長官には2021年４月１日から作曲家の③都倉俊一《とくらしゅんいち》さんが就任しています。この文化庁も含めて、中央省庁とよばれる行政機関のほとんどすべては、④首都である東京に設置されていました。

こうした⑤中央集権や行き過ぎた東京への集中について改善を求める声が出てくる中で、⑥地方創生の柱として国の仕事を行う機関を東京以外の都市に分散させようという考えが生まれ、文化庁を京都に移転することが決められました。

文化庁ホームページより

問１　下線部①に関連して、閣議は内閣総理大臣とすべての国務大臣が出席して行われる会議です。国務大臣について述べた文章として**適切でないもの**を、下の選択肢《せんたくし》**ア～エ**より１つ選び、記号で答えなさい。

ア　自衛官は国務大臣になることができない。
イ　国務大臣の半分以上は国会議員でなければならない。
ウ　国務大臣は国会からの指名を受けなければならない。
エ　国務大臣は憲法に基づいて政治を行わなければならない。

問２　下線部②について、国立の博物館や美術館を設置して運営する、というものがあり、この活動を国が行う理由を次の文章で説明しました。説明文の**A～C**の空らんに適する言葉の組合せとして正しいものを、下の選択肢**ア～ク**より１つ選び、記号で答えなさい。

〈説明文〉

文化芸術作品を保存するというのは、大規模な設備が必要なことも多く、利益が　A　活動です。仮に博物館や美術館に人気が出て、周りのお店の利益が増えたとします。その場合、周りのお店は博物館や美術館に対して増えた利益の分のお金を　B　。以上のことから、　C　ことを求められる企業にとっては運営するのが困難なため、国が行うことが多いのです。

ア　A－出やすい　B－支払います　C－社会に貢献《こうけん》する
イ　A－出やすい　B－支払います　C－儲《もう》けを増やす
ウ　A－出やすい　B－支払いません　C－社会に貢献する
エ　A－出やすい　B－支払いません　C－儲けを増やす
オ　A－出にくい　B－支払います　C－社会に貢献する
カ　A－出にくい　B－支払います　C－儲けを増やす
キ　A－出にくい　B－支払いません　C－社会に貢献する
ク　A－出にくい　B－支払いません　C－儲けを増やす

問３　下線部③について、都倉俊一さんは須磨学園の学園歌も作曲しました。このことについて述べた次の文章を読み、空らんに当てはまる言葉を正式名称となるように漢字で答えなさい。

学園歌の歌詞の中に
「ひろがるは　明日につながる　須磨の海　伸びる大橋」
という部分がありますが、海と橋は［　　］省が管理をしています。

本州四国連絡高速道路ホームページより

問４　下線部④について、次のA～Cの施《し》設《せつ》のうちアメリカ合衆国の首都に置かれているものはどれですか。その説明として適切なものを下の選択肢**ア～エ**より１つ選び、記号で答えなさい。

A　国際連合の本部

B　世界最大の証券取引所

C　大統領が仕事をするホワイトハウス

ア　Aが置かれている　　　　イ　Bが置かれている

ウ　Cが置かれている　　　　エ　A～Cのいずれも置かれていない

問５　下線部⑤に関連して、アメリカやドイツと比べて日本は中央集権の度合いの高い国です。一方、都道府県や市町村といった地方公共団体で地域住民のための政治も行われています。国が行う政治と地方公共団体が行う政治を比較した文章として正しいものを、下の選択肢**ア～エ**より**すべて選び**、記号で答えなさい。

ア　国の内閣総理大臣は国民の選挙で選出する役職ではないが、地方公共団体の首長は住民の選挙で選出される。

イ　国の法律は国会のみが制定できるが、地方公共団体の条例は住民投票のみでも制定できる。

ウ　国会議員は国民投票で解職することはできないが、地方公共団体の議員は住民投票で解職することができる。

エ　内閣は最高裁判所長官を指名し、地方公共団体の首長は地方裁判所の裁判官を任命する。

問６　下線部⑥に関連して、次の表は、平成20年度と平成30年度のそれぞれの年度について、兵庫県と鳥取県の歳入《さいにゅう》を示したもので、単位は100万円です。

この表について説明した次の**メモ**を読み、**説明文**中の空らんに適する言葉の組み合わせとして正しいものを、下の**ア～ク**より１つ選び、記号で答えなさい。

※各県のホームページより作成

県	年度	歳入合計	県税	地方交付税	国庫支出金
兵庫県	平成20年度	2,025,111	707,837	297,135	190,727
	平成30年度	1,792,583	714,766	292,784	160,944
鳥取県	平成20年度	348,514	55,040	131,528	55,303
	平成30年度	351,751	53,328	134,037	51,435

メモ

- ●県税…県に納められる税金
- ●地方交付税…地方による格差を減らす目的で国が地方自治体に交付するお金
- ●国庫支出金…国が指示する業務を行うために国が地方自治体に交付するお金

説明文

兵庫県と鳥取県を比べると、[A]は歳入に占める県税の割合が、平成20年度から平成30年度にかけて伸びています。これは[A]は[B]に比べて人口や企業の数が十分にあるためと考えられます。[B]は[C]の占める割合がいずれの年度でも[A]より10％以上高く、[D]を図っています。

	A	B	C	D
ア	兵庫県	鳥取県	国庫支出金	都道府県間の格差の是正《ぜせい》
イ	兵庫県	鳥取県	国庫支出金	国が指示する業務の増加
ウ	兵庫県	鳥取県	地方交付税	都道府県間の格差の是正
エ	兵庫県	鳥取県	地方交付税	国が指示する業務の増加
オ	鳥取県	兵庫県	国庫支出金	都道府県間の格差の是正
カ	鳥取県	兵庫県	国庫支出金	国が指示する業務の増加
キ	鳥取県	兵庫県	地方交付税	都道府県間の格差の是正
ク	鳥取県	兵庫県	地方交付税	国が指示する業務の増加

問７　文化という言葉は、日本国憲法の第25条にも使われています。この条文が保障している人権と最も関係が深いものを、下の選択肢**ア〜エ**より１つ選び、記号で答えなさい。

ア　国民は法律で定められていない理由で逮捕《たいほ》されることがない。

イ　発売の前に国家から点検を受けることなく出版物を売ることができる。

ウ　生活に困っている国民は、国から必要なお金を受け取ることができる。

エ　国民は国家や他人から強制されずに自由に宗教を信じることができる。

2022年度　須磨学園中学校入学試験

国　　語

第 2 回

（60分）

（注　意）

解答用紙は、この問題冊子の中央にはさんであります。まず、解答用紙を取り出して、受験番号シールを貼り、受験番号と名前を記入しなさい。

1．すべての問題を解答しなさい。

2．解答はすべて解答用紙に記入しなさい。

3．字数制限のある問題については、記号、句読点も１字と数えること。

4．試験終了《しゅうりょう》後、解答用紙のみ提出し、問題冊子は持ち帰りなさい。

※　設問の都合上、本文を一部変更している場合があります。

須磨学園中学校

2022(R4) 須磨学園中　第２回
教英出版

二 の設問

問一 ――線部a〜cの本文中での意味として最も適当なものを後からそれぞれ一つずつ選び、番号で答えなさい。

a 「唐突な」

1 計画性がない　2 いつわりだと感じられる

3 気に入らない　4 その場にそぐわない

b 「曖昧な」

1 矛盾《むじゅん》をふくむ　2 二重の意味をもつ

3 はっきりしない　4 とんでもない

c 「つつがなく」

1 無事に　2 知らない間に

3 単純に　4 予定通りに

問二 「肋骨を突き破らんばかりに、心臓が弾み、依千佳は膝に乗せた手を強く握った」（――線部ア）とありますが、このときの依千佳について説明したものとして最も適当なものを次の中から一つ選び、番号で答えなさい。

1 知りたいと思っていても勾留中のため知ることができな

問四 「依千佳は自分がここにいないみたいだと感じた」（――線部ウ）とありますが、このときの依千佳について説明したものとして最も適当なものを次の中から一つ選び、番号で答えなさい。

1 依千佳から具体的な話を聞き出そうとする乗蔵の態度があまりになれなれしいことにとまどっている。

2 会社のためを思って大変な思いをしたのに、会社から見放されたショックで現実感がなくなっている。

3 会社のためとはいえ、許されない行為《こうい》をおかしてしまったと気づき、罪悪感でその場から消えたくなっている。

4 会社が守ってくれないのなら有罪になるにちがいないと思い、落ちこんでいる。

問五 [A] に入る語句として最も適当なものを次の中から一つ選び、番号で答えなさい。

1 信頼《しんらい》と安心　2 理解と共感

3 不信と拒絶《きょぜつ》　4 感動と感謝

5 不安と焦《あせ》り

二　ＮＮ製薬に勤める片桐依千佳《かたぎりいちか》は、仕事に熱心に取りくむ性格で、上司からの圧力もあり、自社が開発する新薬の販売《はんばい》に有利に働くように薬の実験データを書き換《か》えてしまいました。会社のための働きが認められ社長賞を受賞したものの、結局逮捕《たいほ》され、取り調べを受けることになりました。以下はそれに続く場面です。これを読んで、後の設問に答えなさい。

「あなたに見せたいものがあるんだ。きっとね、驚《おどろ》くと思うよ」

そう思わせぶりな口調で言って、乗蔵《のりくら》注1検事は依千佳の顔の前に一枚のプリントをかざした。十数行ほどの文章が印刷されている。右上には、見覚えのあるＮＮ製薬のロゴマーク。どうやら会社のホームページをプリントアウトしたものらしい。ア肋骨《ろっこつ》を突《つ》き破らんばかりに、心臓が弾《はず》み、依千佳は膝《ひざ》に乗せた手を強く握《にぎ》った。

これは、外の情報だ。注2勾留《こうりゅう》が始まって早五ヶ月、いくら望んでも得られなかった、自分と、自分の会社にまつわる新しい情報。

時候の挨拶《あいさつ》や騒動《そうどう》への謝罪に続いて、全体の中ほどに綴《つづ》られた内容に、依千佳は全身が凍《こお》りつくような恐怖《きょうふ》を感じた。

【社内調査の結果、逮捕された元社員の事件当時の上司の中には、元社員の一連の研究への関与《かんよ》を認識《にんしき》していた者がいたことが判明しました。但《ただ》し元社員が上司から具体的な行動を指示されていたとの証拠《しょうこ》はありませんでした。また経営陣《けいえいじん》の一部の者は立場上、元社員の研究への関与について、認識して然《しか》るべきであったといえます。しかし経営陣は当該《とうがい》元社員の日々の業務について、把握《はあく》しておりませんでした】

いかにも会社の声明らしい、回りくどくて要点のつかみにくい文章だ。だが、内容を整理すれば、主張はむしろ分かりやすすぎるくらいで――。

「あなたねえ、このままだとトカゲの尻尾《しっぽ》と同じで、いいように――あなたが今、一ミリも心を揺《ゆ》らさずに、本当はかけらもそう思っていないことを口にしたって、分かるよ。

――だって私も同じようなことを何度もしてきたから。

真っ直《す》ぐすぎて不自然なまなざしと、まるで自分の言葉の信憑性《しんぴょうせい》を高めようとするかのような頷きのタイミングが、彼のメッセージが作りものであることをありありと示していた。恐《おそ》らく乗蔵は、用意した切り札が首尾《しゅび》良く依千佳を動揺《どうよう》させたことに気をよくして、勝負を焦《あせ》ったのだ。

a唐突《とうとつ》な微笑《びしょう》に、乗蔵は穏《おだ》やかな表情をさっと引っ込めた。それから続けてなにか言っていたけれども、依千佳は目をつむり、口を閉ざしたまま、右から左へと聞き流した。

注5独房《どくぼう》へ戻《もど》り、畳《たたみ》に腰《こし》を下ろした依千佳はようやく息を吐《は》いた。衝撃《しょうげき》でなにも考えられなくなっていた頭にやっと血が巡《めぐ》り出す。

会社は、本当に私を捨てたのだろうか。

捨て……たのだろう。逮捕までされたのだ。注6懲戒免職《ちょうかいめんしょく》に等しい扱《あつか》いをされても仕方がない。とはいえ、今思えば自主退職を提案されたタイミングはいささか不自然だった。まるで依千佳をメディアの前に出したくないような、「当該社員はすでに退職しており、会社としてこれ以上の対応はいたしかねます」といった断り文句を作りたがっていたような、ぎこちない強硬《きょうこう》さがあった。しかも「騒動が収まったら、しかるべき対応をとらせてもらう」と人事部長は言った。

依千佳は目をつむり、両手で顔を覆《おお》った。しかるべき対応。b曖《あい》昧《まい》な言葉だ。てのひらをぎゅっと顔に押《お》しつけ、意識を集中させる。冷静に、冷静に考えるべきだ。

やはり［　B　］、と思う。

ただ、もっとも分かりやすくかつ組織への被害《ひがい》が少ない筋書きとして「一人の社員が会社の指示をはき違《ちが》えてトラブルを起こした」という回答が選ばれたのだ。注7この騒動が早期収束へ向かう最

2022(R4) 須磨学園中　第２回
教英出版

一 の設問

問一 [Ⅰ]～[Ⅲ]に入る語として最も適当なものを次の中からそれぞれ一つずつ選び、番号で答えなさい。（ただし同じ番号は二度以上用いないこと。）

1 つまり　2 そして　3 ところが　4 むしろ
5 だから　6 なぜなら　7 たとえば

問二 [A]には、「つ」から始まる「合うべき道理」という意味の四字の言葉、[B]には、「や」から始まる「深い考えもなしに」という意味の五字の言葉が入ります。その言葉をそれぞれ答えなさい。

問三 「それだからといって」（――線部ア）とありますが、その内容として最も適当なものを次の中から一つ選び、番号で答えなさい。

1 急いで適当な仕事をしないように努めるからといって
2 急いでいい加減な仕事ばかりをしているからといって
3 妙に急いで、いい加減な仕事を普段からしているからと

問六 「これではオキシモロンにならないのではあるまいか」（――線部ウ）とありますが、その理由の説明として最も適当なものを次の中から一つ選び、番号で答えなさい。

1 その辞書の説明では、「迷惑だと感じる気持」の方が強いという説明だけで終わっていて、ありがたいのか迷惑なのかについて決定していることにならないから。
2 その辞書の説明では、「迷惑だと感じる気持」の方が強いという説明だけで、ありがたいけれど迷惑だという人々の微《び》妙《みょう》な心情に触れられていないから。
3 その辞書の説明では、「迷惑だと感じる気持」の方が強いという説明だけで、ありがたいと迷惑という一見矛盾する心情における論理の飛躍について説明していないから。
4 その辞書の説明では、「迷惑だと感じる気持」の方が強いという説明だけで終わっていて、論理の飛躍がなく、同一次元ではないことが明記されていないから。

問七 「そのすき間を飛びこえられない人には、何のことを言っているのかわからないだろうし、逆に飛びこえられる人には何とも言えぬおもしろさと感じられる」（――線部エ）とありますが、これはどういうことを言っていますか。次の文

一　**次の文章を読んで、後の設問に答えなさい。**

急ぐときには急いではいけない。[Ⅰ]、思い切ってゆっくりした方がいい——これはおそらく人間がかなり古い時代に発見した真理であっただろうと思われる。

ローマのスウェトニウスという人がオーガスタス・シーザーのことばとして書き残した、フェスティナ・レンテ（Festina lente）ということばは、はなはだ有名である。「ゆっくり急げ」の意味。

京都大学の古典語の教授であった田中秀央《たなかひでなか》博士は、はがきの終りによくFestina lente!と書いた。出版社との仕事の連絡《れんらく》などにはいつもかならず、この文句がついていた。はじめのうち、これは原稿《げんこう》のできないのに対する言いわけかと思ったこともあるが、そうではないらしい。博士の仕事は着実で決して約束に遅《おく》れることがない。[Ⅱ]、「ゆっくり急げ」というのは妙《みょう》な急ぎ方をしていい加減な仕事にならないようにという[注1]自戒《じかい》がこめられていたのかもしれない。アそれだからといって、いつまでもぐずぐずしていてはいけない。あわてず、しかし、のろのろしないで仕事をしましょう、という自他に対する意思表示だったのであろう。

このことばを英語に訳したのがMake haste slowly.（メーク・ヘイスト・スローリー）で、これも広く[注2]行なわれている。

寺田寅彦《とらひこ》に「科学者とあたま」という随筆《ずいひつ》がある。科学者になるにはあまりバカでは困る。そうかと言って頭がよすぎてもaタイセイしない。適当にぼんやりしている方がよいらしいという意味のイ逆説をのべている。

なぜ秀才《しゅうさい》ではよくないか。思うに、頭のよい人は困難があらかかちをゆずることが実際においても高く評価される。

“まける”のと“かつ”のとが同一次元でないから、この矛盾のように見える[注6]命題が矛盾ではなくなる。

“ありがためいわく”は、「ありがたいと思う気持《きもち》よりは迷惑《めいわく》だと感じる気持の方が強い様子」だと説明している国語の辞書がある。

ウこれではオキシモロンにならないのではあるまいか。相手が好意、親切からしてくれていることはわかっている。それに対しては、ありがたいと思わなくてはならない。ところが、こちらの正直な気持から言えば、すこしもありがたくない、どころか、迷惑ですらある。その二つの立場の違《ちが》いをふまえて、ありがためいわく、と言うのである。

オキシモロンには論理の飛躍《ひやく》がある。エそのすき間を飛びこえられない人には、何のことを言っているのかわからないだろうし、逆に飛びこえられる人には何とも言えぬおもしろさと感じられる。[Ⅲ]、撞着語法はかなりシャレたものなのである。それが日常生活で何気なく古くから使われてきたというのは、なかなか興味ぶかいことである。大人のことばである。こどもには通じない理屈《りくつ》である。

急がばまわれ、にも論理的ギャップがある。急いでいるのなら、当然、最短コースを行かなくてはならない。急いでいるのなら、急がなくてはならない。

ところが、あわてると、さきにものべたように、ロクなことがない。思いがけない失敗をやらかして、かえって、おくれてしまう。ここまでの部分をのみこんで表面に出さず、だから、急いでいるときには安全な、まわり道をした方が、意外に早く行かれていい、という部分だけを表面に出す。

2022(R4) 須磨学園中　第２回
K 教英出版

（余白）

る。注3ウサギ式になりやすい。それに引きかえ、注4愚直《ぐちょく》な人は、あらかじめよけいなことを考えない。わからない。とにかく問題にとり組んでゆっくり攻《せ》める。常識ではできないとわかっていることでも、じっくり腰《こし》を落着けて押していると、そのうち不思議と、あるところへ来て、思いもかけずbカツロがひらけたりする。バタバタする目先のきく秀才は結局、何も大きな仕事ができないで終るのと好対照。適当に頭が悪い方がいいというのはたんなるパラドックスではない。

一見矛盾《むじゅん》することばを結びつけて、一面の真理を伝えるのを注5修辞学でオキシモロンという。日本語では撞着《どうちゃく》語法と呼ばれる。たとえばこういうのがある。

公然の秘密
まけるがかち
ありがためいわく

c秘密はシュウチでないからこそ秘密である。みんなが知っていたら秘密でも何でもないはず。ところが、秘密だというからよけいに好奇心《こうきしん》をそそる。またたく間に広がってしまい、知らぬものもないが、dタテマエはあくまで秘密となっている。そういうことがよくある。

〝まけるがかち〟。どうしてまけがかちになるのか。まけた時点ではそれがそのままかちになることはない。それなら矛盾である。［X］というとき、視点を変えて、まけをかちと見ることができる。ときとして、敗者のまけおしみに利用されることがないとは言えないが、無理に勝負にこだわらずに相手におもしろ味がある。

急いでいるときに、注7おあつらえに向うからバスがやってくる。まだ停留所まですこしあるから、走らないと間に合わない。走って行ってやっと間に合った。やれやれと飛び乗ると、何と行き先の違うバスではないか。とんでもないところへもって行かれてしまう。こんなことなら、ゆっくりしていた方がよかった。あわててバスに乗らなかった方がよかった。そういうことはバス以外に、いくらでもある。

世の中に遅れないようにというつもりで、流行を追っているのも、［B］バスに飛び乗るのと似ている。新しく新しくと思っていて、かえって時代遅れになってしまう。

注8迂遠《うえん》に見えそうなことが案外、実際的な近道であることがすくなくない。

オゆっくり急げ。

（外山滋比古《とやましげひこ》『ことわざの論理』ちくま学芸文庫による）

注1　自戒 … 自分で自分をいましめること。
注2　行なわれている … ここでは「使われている」の意。
注3　ウサギ式 … 本文の前にウサギとカメの童話のたとえがある。
注4　愚直 … 正直で融通《ゆうずう》のきかないこと。ばか正直。
注5　修辞学 … 文章表現の方法を研究する学問。
注6　命題 … 解決すべく課された問題。
注7　おあつらえ … 希望通りであること。
注8　迂遠 … 遠回りをしている様子。

いって

問四 「逆説」（――線部イ）とありますが、これと**違う意味で用いられている**言葉を二つ選び、番号で答えなさい。

1 パラドックス　2 無理　3 撞着語法
4 好対照　5 オキシモロン

問五 [X] に入る内容として最も適当なものを次の中から一つ選び、番号で答えなさい。

1 ところが、まけた人は納得しているが、本人がまけを認めようとしない
2 その場ではたしかにまけたけれども、長い目で見れば結局、自分の得になる
3 ところが、まけた人は納得しているが、本人がまけを自覚していない
4 そのときはもちろんまけはしたが、次はきっとかてると確信している
5 ところが、まけた人が同情を誘《さそ》い、相手にかちを譲《ゆず》ろうという気持を起こさせる

オキシモロンにかくされた [A 七字] を理解できない人には、その意味がわからないが、逆に [B 六字] を理解できる人には、何とも言えないおもしろさが感じられるということ。

問八 「ゆっくり急げ」（――線部オ）とありますが、寺田寅彦氏の随筆に示された科学者の例に触《ふ》れつつ、この言葉に込められた筆者の考えを一〇〇字以上一二〇字以内で説明しなさい。（句読点も一字として数えます。なお、採点については誤字・脱字や、適切に解答らんを使用しているか等についても見ます。）

問九 〰〰線部a～dのカタカナを漢字で答えなさい。

a タイセイ　b カツロ
c シュウチ　d タテマエ

俺は悔しくてならない、と乗蔵はまるで跳び箱の前で立ちすくむ生徒を励《はげ》ます教師のような、熱意にあふれた声で言った。
「しゃべりやすいところからで構わない。本当のことを教えてくれ。分かるよ、俺だってこの年まで働いてきて色んなことがあったんだ。あなたの辛《つら》い気持ち、苦しい気持ちは、よーっく分かる。でも、どんな残酷《ざんこく》な物事であれ直視しなければならないときはある。そうだろう？　今がそのときだと、思わないか？」
弁舌《べんぜつ》をふるう乗蔵も、灰色の壁《かべ》も、安っぽい事務机も、なにもかもが遠い。ウ依千佳は自分がここにいないみたいだと感じた。
会社が私を捨てた。なにもかも私が勝手にやったことだと発表した。有能で、社長賞をもらうほど会社に献身《けんしん》した片桐依千佳という人間はもういない。いない、ということになってしまった。
それなら、私自身に残る価値なんてゼロだ。あんなに頑張《がんば》ったのに。寝《ね》る間を惜《お》しんで働いた、家庭を壊《こわ》した、怖《こわ》くてもいやでも折れなかった、我慢《がまん》した、それなのに。
崩《くず》れるのはいやだった。それはプロではない、と強く忌避《きひ》[注3]する心があった。しかし耐《た》えようもなく両目の奥《おく》から涙《なみだ》があふれ、スウェットに包まれた太腿《ふともも》を濡《ぬ》らした。ぽ、ぽ、ぽ、と落ちていく大粒《おおつぶ》の雫《しずく》がガラス玉みたいだ。自分の体液だと思えない。
「司法も、世間も、勇気を持って正しいことをする人の味方だ。すべてを明らかにして罪を償《つぐな》い、人生をやり直すんだ。……あなたならできる」
悲しみで塗《ぬ》りつぶされた意識にふと、真摯《しんし》な声がすべり込《こ》み、依千佳は思わず顔を上げた。初めてまともに目を合わせた乗蔵は、まるで彼《かれ》自身も依千佳と共に捨てられたかのような憂《うれ》いと怒《いか》りを帯びた表情で、二度、三度と力強く頷《うなず》いてみせた。まるでヒューマンドラマ[注4]の名シーンのような、美しい共鳴のひとときだった。
依千佳はわずかに表情を緩《ゆる》めた。乗蔵へ微笑《ほほえ》みかける。彼への［　A　］が、自然と口角を上げさせた。

そしてすべてがつつがなく終わったとき、私は再び会社に声をかけられるだろう。口を開かれては、困るからだ。
依千佳は深呼吸をした。視野を広く保たなければいけない。弁護士の峰木《みねぎ》も言っていたではないか。裁判のあとも人生は続くのだ。真実だの告発だの社会正義だの、そんなふわふわした霞《かすみ》のようなものは、ひと月たりとも自分を食べさせてはくれない。
そもそもこんな風にメディアで大々的に取り上げられ、悪人として印象づけられた人間を雇用《こよう》してくれる会社なんてあるわけがない。なら自分は、結局どれだけひどい扱いを受けても、NN製薬から離れることはできないのだ。
古びてささくれた畳の目に意味もなく爪《つめ》を食い込ませる。やるべきことが整理され、目の前にエ一本の道が開けた気がした。上下左右をコンクリートの壁に囲まれた、狭くて暗い、真っ直《す》ぐな道だ。
どうして私はこんな道を歩くことになってしまったんだろう。

（彩瀬《あやせ》まる『草原のサーカス』新潮社刊による）

注1　検事 … 逮捕された者を取り調べ、起訴《きそ》するかしないかを判断する役職。
注2　勾留 … 逃《に》げたり、証拠を隠《かく》したりしないように拘束《こうそく》すること。
注3　忌避 … きらって避《さ》けること。
注4　ヒューマンドラマ … 人間らしさを主題としてえがかれるドラマ。
注5　独房 … 定員が一人だけの収容部屋。
注6　懲戒免職 … 罪を犯《おか》した場合や重大なあやまちを犯してしまった場合に仕事をくびになること。
注7　販促 … 販売を促進《そくしん》すること。

知ることができるので、興奮している。

3　勾留中であるのをよいことに、会社が依千佳だけを悪者にしているのではないかと考え、不安になっている。

4　ずっと知りたいと願っていた自分と会社の情報をようやく知ることができると分かり、緊張《きんちょう》している。

問三　「俺は悔しくてならない、と乗蔵はまるで跳び箱の前で立ちすくむ生徒を励ます教師のような、熱意にあふれた声で言った」（――線部イ）とありますが、このように言う乗蔵の真意を説明したものとして、最も適当なものを次の中から一つ選び、番号で答えなさい。

1　依千佳のことを思いやっているような行動を示すことで、依千佳の不安を少しでもとりのぞこうとしている。

2　もう少しで罪を認めそうな依千佳に対して、わざと熱意のあるような話し方をして罪を認めさせようとしている。

3　依千佳に同情するような行動をとることで、依千佳の感情にうったえて早く自白させようとしている。

4　自分がどれほど依千佳のことを心配しているかを伝えることで、依千佳は孤独ではないと示そうとしている。

次の中から一つ選び、番号で答えなさい。

1　会社のためにやったことはまちがいだった

2　会社は私を捨てたわけではない

3　私は会社に従うしかない

4　会社は私を捨てたのだ

5　私は会社を離れるべきだ

問七　「一本の道」（――線部エ）とありますが、具体的にどうすることですか。最も適当なものを次の中から一つ選び、番号で答えなさい。

1　罪を認めない態度をとり続けること。

2　罪を会社のせいにしてしまうこと。

3　ＮＮ製薬以外の就職先を探すこと。

4　自分ひとりだけが罪をかぶること。

5　一生独房で過ごし続けること。

2022年度　須磨学園中学校入学試験

算　　数

第 2 回

(60分)

(注　意)

解答用紙は、この問題冊子の中央にはさんであります。まず、解答用紙を取り出して、受験番号シールを貼り、受験番号と名前を記入しなさい。

1．すべての問題を解答しなさい。

2．解答はすべて解答用紙に記入しなさい。

3．試験終了《しゅうりょう》後、解答用紙のみ提出し、問題冊子は持ち帰りなさい。

須磨学園中学校

1　次の □ に当てはまる数を答えなさい。

(1)　$2022 - \{(5 \times 5 - 3 \times 8) + (52 \div 7 - 38 \div 7)\} \times (77 \times 7 + 134) = \square$

(2)　$1.375 \times 2\frac{1}{3} \times \frac{3 \times 3 - 5}{1 + 2 + 3 + 5} \div 2.75 \div 1\frac{2}{3} \times \frac{1 \times 2 + 3}{1 + 2 \times 3} = \square$

(3)　1週間2日15時間27分10秒－5日18時間55分＋13時間48分20秒－4日10時間18分27秒
＝ □ 秒

(4)　$\left(1 - \frac{1}{2}\right) + \left(\frac{1}{2} - \frac{1}{3}\right) + \frac{1}{3 \times 4} + \frac{1}{20} + \frac{2}{3} \times \frac{1}{20} = \square$

(5)　$\frac{5 \times 4 \div 13}{2 \times 2 \div (2 \times 2 + 3 \times 3)} \times \frac{\square \times 4 - 2}{1 \times 1 + 2 \times 2} = 26$

2 へ続く

計算欄《らん》（ここに記入した内容は採点されません）

2　次の□に当てはまる数を答えなさい。

(1)　りんごが□個あり，これを何人かの子どもに分けます。はじめに6人に8個ずつ配り，残りの子どもには5個ずつ配ると4個不足します。今持っているりんごに10個加えて，5人に6個ずつ配り，残りの子どもには7個ずつ配ると5個余ります。

(2)　下の図のように，頂点 A の角と頂点 C の角が，それぞれ三等分されています。「う」の角が「い」の角よりも38° 大きいとき，「あ」の角度は□度です。

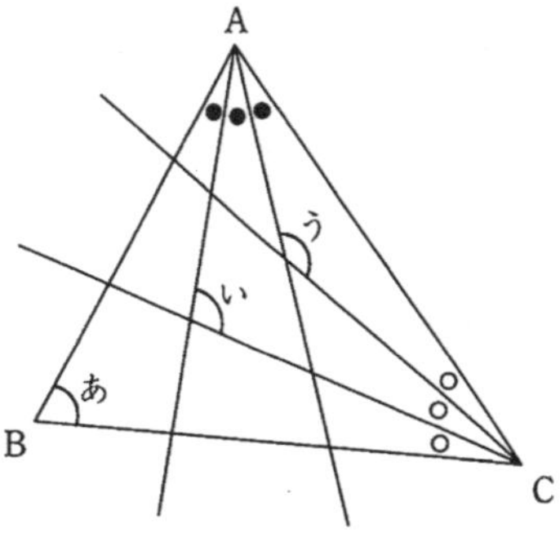

(3)　太郎《たろう》君には1月1日時点で3才年下の弟がいます。太郎君の家では6才から毎年正月に，年齢《ねんれい》 × 500円のお年玉がもらえます。太郎君と弟はそのお年玉を使うことなく，大事にそれぞれ貯金箱でお年玉を貯金をしています。太郎君と弟のお年玉の貯金の差額が21000円になるのは太郎君が□才のときです。

(4)　右の図のような AB = 5 cm，BC = 3 cm，CA = 4 cm の直角三角形を辺 AB を回転の軸《じく》として回転させた回転体の体積は□cm^3 です。
ただし，円周率は3.14とし，円すいの体積は底面積×高さ÷3で求めることができます。

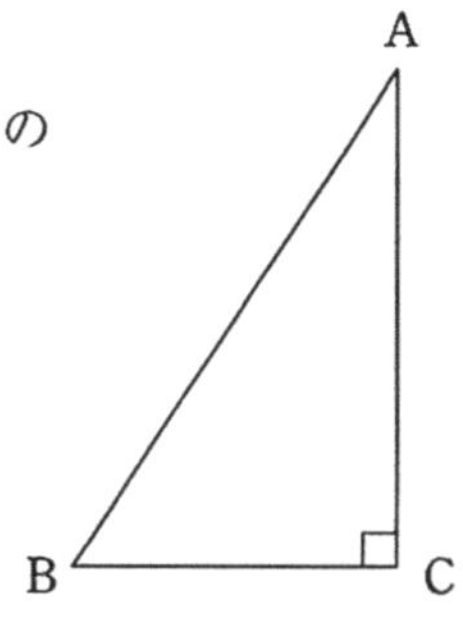

2の(5)以降の問題は，5ページに続く

計算欄《らん》（ここに記入した内容は採点されません）

2

(5)　0，1，2，3の4つの数字があり，これらを使って3桁《けた》の整数を作ります。
整数の各位の数を足した値が3の倍数であれば，もとの整数も3の倍数であることが知られています。3桁の整数のうち，3の倍数になるのは［　　］個です。
ただし，3桁の整数を作るとき同じ数字は何度でも使ってよいものとします。

(6)　下の図のような1辺が5 cmの立方体ABCDEFGHがあり，点Iは辺CGの真ん中の点で，点Jは辺DHの真ん中の点です。
このとき，下の図のような立体ACFIJの体積は［　　］cm^3です。
ただし，三角すいの体積は 底面積×高さ÷3で求めることができます。

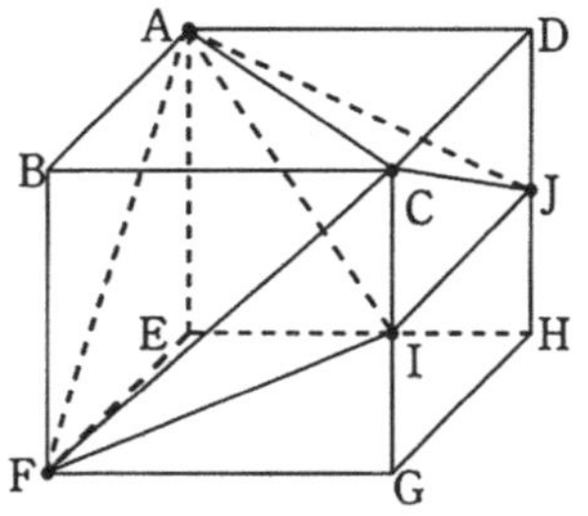

(7)　〈n〉は，$n \times n$を5で割った余りを表すものとします。
例えば，〈4〉は$4 \times 4 = 16$，$16 \div 5 = 3$余り1なので，〈4〉$= 1$となります。
〈1〉+〈2〉+〈3〉+ … +〈2022〉=［　　］です。

(8)　下の図のように1辺が2 cmの正方形が1 cmずつずれて並んでいます。
このとき，斜線《しゃせん》部の面積は［　　］cm^2です。

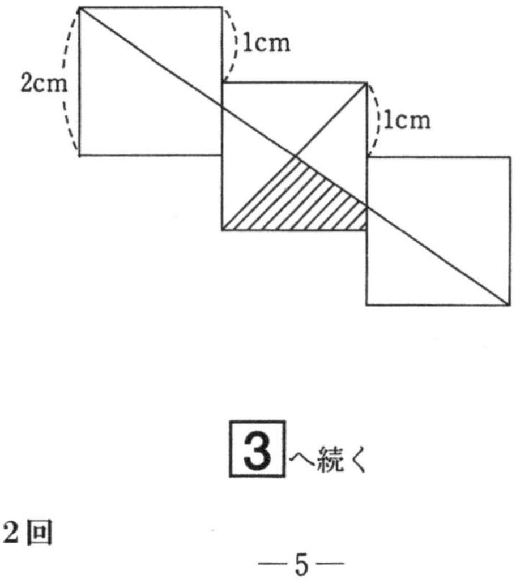

3へ続く

計算欄《らん》（ここに記入した内容は採点されません）

3 S 学園工業株式会社は全自動お掃除《そうじ》ロボットを発売しました。これは半径 10 cm の円形のロボットで，吸引口 AB があり，吸引口が通過した部分のほこりを吸い取ります。今，点 O を中心とする円のところにお掃除ロボットがあります。以下の問題に答えなさい。
ただし，円周率は 3.14 とします。

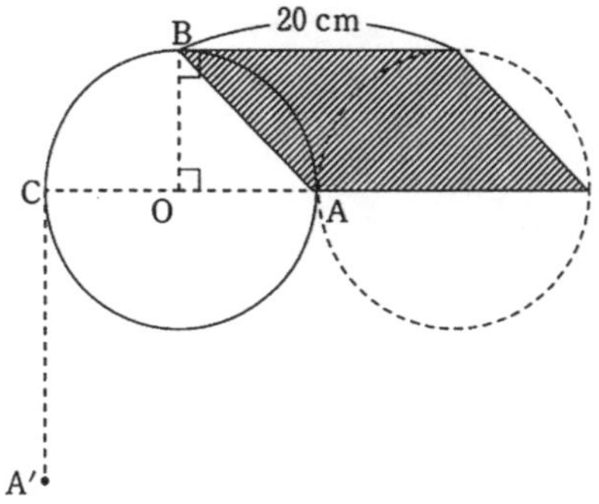

(1) お掃除ロボットが自転することなく，上の図のように真横に 20 cm 動くと，図の斜線《しゃせん》部のほこりを吸い取ります。図の斜線部の面積を答えなさい。

(2) お掃除ロボットは中心 O を動かすことなく，1 周自転しました。吸引口が通過した部分の面積を答えなさい。

(3) お掃除ロボットは点 C を中心に時計回りに 90° 回転して，点 A は点 A′ のところまで移動しました。吸引口が通過した部分の面積を答えなさい。

4 へ続く

計算欄《らん》（ここに記入した内容は採点されません）

4 Aさん，Bさん，Cさん，Dさんと先生で 折り紙で鶴《つる》を折ることにしました。

Aさんは，折り始めてから2の倍数番目の日に3羽折り
Bさんは，折り始めてから3の倍数番目の日に3羽折り
Cさんは，折り始めてから4の倍数番目の日に3羽折り
Dさんは，折り始めてから5の倍数番目の日に3羽折り
先生は，Aさん，Bさん，Cさん，Dさんの誰も折らない日に5羽折ることにしました。

下の表は，その日に折った鶴とその日までに全員で折った鶴の累計《るいけい》を表しています。

	Aさん	Bさん	Cさん	Dさん	先生	全員で折った鶴の累計
1日目	0	0	0	0	5	5
2日目	3	0	0	0	0	8
3日目	0	3	0	0	0	11
4日目	3	0	3	0	0	17
5日目	0	0	0	3	0	20

(1) 先生以外の4人全員が折り紙を折る日が初めてくるのは，折り紙を折り始めてから何日目か答えなさい。

(2) 折り紙を折り始めて120日目に，先生が折り紙を折った日数は何日か答えなさい。

(3) 折り紙を折り始めて60日目に，全員で折った鶴は全部で何羽か答えなさい。

(4) 全員で折った鶴が1000羽を超《こ》えるのは，折り始めてから何日目か答えなさい。
また，考え方も答えなさい。

5へ続く

計算欄《らん》（ここに記入した内容は採点されません）

5 ある川の下流と上流に村があり，2つの村は3000 m 離《はな》れています。

ある日，下流の村から上流の村へ定期便が，上流の村から下流の村へ高速船が同時に出発しました。目的地に着くと定期便は10分停船し，高速船はしばらく停船し，再び元来た村へと戻《もど》っていきました。この日，2つの船は1回目に出会った場所で2回目に出会いました。2つの船の動きを下のグラフに表しました。定期便は川の流れの影響《えいきょう》を受けますが，高速船は影響を受けないものとします。

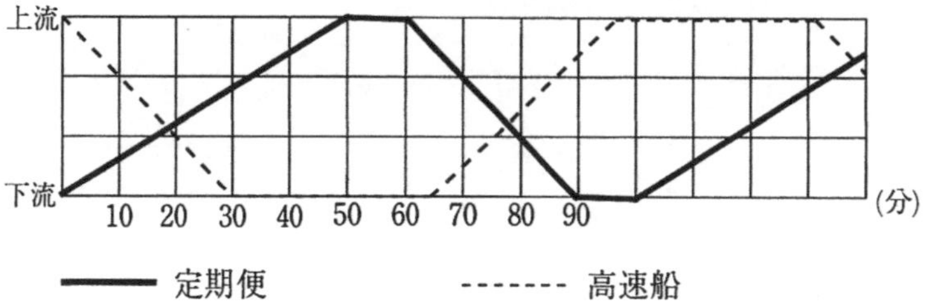

(1) 川の流れは毎分何m か答えなさい。

(2) 2つの船が最初に出会ったのは出発してから何分後か答えなさい。

(3) 高速船は下流の村で何分間停船していたか答えなさい。

別のある日，大雨が降り川の流れが2倍になりました。安全に運行するために，この日はそれぞれの村での停船時間を共に20分に固定しました。定期便が下流の村から，高速船が上流の村から9時に同時に出発しました。

(4) 高速船が運行中の定期便を初めて追い越《こ》すのは何時何分何秒か答えなさい。

計算欄《らん》（ここに記入した内容は採点されません）

（　余　白　）

2022年度　須磨学園中学校入学試験

理　　科

第 2 回

（40分）

（注　意）

解答用紙は、この問題冊子の中央にはさんであります。まず、解答用紙を取り出して、受験番号シールを貼り、受験番号と名前を記入しなさい。

1．すべての問題を解答しなさい。

2．解答はすべて解答用紙に記入しなさい。

3．試験終了《しゅうりょう》後、解答用紙のみ提出し、問題冊子は持ち帰りなさい。

須磨学園中学校

1　各問いに答えなさい。

クジャクのオスには派手《はで》な羽がありますが，メスにはありません。このようにオスだけが派手な姿をしている動物では，メスがオスを選ぶことがあります。これは，メスの方が子を残すためにたくさんの栄養や時間を必要とするからと考えられています。たとえば，(1) 精子に比べて卵《らん》のほうがたくさんの栄養をたくわえていたり，多くの動物ではメスだけが子が巣立つまで世話をしたりすることです。(2) メスは栄養と時間を大切に使うために，相手のオスをしんちょうに選ぶのです。

ふつう魚類のメスでは，からだのサイズが大きいほどより多くの卵を産むことができるので，子を残せる可能性が大きくなります。一方 (3) オスでは，つがい（オスとメスの１組）のつくり方によってからだのサイズと子を残せる可能性の関係が変化するので，魚の種類によって様々です。

生き物のなかには，性別を変える「性転かん」を行って，子を残せる可能性を大きくするものがいます。たとえば，(4) ある種類の貝は，すべてオスとして生まれてきて，成長するとまわりの個体の大きさと自分の大きさを見比べて，より大きなオスはメスへと性転かんします。いま，この貝の同じ大きさのオスを，次の【条件１】，【条件２】でそれぞれ飼育し，結果を観察しました。

【条件１】オスを，より小さいオスとともに飼育すると，（　ア　）。

【条件２】オスを，より大きなメスとともに飼育すると，（　イ　）。

問１　次の（１）～（３）は，いろいろな動物のオスとメスをかいたものです。それぞれの動物についてオスを選び，記号で答えなさい。

（１）　①　②

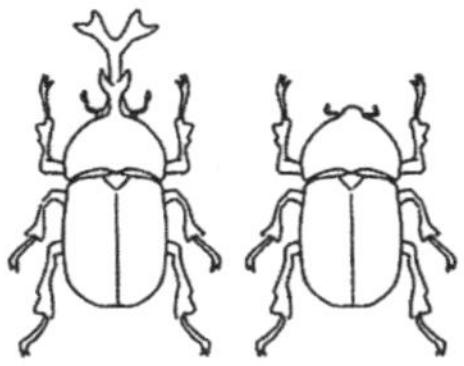

（２）　①　②

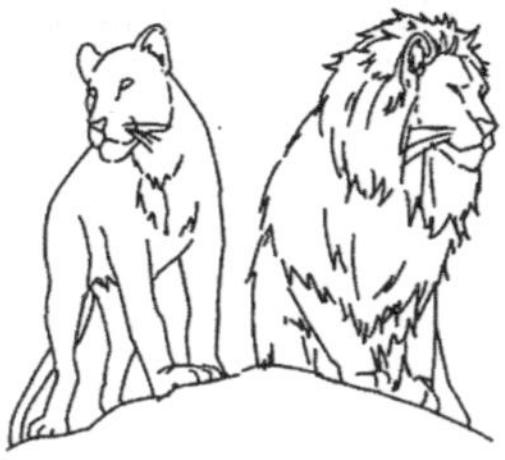

（３）　①　②

問２　次の①～⑦の動物のうち，卵《たまご》ではなく親と似た姿で生まれてくる動物をすべて選び，記号で答えなさい。

①　カマキリ　　②　クジラ　　③　ペンギン　　④　メダカ
⑤　キリン　　⑥　ヒト　　⑦　カモノハシ

問３　下線部（１）について，精子が作られる場所の名前を答えなさい。

問４　下線部（２）について，水田や湿地《しっち》で見られる野鳥のタマシギは，メスが子育てをしません。オスが卵を温め，産まれたひなが巣立つまで世話をするため，オスがメスをしんちょうに選びます。これをふまえて，タマシギに見られる特ちょうとしてもっとも適切と考えられるものを，次の①～④より１つ選び，記号で答えなさい。

① オスの見た目は地味だが，メスは色や柄《がら》が派手である。
② オスはよくさえずり，メスは鳴き方のじょうずなオスを選ぶ。
③ オスはメスをめぐって争う。
④ オスはメスよりもからだが大きい。

問５　下線部（３）について，次のＡ～Ｃのグラフはそれぞれ，からだのサイズと子を残せる可能性の関係を，魚の種類別に表したものです。Ａ～Ｃの魚は，それぞれどのようにオスとメスがつがいをつくると考えられますか。もっとも適切なものを下の①～④より１つずつ選び，記号で答えなさい。ただし，メスが子を残せる可能性は，つがいの作り方には関係しないものとします。

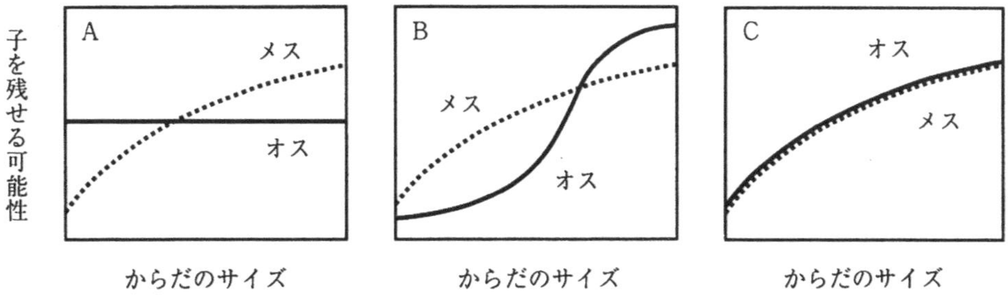

① 大きなメスがたくさんのオスとつがいをつくり，小さなメスはつくれない。
② 大きなオスがたくさんのメスとつがいをつくり，小さなオスはつくれない。
③ 大きさに関係なく，オスとメスが自由につがいをつくる。
④ 大きさが同じくらいのオスとメスがつがいをつくる。

問６　下線部（４）について，文中の（　ア　）と（　イ　）にあてはまる結果を，解答らんの選択肢《せんたくし》からそれぞれ選んで○で囲みなさい。また，一度メスになったこの貝が，大きさを見比べることで再びオスに戻《もど》るかどうかを調べるためにはどのような条件で飼育すればよいか，簡単に説明しなさい。

2 各問いに答えなさい。

感染症《かんせんしょう》予防にアルコール消毒が使用されていますが，消毒用アルコールの中に含《ふく》まれているアルコールはエタノールというアルコールの一種です。消毒用アルコールに含まれるエタノールは100 cm^3中に70 cm^3の割合で混ざっており，これを「アルコール度数」という表し方で表すと70 %となります。

蒸留《じょうりゅう》という操作を行うことにより，水とエタノールが混ざった水よう液から高いアルコール度数でエタノールを取り出すことができます。蒸留とは物質の沸点（沸とうして気体になる温度）の違いを利用して，混ざった物質を別々にわける操作のことです。

【実験】 エタノール12 cm^3と水12 cm^3を混ぜて水よう液をつくりました。ここでは，混ぜたあとの水よう液の体積は24 cm^3であるものとします。混ぜた水よう液を（図１）のようにフラスコに入れて加熱を行いました。加熱を始めてから２分間ごとに試験管を取りかえて，ガラス管から出てくる液体を集め，それぞれの体積と重さを測定しました。（表１）はその結果を表したものです。また，集めた液体に火をつけたマッチを近づけてそのときのようすを観察しました。ただし，試験管③について，集まった液体の重さと体積からアルコール度数が100 %のエタノールであることがわかりました。また，水の密度は１g/cm^3であるものとします。

（表１）

	試験管①	試験管②	試験管③	試験管④	試験管⑤	試験管⑥	試験管⑦
実験時間	２分	４分	６分	８分	10分	12分	14分
集まった液体の体積（cm^3）	0 cm^3	0 cm^3	6 cm^3	5 cm^3	4 cm^3	3.6 cm^3	3.2 cm^3
液体の重さ（g）	0 g	0 g	4.68 g	4.3 g	3.692 g	3.408 g	3.2 g

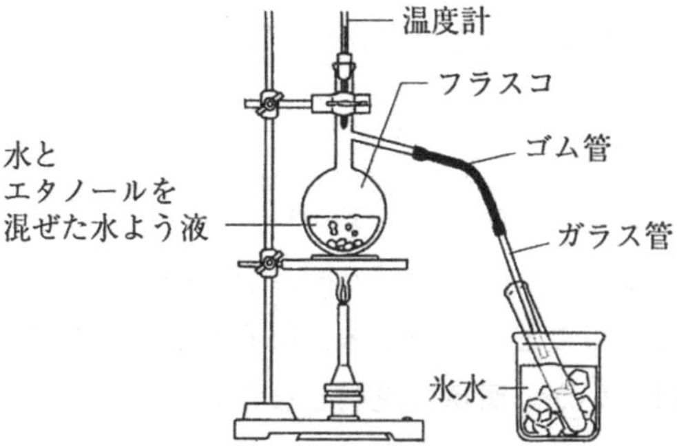

（図１）

問１　アルコール度数７％のお酒50 cm^3中には何cm^3のアルコールが含《ふく》まれていますか。

問２　下線部について，蒸留《じょうりゅう》を利用している操作として適切なものを，次の①～④より２つ選び，記号で答えなさい。

①　空気を冷却《れいきゃく》して液体にし，そこからちっ素や酸素を別々にわける。
②　砂が混ざった水をろ過することで別々にわける。
③　硝酸《しょうさん》カリウムと塩化ナトリウムが溶《と》けた水よう液を冷やして別々にわける。
④　石油に含まれている灯油や重油を別々にわける。

問３　（図１）の装置について，水とエタノールを混ぜた水よう液を加熱するときに，フラスコ内の液体中に入れておく物質の名前を答えなさい。また，その物質をフラスコ内に入れる理由を簡単に説明しなさい。

問４　【実験】の結果から，エタノールの密度は何g/cm^3とわかりますか。小数第３位を四捨五入して小数第２位まで求めなさい。

問５　試験管⑤に集まった液体について，液体中に含まれているエタノールの重さは何gですか。小数第４位を四捨五入して小数第３位まで求めなさい。

問６　試験管に集めた液体に火のついたマッチを近づけました。はっきり火がついていると判断できるアルコール度数は50 ％以上だとすると，このとき，はっきり火がついていると判断できる液体は（表１）の試験管③～⑦のどれに集まったものですか。③～⑦よりすべて選び，記号で答えなさい。

問７　実験後，フラスコを加熱する火を止めました。このとき，ガラス管の先端《せんたん》を，試験管に集まった液体の中につけたままにしてはいけない理由を，30字以内で説明しなさい。

問８　サトウキビやトウモロコシからエタノールを取り出すことができます。取り出したエタノールは燃焼《ねんしょう》によって大気中の二酸化炭素量を増やさないことから，エネルギー源としての将来性が期待されています。このようなエタノールのことを何といいますか。

3 各問いに答えなさい。

水の中の物体の見え方について調べる実験を行いました。（図１）のように，水そうに水を入れて，点Ａからレーザーの光を照らしたところ，光が点Ｅに達しました。逆に，点Ｅからレーザーの光を照らしたところ，（図１）とは逆向きに進み，点Ａに達しました。同じ物質の中では，光は真っ直ぐに進む性質がありますが，異なる物質を通過するときには折れ曲がって進むことがあります。この現象を(1)屈折《くっせつ》といいます。

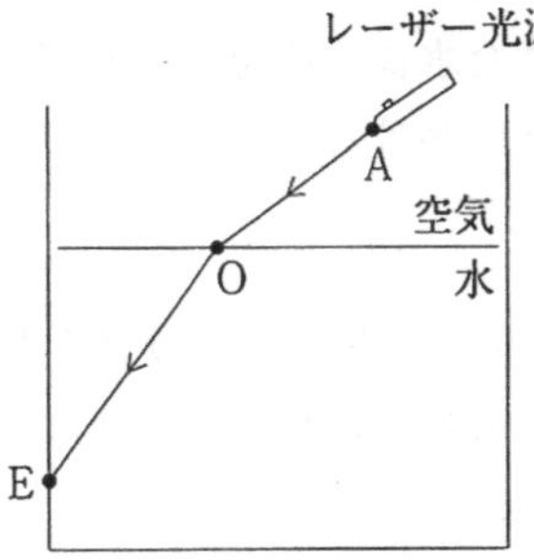

（図１）

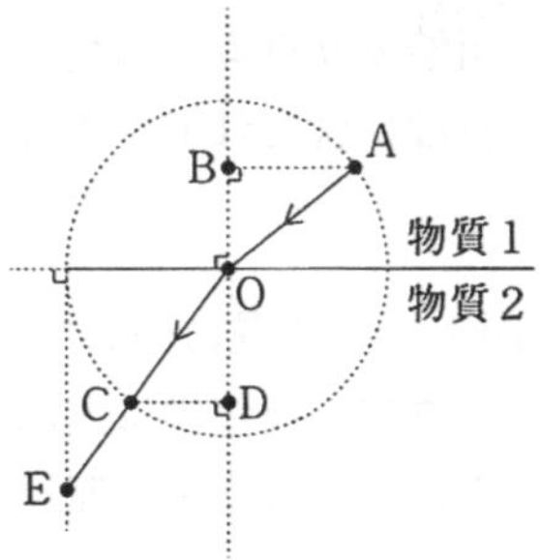

（図２）

（図２）のように，物質１と物質２（（図１）では物質１が空気で物質２が水）の境界面と光線が交わる点Ｏを中心とした円を描《えが》き，その他にも補助線を描き入れました。

(2) 水中で光が進む速さは，空気中で光が進む速さの $\frac{3}{4}$ 倍になります。これは，（図２）中の $\frac{\text{CDの長さ}}{\text{ABの長さ}}$ の値と対応していることがわかっています。様々な物質の組み合わせで実験を行ったところ，下の（表１）のような結果になりました。

（表1）

物質1	空気	空気	油
物質2	水	ガラス	水
$\frac{\text{CDの長さ}}{\text{ABの長さ}}$	$\frac{3}{4}$	$\frac{2}{3}$	$\frac{9}{8}$

問１　下線部（1）について，屈折が関係している現象として適切なものを，次の①～⑤より2つ選び，記号で答えなさい。

① 虫めがねで太陽の光を集めることができる。
② シャボン玉が色づいて見える。
③ 空気と海水の温度差が大きいと，対岸の景色が歪《ゆが》んで見える。
④ 青緑・赤紫《あかむらさき》・黄の絵具を混ぜると，黒っぽい色になる。
⑤ 晴れた日の空が青く見える。

問２　下線部（2）について，（表１）の結果を参考にして，光が空気中を90 cm進むあいだに，ガラス中を何cm進むことができますか。

問３　（図３）のように，水そうの内側の壁《かべ》に２重丸が描《えが》かれたシールをはり，点Aの位置からシールを観察しました。このとき，シールに描かれた２重丸はどのように見えますか。解答らんの中にかき込みなさい。ただし，解答らんの図中に描かれた２重丸は水そうに水がないときの見え方を示したものです。

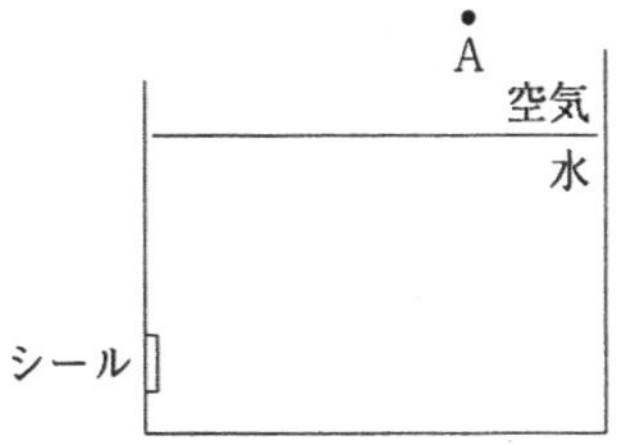

（図３）

問４　（図４）のように，点Eの位置に物体を置き，点Aから観察しながら，水をすべて抜《ぬ》きました。水をすべて抜き終わると初めの状態に対して物体は上と下のどちらの向きに何cm動いたように見えますか。小数第３位を四捨五入して小数第２位まで求めなさい。ただし，向きについては解答らんの選択肢《せんたくし》から１つを選び，○で囲みなさい。また，（図１）の点A，点O，点Eと（図４）の点A，点O，点Eは同じものとします。

問５　水の上に油を浮《う》かべて，点Aからレーザーの光を照らしたところ，レーザーの光は（図５）のように進みました。油中で光が進む速さは，空気中で光が進む速さの何倍ですか。小数第３位を四捨五入して小数第２位まで求めなさい。ただし，（図５）中の２つの円の半径は等しいものとし，CDとEFの長さは等しくなっているものとします。

問６　油中にガラスのコップを完全に沈《しず》めたとき，ガラスのコップはほとんど見えなくなります。このような現象が起こる理由を，（表１）や問５を参考にして30字以内で説明しなさい。

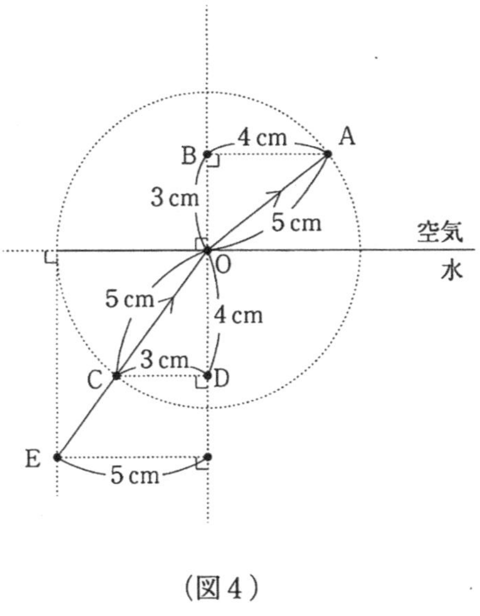

（図４）

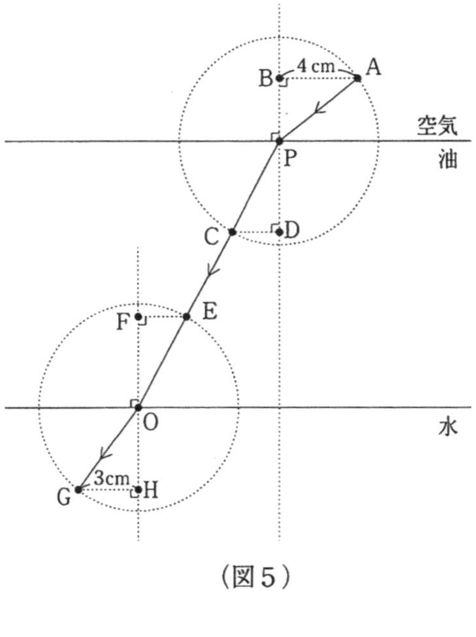

（図５）

4 各問いに答えなさい。

雨を降らせる雲は積乱雲と乱層雲の２種類です。この２種類の違いは，空気の上昇《じょうしょう》の仕方によって生まれ，(図１-１) のように勢いよく上昇すると積乱雲が，(図１-２) のようにゆるやかに上昇すると乱層雲ができます。そして，積乱雲の方が勢いよく雨を降らせます。

(図1-1)

(図1-2)

日本の周囲には，いくつかの暖気団や寒気団があります。この暖気団と寒気団の境が地表と接する所を前線といいます。(図２-１)，(図２-２)，(図２-３) は (1) 梅雨《つゆ》の時期のある日，日本付近で寒気団と暖気団がぶつかる様子を上空から見たものです。(図２-１) では寒気団と暖気団がぶつかっており，やがて暖気団が北上，寒気団が南下することで形を変え，(2) a，bの異なる２種類の前線を作りながら (図２-２)，(図２-３) の順に変化しました。ただし，(図２-１)，(図２-２)，(図２-３) 中は上が北であり，図中の矢印はそれぞれの空気が進む向きを表しています。(3) (図２-３) の破線の断面図は，(図３) のようになりました。

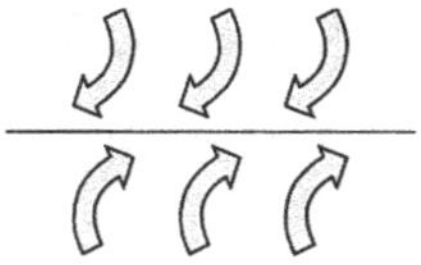

(図2-1)

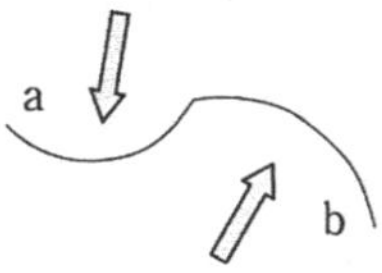

(図2-2)

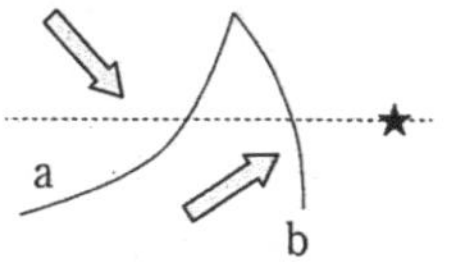

(図2-3)

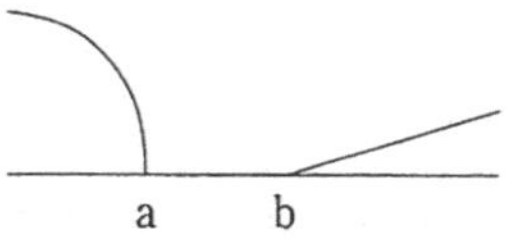

(図3)

最近よく聞く「線状降水帯」のでき方について考えてみましょう。暖かく湿《しめ》った空気が，様々な理由によって勢いよく上昇すると，積乱雲が発生します。この積乱雲が上空を吹《ふ》く風によって流されると，雲ができた場所には雲がなくなり，そこへ暖かく湿った風が引き続き流れ込《こ》むことで，新たな積乱雲ができます。こうして，積乱雲の発生と移動が繰《く》り返されることで，積乱雲が連なります。これが線状降水帯であり，(4) 集中豪雨《ごうう》をもたらします。線状降水帯のでき方の中でも (図４) のように，暖かく湿った風が吹《ふ》いてくる向きと上空の風の向きが同じときのでき方を (5) バックビルディング型と呼びます。

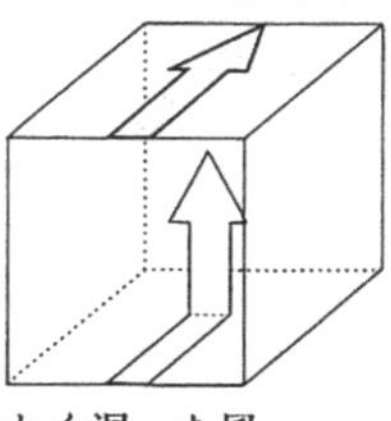

(図4)

問1　下線部（1）について，梅雨《つゆ》の原因となる北にある気団と，南にある気団を次の①～④よりそれぞれ1つずつ選び，記号で答えなさい。また，その気団の特徴《とくちょう》を次の⑤～⑧より，それぞれ2つずつ選び，記号で答えなさい。ただし，気団の特徴は同じものを選んでもよいものとします。

気団｛①　小笠原《おがさわら》気団　②　赤道気団　③　シベリア気団　④　オホーツク海気団｝
特徴｛⑤　暖かい　⑥　冷たい　⑦　湿っている　⑧　かわいている｝

問2　下線部（2）について，（図2－3）のa，bの前線はそれぞれ何といいますか。名前を答えなさい。

問3　（図2－3）の前線がこのままの状態で，真東へ移動したとき，ある地点（（図2－3）中の★）の天候は，この後どのようになると考えられますか。降水量と気温の変化を表したグラフとしてもっとも適当なものを，次の①～④より1つ選び，記号で答えなさい。ただし，（図2－3）の現在時刻は8時であり，棒グラフは降水量を，折れ線グラフは気温をそれぞれ表しています。

①　②　③　④

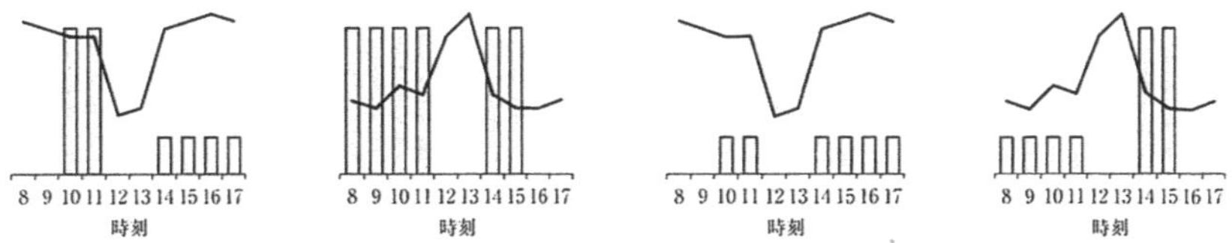

問4　下線部（3）について，図3のa，bにはそれぞれどのように雲ができますか。（図1－1），（図1－2）を参考にして，解答らんに合わせて，矢印と雲を分かりやすくかき込《こ》みなさい。

問5　下線部（4）について，以下の文章のうちもっとも適切なものを，次の①～④より1つ選び，記号で答えなさい。

①　集中豪雨が予想されるとき，津波《つなみ》による二次災害にも注意が必要である。
②　都市部ではヒートアイランド現象が原因となり，集中豪雨になることがある。
③　水におおわれていない場所が，集中豪雨で水にひたることを液状化現象という。
④　集中豪雨が起こるとき，雷鳴《らいめい》などの予兆はない。

問6　下線部(5)について，文中から読み取れるバックビルディング型の形としてもっとも適切なものを，次の①～④より1つ選び，記号で答えなさい。ただし，矢印は上空の風を表しています。

①　②　③　④

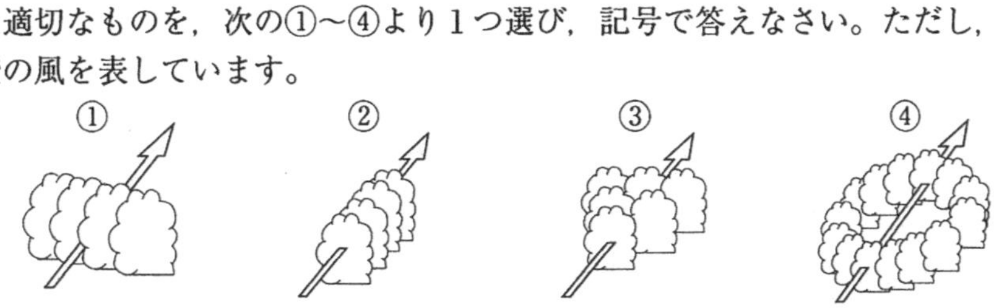

問7　下線部（5）について，2020年7月4日に九州地方で線状降水帯が発生しました。これはバックビルディング型で，東西方向に伸びたものでした。東西方向に伸びた理由を簡単に説明しなさい。

（ 余 白 ）

（　余　白　）

2022年度　須磨学園中学校入学試験

社　会

第 2 回

（40分）

（注　意）

解答用紙は、この問題冊子の中央にはさんであります。まず、解答用紙を取り出して、受験番号シールを貼り、受験番号と名前を記入しなさい。

1．すべての問題を解答しなさい。

2．解答はすべて解答用紙に記入しなさい。

3．試験終了《しゅうりょう》後、解答用紙のみ提出し、問題冊子は持ち帰りなさい。

須磨学園中学校

1　2021年夏、Ｊ２学年のサマーキャンプは初めて高知県で行われました。そこでＪ２生の神戸《かんべ》さんたちは高知県（土佐）の歴史を調べてまとめました。あとの問いに答えなさい。

10世紀	紀貫之が①『土佐日記』を書き記す
1221年	②土御門《つちみかど》上皇が土佐国に流罪となる
1574年	③長宗我部元親《ちょうそかべもとちか》が土佐を統一する
1601年	④山内一豊《やまのうちかずとよ》が土佐の国主として浦戸《うらど》城に入る
1852年	ジョン万次郎が⑤アメリカ合衆国から帰国する
1871年	⑥廃藩置県により高知県になる
1924年	高知で初めて⑦鉄道が開通する
1946年	⑧昭和南海地震で1000人以上が犠牲《ぎせい》となる
1958年	高知でテレビ放送が始まる

問１　下線部①に関連して、次の図は土佐日記を書き写したものだとされています。紀貫之は男性でありながら、当時「女手」と呼ばれた文字で『土佐日記』を書きました。下のア～エのうち、「女手」で書かれていない作品はどれですか。１つ選び、記号で答えなさい。

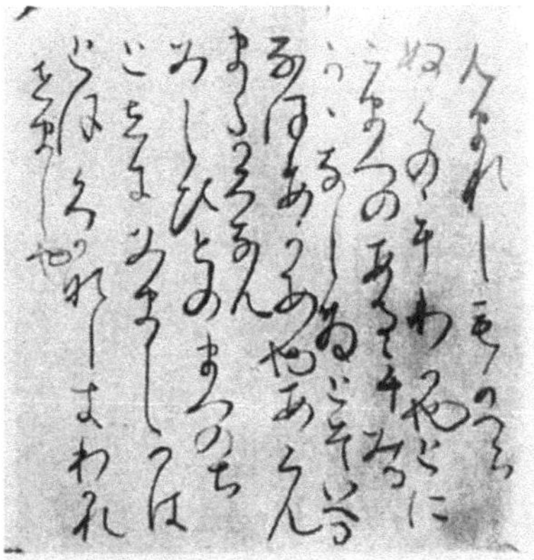

尊経閣文庫所蔵
藤原定家臨書の部分。

ア『古事記』　イ『枕草子』　ウ『源氏物語』　エ『古今和歌集』

問2　下線部②のできごとと同じ年、鎌倉幕府によって六波羅探題が設置されました。
六波羅探題が設置された場所として適切なものを次の地図中のア～エより1つ選び、記号で答えなさい。

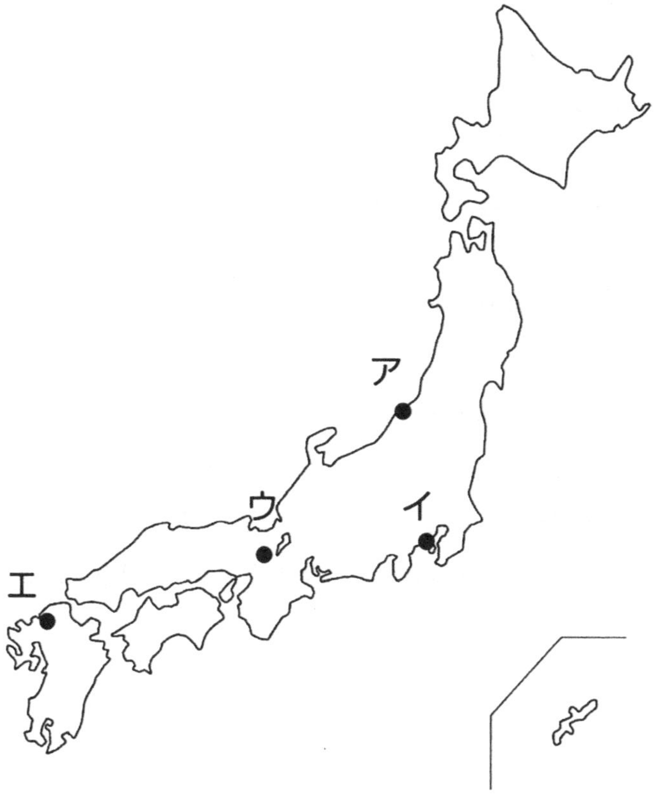

問３　下線部③のできごとと同じ世紀に起きたこととして**適切でないもの**を次の**ア〜エ**より１つ選び、記号で答えなさい。

ア　天守閣の建築が流行した。
イ　近松門左衛門が浄瑠璃を書いた。
ウ　ザビエルが来日した。
エ　種子島に鉄砲が伝来した。

問４　下線部④「山内一豊」は、「戦国の三傑《けつ》」と呼ばれる織田信長、豊臣秀吉、徳川家康に仕えたとされます。次の**ア〜エ**のうち、「戦国の三傑」の業績と直接的には**関係のないもの**を１つ選び、記号で答えなさい。

ア　ヨーロッパから日本への渡航をオランダ船のみに制限する鎖国政策を実施した。
イ　大坂夏の陣で豊臣家を滅《ほろ》ぼし、天下を統一した。
ウ　中国大陸の征服《せいふく》を最終目的として２度の朝鮮出兵を行った。
エ　座を解散し、市での自由な商業を推進する楽市・楽座令を出した。

問５　下線部⑤に関連して、次の２つの写真Ａ・Ｂはいずれも1950年代初頭に撮影《さつえい》されたものです。それぞれの写真が表すできごとは、当時アメリカ合衆国が参加していた戦争と大きく関連するものでした。その戦争の名称《めいしょう》を答えなさい。

Ａ　岐阜県各務原《かかみがはら》市の工場でアメリカ軍の飛行機が修理されている。

Ｂ　自衛隊の前身となる警察予備隊が発足した。

問６　下線部⑥「廃藩置県」は中央集権化を図って行われた改革でした。次のア～エのうち、中央集権化につながる改革とは**関係のない**ものを１つ選び、記号で答えなさい。

ア　徴兵令の発布　　　イ　班田収授法の制定

ウ　教育委員会の設置　　エ　太閤検地の実施

問７　下線部⑦に関連して、次の図Ⅰは、日本初の鉄道が新橋―横浜間に開通した当時の横浜を描《えが》いた絵です。また、図Ⅱは1854年の横浜の地図です。田園が広がる横浜は、わずか20年足らずで多くの人々が集まる都市へと発展しました。そのきっかけとなった1858年のできごとを簡単に説明しなさい。

図Ⅰ

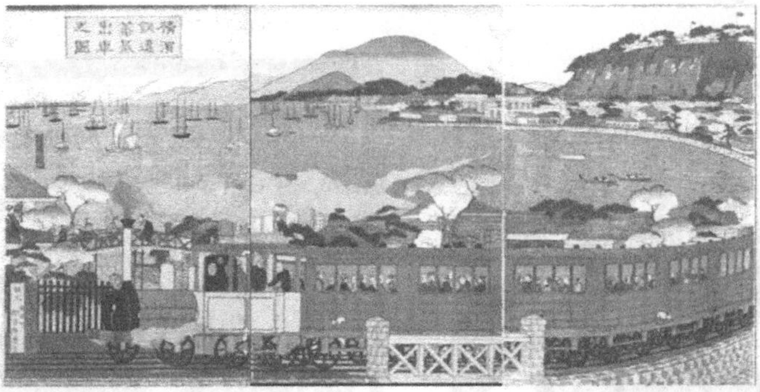

図Ⅱ

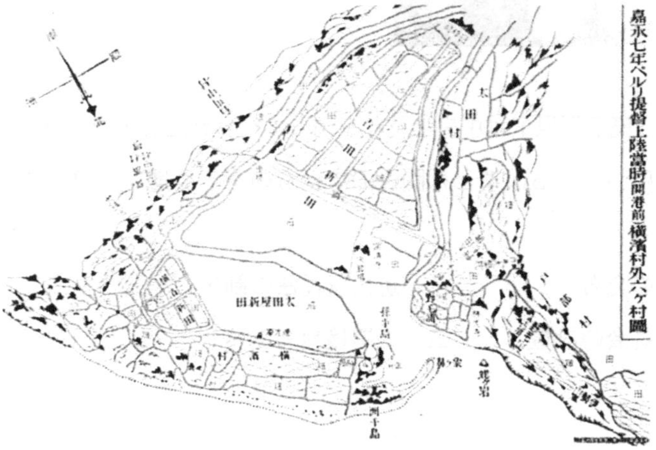

問8　下線部⑧に関連して、日本でたびたび発生する自然災害は社会に大きな打撃《だげき》を与え、それがきっかけとなり社会が変わることもあります。日本で発生した自然災害とそれに関連する写真X・Yについて説明した文の正誤の組み合わせとして適切なものを下のア～エより選び、記号で答えなさい。

X　1918年の記録的な不作が原因となって、米騒動が発生した。

Y　1931年に東北を襲《おそ》った冷害や不作は、満洲への日本人移民事業を促進《そくしん》させた。

ア　X－正　Y－正　　　イ　X－正　Y－誤
ウ　X－誤　Y－正　　　エ　X－誤　Y－誤

2 今年度もコロナ禍《か》のため、須磨学園のアジア研修旅行は延期になりました。代わりにアジアの国や地域の歴史を調べて発表するという授業が行われ、中山さんの班は日本と中国の歴史的な関係について発表しました。以下はそのときに使用されたポスターです。これを見てあとの問いに答えなさい。

中国の記録から見た日本！

見つかった金印！

『後漢書』東夷伝に記録上最も古い日本と中国の交流が記されています。それによると、①紀元後57年に後漢の光武帝から倭（日本）の奴国の王に金印が与えられたとあります。このときのものと考えられる金印は、江戸時代に甚兵衛《じんべえ》という農民によって偶然《ぐうぜん》発見されました。②238年にも中国の魏《ぎ》の皇帝から日本の王に「親魏倭王」の金印が授けられたと魏志倭人伝にあります。

帰りたかった？帰れなかった？阿倍仲麻呂

７～９世紀、日本から中国に遣唐使が派遣されました。③中国の進んだ制度を日本に導入することが主な目的で、同時に中国の文物が多く日本に持ち込まれました。なかでも有名な遣唐使が④阿倍仲麻呂です。『新唐書』東夷日本伝にも「唐に来た仲麻呂は、中国を慕《した》って日本への帰国を承知しなかった。彼は姓名《せいめい》を中国風に変えて朝衡《ちょうこう》と名乗った」とあります。一方、「仲麻呂は日本への帰国を願い出たにもかかわらず、当時の唐の皇帝になかなか許されなかった」という記録もあります。

倭寇にイライラ！？

中国で明王朝が栄えた時代、倭寇と呼ばれる海賊《かいぞく》が中国沿岸をたびたび襲撃《しゅうげき》し、明をなやませました。倭寇は前期と後期に区分されますが、前期倭寇は日本人中心で、『明史』日本伝には「いつ倭寇がどこに襲撃したか」という記述が多く見られます。⑤グラフを見ると前期倭寇は15世紀に入ると急速に衰退《すいたい》したことがよく分かります。

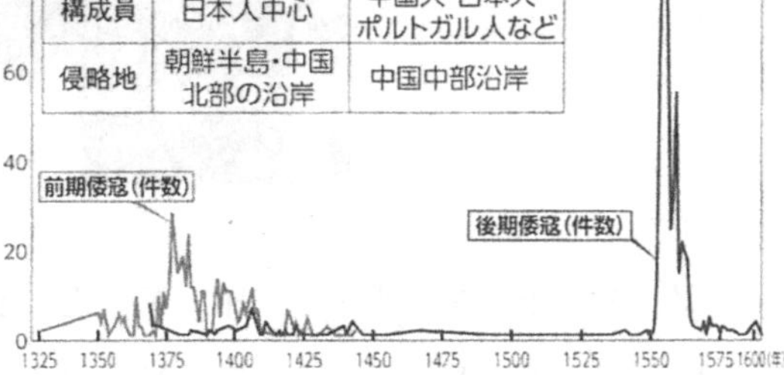

	前期倭寇	後期倭寇
時代	14～15世紀	15～16世紀
構成員	日本人中心	中国人・日本人・ポルトガル人など
侵略地	朝鮮半島・中国北部の沿岸	中国中部沿岸

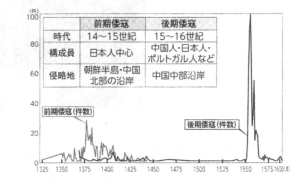

孫文と日本

この写真の右はしに座っているのが孫文という革命家です。彼は⑥1905年に東京で中国同盟会という革命組織を結成、1912年には中華民国を建国し、約300年続いた清を滅《ほろ》ぼします。1919年に中国国民党という政党を結成したときには「そもそも中国国民党は50年前の日本の志士である」と発言し、⑦明治維新を理想の一つに中国での革命運動を進めたことが分かります。

問１　下線部①に関連して、当時の日本の生活・社会について説明した文として適切なものを、次のア～エより１つ選び、記号で答えなさい。

ア　石や動物の骨で作った武器で、ナウマンゾウやシカを獲《と》って食料とした。
イ　青森県の三内丸山遺跡から、当時クリやクルミが育てられていたと判明している。
ウ　残された巨大な前方後円墳から、当時の王が強い力を持っていたと推測できる。
エ　米作りでは多くの人手が必要であり、豊作を祈《いの》る祭りでクニのまとまりを強めた。

問２　下線部②「親魏倭王」の金印が授けられた日本の王はだれですか。漢字で答えなさい。

問３　下線部③に関連して、中国の王朝を記したカード**A**～**D**と日本のできごとを記したカード**Ⅰ**～**Ⅳ**をつくりました。下の**ア**～**エ**のうち、中国の王朝と日本のできごとが**異なる**時代である組み合わせを１つ選び、記号で答えなさい。

※ **A**～**D**と**Ⅰ**～**Ⅳ**が過不足なく一致《いっち》するとは限りません。

〈中国の王朝〉

A	B	C	D
明王朝の時代	元王朝の時代	清王朝の時代	宋王朝の時代

〈日本の出来事〉

Ⅰ	Ⅱ	Ⅲ	Ⅳ
群馬県に富岡製糸場が建てられる	日本各地で戦国大名が争う戦国時代になる	藤原道長が摂政や関白として実権を握った。	平清盛が武士として初めて太政大臣となる

ア　**A**と**Ⅱ**　　**イ**　**B**と**Ⅳ**　　**ウ**　**C**と**Ⅰ**　　**エ**　**D**と**Ⅲ**

問４　下線部④「阿倍仲麻呂」は鑑真に来日を要請《ようせい》したことが知られています。幾度《いくど》の苦難を乗りこえ、鑑真が来日を果たしたのは西暦《せいれき》何年のことですか。次の**ア**～**エ**より１つ選び記号で答えなさい。

ア　603年　　**イ**　663年　　**ウ**　753年　　**エ**　823年

問5　下線部⑤について、以下の図X・Yは前期倭寇への厳しい取りしまりが行われた15世紀前半に関連するものです。図X・Yを説明した文の正誤の組み合わせとして適切なものを下のア〜エより選び、記号で答えなさい。

X　日明貿易を始めた将軍の後継《こうけい》者をめぐって、応仁の乱が発生した。

Y　薩摩の島津氏が琉球王国を征服《せいふく》し、琉球王国は日本へ年貢《ねんぐ》を納めるようになった。

ア　X－正　Y－正　　　イ　X－正　Y－誤

ウ　X－誤　Y－正　　　エ　X－誤　Y－誤

問６　下線部⑥について、中国同盟会が日本の東京で結成された背景の一つに、当時の日本が、ある大国に戦争で勝利したことが挙げられます。その戦争について説明した文として**適切でないもの**はどれですか。次のア～エより１つ選び、記号で答えなさい。

ア　この戦争後に獲得《かくとく》した賠償金《ばいしょうきん》で福岡県に官営の製鉄所が建設された。
イ　与謝野晶子が戦場の弟を心配して『君死にたまふことなかれ』を発表した。
ウ　この戦争をきっかけに日本は朝鮮半島への支配を強めた。
エ　この戦争の講和会議はアメリカ合衆国において開かれた。

問７　下線部⑦「明治維新」では、欧米《おうべい》諸国にならった近代国家の建設が行われ、1890年には第１回衆議院議員総選挙が実施されました。次の図は、当時の選挙の様子を描《えが》いたものです。これについて解説した下の文章の空らん A ～ C に当てはまる数字やことばをそれぞれ答えなさい。

<解説文>
当時、選挙権が与えられたのは A 歳《さい》以上の男性、かつ直接国税を B 円以上納めている者に限定されており、それは全人口の約１％だけでした。また、この図を見てみると、現在の日本国憲法第15条第４項「すべて選挙における投票の C は、これを侵《おか》してはならない」という条文で保障されている C 投票の原則が、当時はまったく適用されていないことが分かります。

3 次の文章は、『事典　持続可能な社会と教育』より引用したものです。この文章を読み、あとの各問いに答えなさい。

なお出題のために文章を一部変えたところがあります。

日本列島は、ユーラシア大陸と太平洋の境界で①4つのプレートが会合するというきわめて不安定な位置に形成されてきた。そのために火山活動が活発で、歴史的にも火山噴火、地震や②津波が頻発《ひんぱつ》してきた。また③気候的にみると様々な気候区分に属している。長期間の降雨、短時間集中豪雨や強風により、洪水《こうずい》、土砂災害、高潮による浸水《しんすい》などが発生する。

これらの自然現象が人間の社会的活動、あるいは人身そのものに被害《ひがい》をもたらした場合を自然災害と呼ぶ。

産業化、都市化は地球環境の悪化要因である。また「④公害」と呼ばれる工場や⑤鉱山からの環境汚染、大気汚染や水質汚濁《おだく》、地盤沈下《じばんちんか》などは人為《じんい》的な災害である。

レジリエンスとは弾力《だんりょく》や弾性、あるいは回復する力、立ち直る力を意味する。このレジリエンスという言葉や概念《がいねん》は様々な分野で使われ、災害や防災の分野では近年になってレジリエンスの概念が使われるようになった。

近年の災害を見るにつけ、私たちの暮らしが、実は脆弱《ぜいじゃく》な基盤やシステムの上に成り立っているということに気づかされる。災害時には都市部では水道や電気、都市ガスなどの（　⑥　）がストップすると、たちまち自宅での生活が困難になる。またスーパーやコンビニエンスストアが営業できず、飲料水や食料の入手が困難になり、また2018年北海道胆振《いぶり》東部地震では道内全体が長期の停電に陥り、ＡＴＭやクレジットカードも使用できず、手元に現金がない人は買い物そのものができない状況も発生した。

一方で、これまでの災害においても農村部は強みを発揮している。

〔　　　⑦　　　〕

これこそが「レジリエンスがある地域社会」の姿ではないだろうか。都市基盤やシステムに依存《いぞん》している人たちも、改めて日常から自らの生命や生活を支えてくれるもの、とりわけ生命維持《いじ》に不可欠な水、食料、エネルギーがどこから供給されているか、途絶《とだ》えたときの代替《だいたい》策はあるかについて知っておくべきである。

問1　下線部①に関連して、北アメリカプレートとユーラシアプレートにはさまれた地帯を、「フォッサマグナ」といいます。次のア～エの場所のうち、フォッサマグナに属さないものを1つ選び、記号で答えなさい。

ア　伊豆半島　　イ　諏訪湖　　ウ　長良川　　エ　富士山

問2　下線部②について、津波により大きな被害を受けた国として、日本、インドネシア、チリの3つの国があります。これらの3つの国と、それぞれの隣《となり》にある韓国、マレーシア、アルゼンチンを合わせた6つの国について、下の表をつくりました。この表は、6つの国の領土の面積と【　X　】の面積を表したものです。【　X　】に当てはまる言葉を漢字で答えなさい。

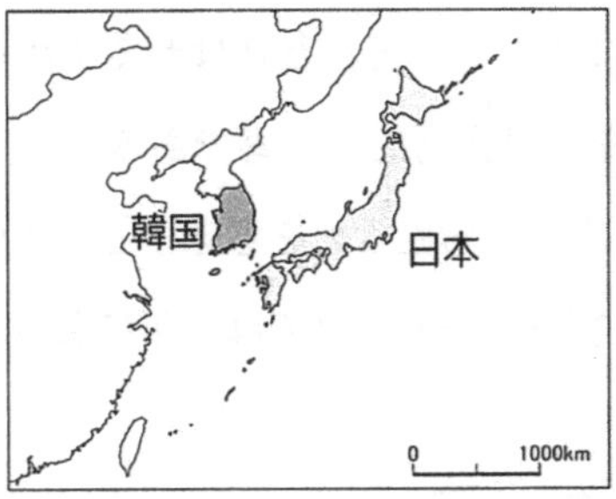

（単位：万㎢）

	領土の面積	【　X　】の面積
日本	37.8	447.9
韓国	10.0	47.5
インドネシア	191.1	615.9
マレーシア	33.1	33.5
チリ	75.6	368.2
アルゼンチン	279.6	115.9

UBC「Sea Around Us」により作成。

※

問九

a	b	c	d

※

二

（※の欄には、何も記入してはいけません）

※ 問一 a

b

c

※ 問二

※ 問三

※ 問四

※ 問五

※ 問六

※ 問七

※

※

※150点満点
（配点非公表）

	答え 日目

※

5

(1)	(2)	(3)	(4)
毎分 m	分後	分間	時 分 秒

※

※

※150点満点
（配点非公表）

2022SUMAJ0220

問1		問2	cm	問3	水面の位置 ◎
問4	（ 上 ・ 下 ）向きに cm				
問5	倍				

問6										

※

4

問1	北にある気団	特徴	問2	a	
	南にある気団	特徴		b	

問3		問4	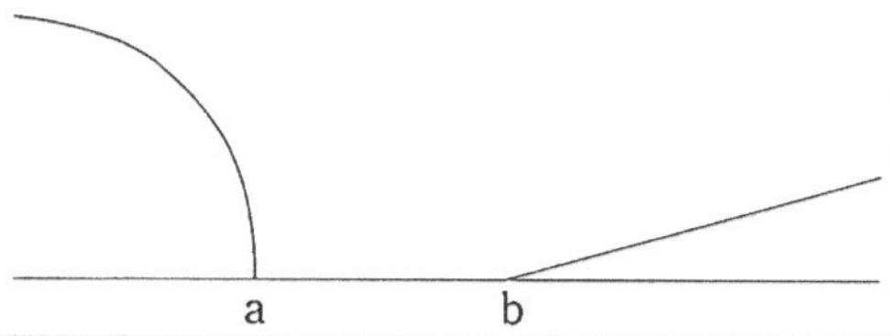
問5			
問6			
問7			

※

2022SUMAJ0250

※

※100点満点
（配点非公表）

K 教英出版

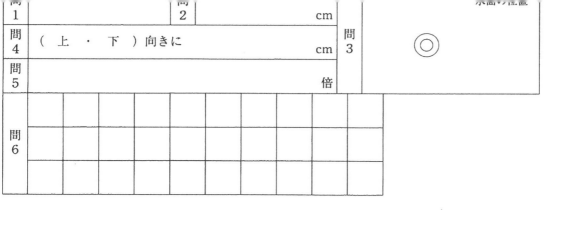

問7	理由	

※

4

問1	(1)	【埼玉県】 西部 位	中部 位	東部 位
	(2)			
問2	(1)			
	(2)			
問3		問4		

※

5

問1		問2		問3		問4	
問5		問6		問7			

※

※

※100点満点
（配点非公表）

↓ここにシールを張ってください↓

受験番号

名前

２０２２年度　須磨学園中学校　第２回入学試験解答用紙　社会

（※のらんには、何も記入してはいけません）

1

問1　問2　問3　問4

問5　問6

問7

問8

※

2

問1　問2　問3

問4　問5　問6

問7　A　B　C

※

3

問1　問2　問3

問4　問5

問

【解答用

↓ここにシールを貼ってください↓

受験番号

名前	

２０２２年度　須磨学園中学校　第２回入学試験解答用紙　理科

（※の欄《らん》には、何も記入してはいけません）

1

問1	(1)		(2)		(3)		問2	
問3		問4						
問5	A		B		C			
問6	ア	メスになった　・　オスのままであった	イ	メスになった　・　オスのままであった				
	条件							

※

2

問1	cm^3	問2			
問3	名前	理由			
問4	g/cm^3	問5	g	問6	

問7															

問8	

※

【解答用

↓ここにシールを貼ってください↓

受験番号

名前	

２０２２年度　須磨学園中学校　第２回入学試験解答用紙　算数

（※の欄《らん》には、何も記入してはいけません）

1

(1)	(2)	(3)	(4)	(5)	※
		秒			

2

(1)	(2)	(3)	(4)	※
個	度	才	cm^3	
(5)	(6)	(7)	(8)	
個	cm^3		cm^2	

3

(1)	(2)	(3)	※
cm^2	cm^2	cm^2	

4

(1)	(2)	(3)

【解答用

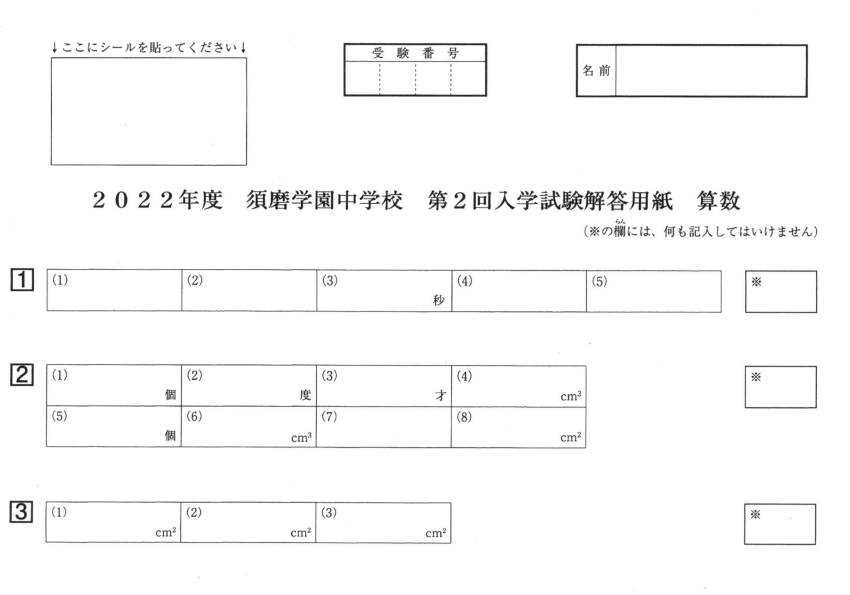

↓ここにシールを貼ってください↓

受験番号

名前	

２０２２年度　須磨学園中学校　第２回入学試験解答用紙　国語

一

（※の欄《らん》には、何も記入してはいけません）

問一 ※
Ⅰ
Ⅱ
Ⅲ

問二 ※
A つ
B や

問三 ※

問四 ※
・

問五 ※

問六 ※

問七 ※
A
B

問八 ※
20
40
60
80
100
120

【解答用

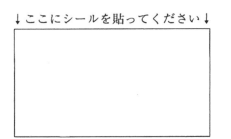

問３　下線部③に関連して、次の６つの雨温図は、北緯《ほくい》42度から44度の間に位置する札幌市、旭川市、釧路市、そして北緯39度から40度の間に位置する秋田市、盛岡市、宮古市のものです。また下のア～エの文は、これらの雨温図について述べたものです。ア～エの文のうち**適切でないもの**を１つ選び、記号で答えなさい。

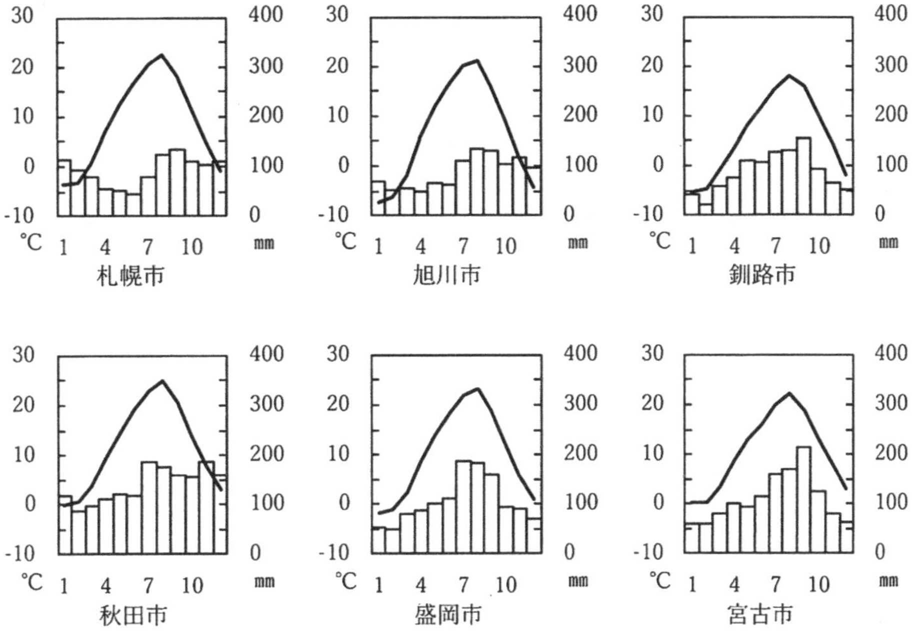

『理科年表』により作成。

ア　日本海側で冬の降水量が多いのは、日本海が水分を与えることで雪が多く降るためである。

イ　内陸で冬の気温が低いのは、標高が高いことと周囲に水が少ないことで気温が下がりやすいためである。

ウ　太平洋側で夏の気温が低いのは、日本海から吹く季節風が山を下ることで気温の低下をもたらすためである。

エ　北海道の３つの地点で６月の降水量が少ないのは、主に九州地方から東北地方にかけて梅雨前線が位置するためである。

問4　下線部④に関連して次の表は、4大公害が発生した県のうち、熊本県、新潟県、三重県について、米の生産量、小麦の生産量、のり類の養殖収穫《ようしょくしゅうかく》量、かきの養殖収穫量を示したものです。表中のA～Cに入る県の組み合わせとして適切なものを下のア～カより選び、記号で答えなさい。

	米の生産量 (千トン)	小麦の生産量 (百トン)	のり類の 養殖収穫量 (百トン)	かきの 養殖収穫量 (百トン)
A	627	1	…	6
B	176	153	331	1
C	137	190	115	35

統計年次は2018年。『日本国勢図会』により作成。

ア　A　熊本県　　B　新潟県　　C　三重県
イ　A　熊本県　　B　三重県　　C　新潟県
ウ　A　新潟県　　B　熊本県　　C　三重県
エ　A　新潟県　　B　三重県　　C　熊本県
オ　A　三重県　　B　熊本県　　C　新潟県
カ　A　三重県　　B　新潟県　　C　熊本県

問5　下線部⑤について、鉱山から発生した環境汚染として、足尾銅山鉱毒事件があります。これは栃木県の足尾銅山から発生した鉱毒が渡良瀬川や利根川を通じて下流に広まったものです。次の表は、渡良瀬川や利根川が流れている茨城県、群馬県、千葉県、栃木県の4つの県について、鉄鋼業、電気機械器具、輸送用機械器具の出荷額を表したものです。このうち、千葉県を示すものはどれですか。表中のア～エより1つ選び、記号で答えなさい。

(単位：十億円)

	鉄鋼業	電気機械器具	輸送用機械器具
ア	281	422	3536
イ	865	836	1128
ウ	257	1009	1438
エ	1744	193	126

統計年次は2018年。『日本国勢図会』により作成。

問6　文章中の空らん⑥に当てはまる言葉を、**カタカナ6文字で**答えなさい。

問7　文章中の〔　　　⑦　　　〕にあてはまる内容として**適切でないもの**を、次の**ア～エ**より1つ選び、記号で答えなさい。また、あてはまらない理由を、「設備」、「役割」の言葉を用いて説明しなさい。

ア　湧《わ》き水や井戸を使い、飲料水が手に入ること。
イ　米の備蓄《びちく》や畑での野菜、里山では筍《たけのこ》や山菜も採れ、食料が手に入ること。
ウ　薪《まき》や炭が使えるかまどがあるので、エネルギー源が確保できること。
エ　水力発電により電力が得られること。

4 香川県と埼玉県に関する次の各問いに答えなさい。

問1　次の図のようにそれぞれの県を３つの地域に分けました。この図を見てあとの問いに答えなさい。※図中の◎は県庁所在地を表します。

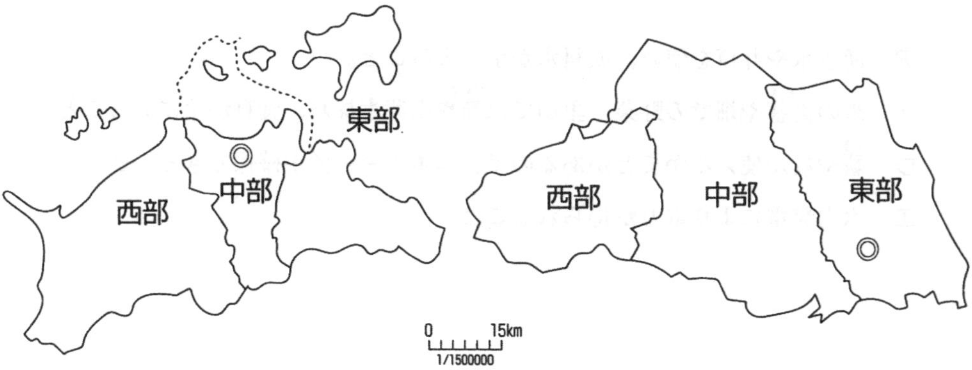

（１）香川県の西部：中部：東部の人口比率は42%：44%：14%です。これによって次のように順位を示すと埼玉県はどうなりますか。解答らんに書きなさい。

【香川県】

西部	中部	東部
２　位	１　位	３　位

（2） 次のグラフは工業製品の生産（製造品出荷額等）を表しており、ⅠとⅡのグラフは香川県か埼玉県のいずれかのものです。グラフ中の【 P 】と【 Q 】には「西部」か「東部」が共通して入ります。香川県の西部にあたる組み合わせとして適切なものを下のア～エより選び、記号で答えなさい。

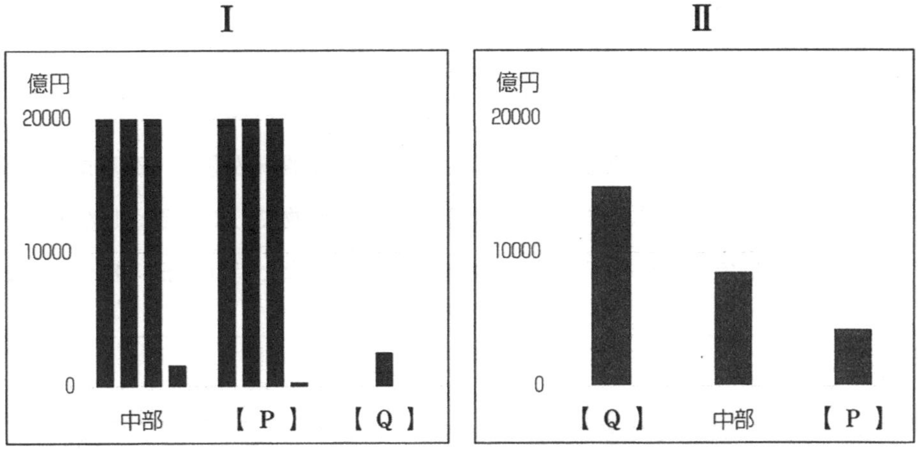

統計年次は2018年。『県勢』により作成。

ア Ⅰ－P　　イ Ⅰ－Q　　ウ Ⅱ－P　　エ Ⅱ－Q

問２　香川県は讃岐うどんで有名です。これは、香川県が気候の面で小麦の栽培《さいばい》に適していたからだと言われています。あとの問いに答えなさい。

（１）　埼玉県も伝統的にうどん食の盛んな県です。埼玉県の各地に伝わるうどんのうち、「武蔵野うどん」に関して述べた次の文章と資料を見て、文中の空らんにふさわしい内容を答えなさい。

江戸時代、荒川と多摩川の間の武蔵野台地の開拓《かいたく》が急速に進みました。しかし、〔　　　　　　〕、作られたのは麦など畑の作物でした。そうした小麦を使って各家庭でうどんを打つ習慣があり、冠婚葬祭《かんこんそうさい》など特別な日に食べられました。

小麦を育てる作業と観察カレンダー（関東）

時期		作業	観察
10月		畑の準備	
	下旬	種まき	
11月	上中旬		芽が出る
12月	中旬	麦踏み	分けつ(茎分かれ)が始まる
	下旬	麦踏み	
1月	中旬	麦踏み	幼穂ができ始まる
2月		麦踏み	
3月	上旬		小穂ができ始める
	中旬	雑草取り、土寄せ	茎が伸び始める
4月	上旬		花ができ始める
	下旬	病害虫駆除	穂が出る
5月	上旬		花が咲く
	下旬	防鳥ネット	実が熟し始める
6月	中旬	収穫	

nippnホームページより作成。

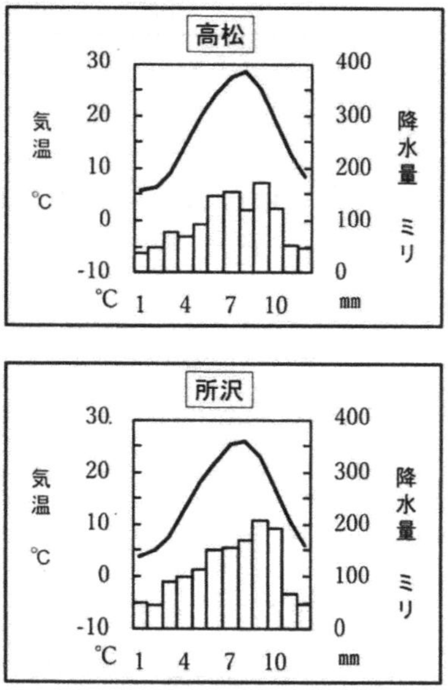

『理科年表』により作成。

（2） うどんには海外から輸入した食材が使われることがあります。次のグラフは、えび、小麦、大豆、野菜の輸入先を表しています。小麦にあたるものをア～エより1つ選び、記号で答えなさい。

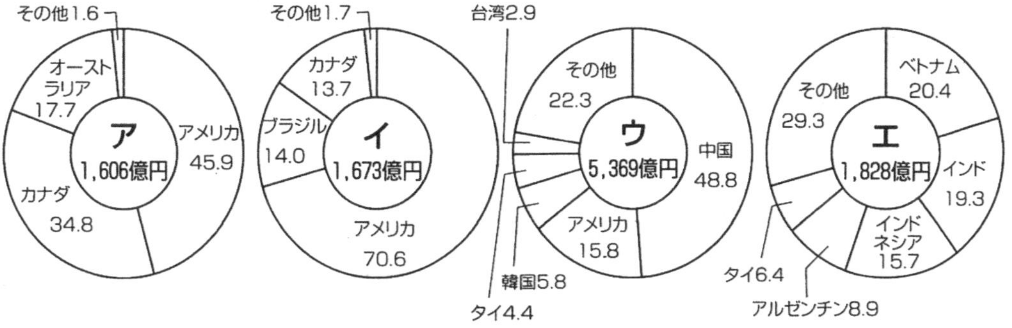

統計年次は2019年。
『日本国勢図会』などにより作成。

問3　香川県は都道府県の中で最も面積の小さい県で、埼玉県は9番目に小さい県です。2番目から8番目に面積の小さい都道府県について、次の問いに答えなさい。

面積が小さい ⟷ 面積が大きい

香　川	A	B	C	D	佐　賀	鳥　取	E	埼　玉	…

次の図は上の表中のA～Eの都府県のうち3つを取り上げ、それぞれの間の航空機による旅客の移動を図にしたものです。Ⅱにあたる都府県の名を答えなさい。

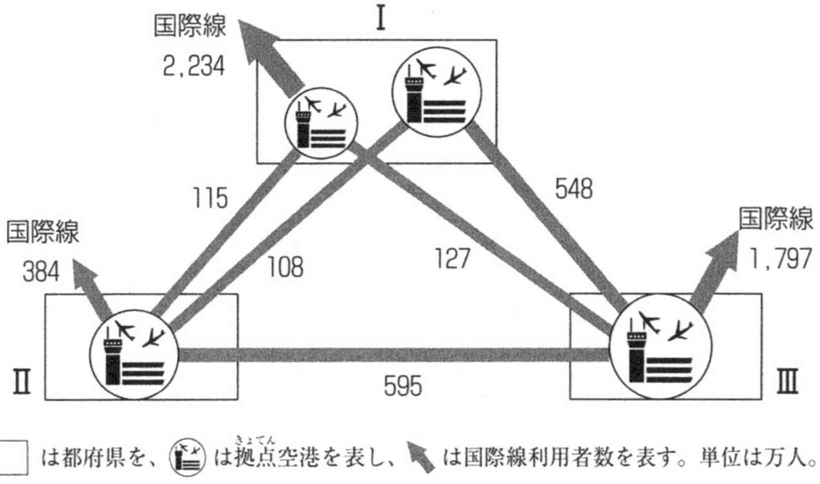

□は都府県を、（空港のマーク）は拠点《きょてん》空港を表し、（矢印）は国際線利用者数を表す。単位は万人。
統計年次は2018年。国土交通省の統計により作成。

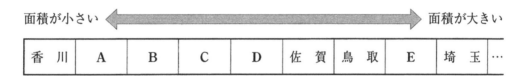

問４　次の図１は香川県の一部を示したものです。図２は図１で示された琴平《ことひら》町のハザードマップ※のうち、満濃《まんのう》池の堤防決壊《ていぼうけっかい》による浸水を想定したものです。図２中の榎井《えない》小学校に通う学さんと町役場に勤める父がこれを見て、堤防決壊の際の避難《ひなん》について確認しています。会話文中の下線部ア～エのうち**適切でないもの**を１つ選び、記号で答えなさい。

※問題作成にあたり図を改変しました。

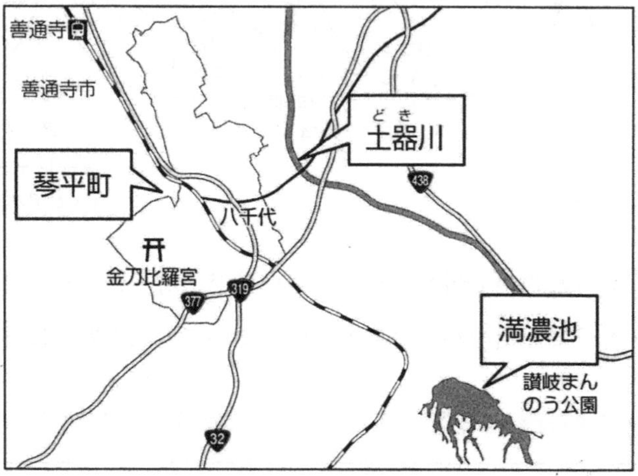

図１

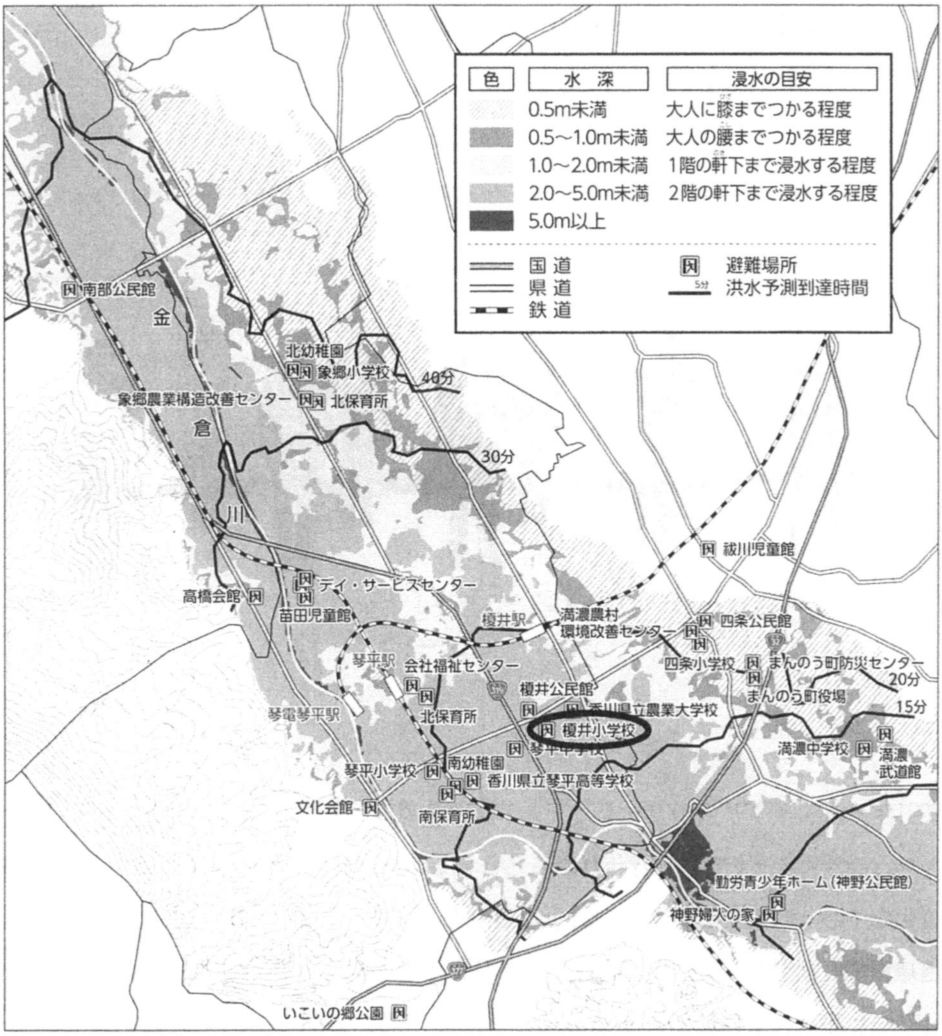

図2

父　近所の金倉川の氾濫以外にもア琴平町の外にある土器川や満濃池のことも警戒《けいかい》しなくてはいけない。学校が休みでお父さんが仕事中に大地震で満濃池が決壊したらどうする？

学　とにかく、イ高いところへ行った方がいいから西へ避難しよう。ぼくたちだけでは車は動かせないし、車いすのおじいちゃんを連れて逃《に》げなくてはいけないけど、ウ20分以上時間の猶予《ゆうよ》があると書いてあるから、落ち着いて行動すれば大丈夫。

父　頼もしいぞ。ただ、地震後安全に避難できるかわからないし、洪水に関しては金倉川沿いが一番危険だから、徒歩１分の榎井小学校に避難する方が確実だ。さすがに、エ３階まで水に浸《つ》かってしまうとは考えにくいから。

学　わかった。これでお父さんは、僕たちのことは心配せず、役場で町の人のことを考えるのに専念できるね。

5 次の文章を読み、各問いに答えなさい。

外務省ホームページより。

2021年6月にイギリスのコーンウォールで①先進7か国首脳会議（サミット）が開かれました。このサミットで話し合われたこととして、新型コロナウイルスへの対応や、②地球温暖化を中心とした環境問題への対策などがあります。

地球温暖化対策については、③2021年1月に大きな動きがありました。そして以前から、④国際法と呼ばれる国際的な決まりや、多くの国が、自国の法律で対策をしていました。日本では、⑤憲法で、環境権というものを規定していません。しかし、国民の権利であるという考え方もあり、国会や⑥行政機関を中心として環境問題や公害問題に取り組んでいます。

サミットの議長国であるイギリスは、すでにヨーロッパのいくつかの国で導入されている⑦炭素税を国際的に広めようという提案をしました。他にも石炭を使った発電や、二酸化炭素の排出《はいしゅつ》量について、将来的に減らしていくことが目標として掲《かか》げられました。

問１　下線部①に関連して、第１回の先進国首脳会議は1975年に開かれました。このときの国際情勢を説明した文として正しいものを、次のア～エより１つ選び、記号で答えなさい。

ア　隣り合っているイランとイラクの２か国が、民族の違《ちが》いなどから対立が深まり、戦争をしていた。

イ　アメリカのニューヨークにある高層ビルなどを狙《ねら》ったテロが発生したため、テロへの恐怖《きょうふ》が増していた。

ウ　石油の値段が大きく上昇したため、物価が上がったり工業生産が落ち込んだりする国がみられた。

エ　政治や経済のあり方から対立していたアメリカとソ連が、対立の終結を宣言して友好ムードが高まっていた。

問２　下線部②について、地球温暖化により起こっている、または起こる可能性がある現象として正しいものを、次のア～エより**２つ選び**、記号で答えなさい。

ア　標高の低い国では、海水面が上昇して国土が水没する。

イ　地球に降り注ぐ紫外線《しがいせん》の量が増え、目や皮膚《ひふ》の病気にかかる人が増える。

ウ　外にある銅像や建物の表面が溶《と》ける。

エ　高い山の中にある湖の水の量が増え、湖から水があふれる。

問３　下線部③について、どのようなできごとがあったのかを説明した文として正しいものを、次のア～クより１つ選び、記号で答えなさい。

ア　アメリカが京都議定書に復帰した。

イ　アメリカが京都議定書から離脱した。

ウ　アメリカがパリ協定に復帰した。

エ　アメリカがパリ協定から離脱した。

オ　中国が京都議定書に復帰した。

カ　中国が京都議定書から離脱した。

キ　中国がパリ協定に復帰した。

ク　中国がパリ協定から離脱した。

問４　下線部④について、国際法は、国家間の合意に基づく条約や国際社会で暗黙《あんもく》の強制力をもつ国際慣習法からなります。条約と、日本国内の法律についての説明として**適切でないもの**を次のア～エより１つ選び、記号で答えなさい。

ア　条約は、内閣が承認すれば日本国内で有効となる。法律は、国会が可決しなければ成立しない。

イ　条約は、違反《いはん》をしても国民への罰則《ばっそく》はない。法律は、違反に対して国民が受ける罰則を定めることができる。

ウ　条約は、取り入れた国だけに守る義務がある。法律は、日本にいるすべての人が守らなければならない。

エ　条約は、関係しない国は賛成しなくてもよい。法律は、国会で賛成を得なければ成立しない。

問５　下線部⑤について、環境権は、日本国憲法で定められていませんが、人権の一つであるとする考えがあります。その理由を、次の文章で説明しています。空らんに当てはまる言葉を**漢字２字**で答えなさい。

> 日本国憲法の13条で、生命、自由及び［　　　］の追求に対する国民の権利が認められているから。

問６　下線部⑥について、公害の防止や環境の保全を目的として1971年に設立された行政機関の名称《めいしょう》を、**漢字**で答えなさい。

問７　下線部⑦「炭素税」について説明した文として**適切でないもの**を、次の**ア～エ**より１つ選び、記号で答えなさい。

ア　炭素税の分だけ商品の価格が上がることで売れ行きが悪くなるので、二酸化炭素を排出《はいしゅつ》する商品の生産量が減少する。

イ　二酸化炭素を排出する商品を生産している企業に税金が支払われるので、売り上げが下がった分を補うことができる。

ウ　政府は炭素税で収入が得られるので、地球温暖化を含めた様々な環境問題の対策に用いることができる。

エ　二酸化炭素を排出する量が減ると商品の炭素税も安くなって売れ行きが上がるので、企業が地球温暖化の防止に力を入れるようになる。